全攻略
GO-visual
做最专业的考前书籍

全攻略教学解析
Complete Teaching Analysis

中央美术学院　清华大学美术学院　中国美术学院　江南大学

设计考试完美攻略

全面收录　　完美解析　　完全攻略　　创意应试

Perfect Strategy of Design Examination

汤磊 著

书籍是知识的媒介，我们致力传播学习知识的方法。

我们传授的是方法，系统解析基础知识与设计考试技巧，全新图文对应的编排，对于你全面备考会更有帮助。轻松而快乐的学习是很重要的自信心态，这本书帮你在不同的备考阶段排忧解难。

长江出版传媒　湖北美术出版社

责任编辑：张　浩

书籍设计：汤　磊　张　浩

技术编辑：李国新

图书在版编目（CIP）数据

设计考试完美攻略 / 汤磊　著.

—武汉：湖北美术出版社，2014.9

（全攻略教学解析）

ISBN 978-7-5394-7174-7

Ⅰ . ①设…

Ⅱ . ①汤…

Ⅲ . ①美术－设计－高等学校－入学考试－自学参考资料

Ⅳ . ① J06

中国版本图书馆 CIP 数据核字 (2014) 第 217179 号

出版发行：湖北美术出版社

地　　址：武汉雄楚大街 268 号

　　　　　湖北出版文化城 B 座

电　　话：（027）87679520　87679522　87679534

传　　真：（027）87679523

邮政编码：430070

印　　刷：武汉金港彩印有限公司

开　　本：787×1092mm　1/8

印　　张：33

版　　次：2015 年 1 月第 1 版　2015 年 1 月第 1 次印刷

定　　价：148.00 元

写在前面的话

　　小时候，爸妈不知从哪淘弄的粉笔头和黄根纸让我对绘画有了最初的体验。直到初中前，这都是我最大的爱好。那时候没什么课外活动，每到无聊时，我就自己找个角落涂涂画画，打发闲暇时光的同时也会时不时得到父母师长的夸奖。当时，绘画仅仅被人们看做是一种兴趣爱好，没想过它有什么用，也没想到它是一门学科，更不会想到自己日后跟它竟有如此深厚的关联。

　　高中时，我发现绘画竟可以帮助自己考取名牌大学，于是便发愤图强，虽称不上头悬梁、锥刺股，但也抱着杀出一条血路的斗志努力着。

　　如今，画笔已经成为了我生命中永远无法割舍的一部分，就像一个多年相伴的老友，离不开更忘不了。

　　记得我发现绘画的价值和意义时，就不再满足于浅层次的表达，同时也渐渐感受到艺术世界深邃的魅力。于是，进入专业院校学习成为了我最大的梦想。而想要进入清华美院、中央美院这样的高等学府，就需要学习类型众多的知识。也是在那时，我知道了设计考试与传统艺术考试的不同。

　　艺术设计考试的出现为我们这些当年想考入艺术最高学府的年轻人提供了更多的机会。从最早的中央工艺美术学院到中央美术学院的设计学院，再到后来全国各大院校的设计学院，设计考试也伴随着这些发展一起变化着。可以说设计考试一直随着时代的变化不断发展着，并且本身也包含着理想与现实的碰撞，并作用于艺术设计教育本身。

　　总结近些年的设计考试，历经摒除、保留、重构几个阶段，逐渐走向成熟，形成了几个具有代表性的科目。体现了设计学科具备的分析问题、归纳问题、解决问题的能力要求。即通过设计素描、设计色彩、建筑素描、建筑色彩、立体构成、平面创意、设计速写的考查基本可以选拔出各专业所需的预备人才。对于那些想要进入一流院校的考生来说，如何去理解和学习设计是至关重要的。我们根据多年的考前教学经验，按照设计教学解析方法加以系统整理，精心编写了这本设计考试必读参考书，它是全攻略教学解析系列的一个总结篇，书中涵盖了大量解析示例与绘画范例。旨在为有理想和有追求的考生提供一些必要的参考，并搭建一个少走弯路的学习平台。

　　设计考试在顺应时代发展，变得更加完善。在注重设计基本功考查的同时，每年各科目的考试要求也发生着细微变化。色彩考查对光与色的理解程度，素描考查的是画面构图及组织能力、空间构形及创意表达能力，速写考查快速准确的抓形能力及控制画面整体效果的能力，平面创意注重考查设计思维方法，立体构成主要考查对空间的理解与表达。各个专业的高考评分点体现了对设计人才的能力要求。设计专业考试也在不断地突破常规中逐渐完善考查目标。

　　希望此书能够帮助那些在艺考路上和即将踏上艺考路上的孩子们一臂之力，帮他们顺利考入自己理想的大学。

目　录

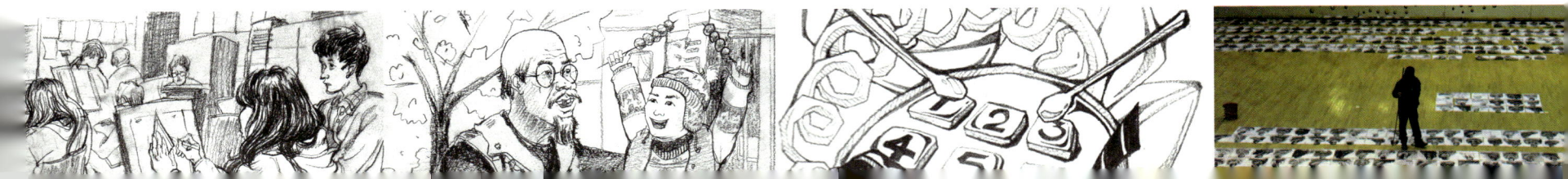

5

◀◀◀◀◀ 全面备考

对央美及相关院校的设计考试，要系统的分析其近几年的考试要求、出题思路，找到规律并逆向思维加以分析。从基础到设计应用全面备考。

4

◀◀◀◀ 理解应用

理解与掌握设计考试中的设计基础知识，针对不同类型的考题进行训练。

3

◀◀◀ 深入学习

对考点深入理解后，要结合历年的高分试卷，逐步深入考点的核心，画出自己的风格。

2

◀◀ 把握考点

先整体理解考点的具体要求，归纳特点。针对自己的薄弱点并加以分析，在强化训练中逐渐克服。

1

◀ 了解院校

确定要报考的科系与专业，了解报考专业必备的能力要求。

1.2　清华大学美术学院

1.1　中央美术学院

1.3　中国美术学院

第1章

院校介绍

细致了解重点院校科系与专业设置。
比较不同院校的教育风格与考试特点。
选择自己最为合适的报考方向、
知己知彼，百战不殆。

1.1

中央美术学院

中央美术学院是中华人民共和国教育部直属的唯一一所高等美术学校。现设有中国画学院、造型学院、设计学院、建筑学院、人文学院、城市设计学院六个专业分院，并设有继续教育学院和附属中等美术学校。现有在职教职工 572 人，在校本科生和研究生 4700 余名和来自十几个国家的留学生百余名。

学院教学科研面积共占地 495 亩，总建筑面积 24.7 万平方米。在构建新世纪中国特色的美术教育体系中发挥引领作用，以鲜明的中国特色、高水平的教学质量和研究成果，赢得国际美术教育界的高度赞誉，成为中国高等美术教育领域具有代表性、引领性和示范性的美术院校，并在国际一流的美术院校中享有重要地位。

1.1.1　中央美术学院设计学院专业介绍

■ 视觉传达设计

视觉传达设计是设计学院设置最早、发展最快、实力最强、影响最大的专业方向，以工作室为基础单位展开图形设计、图书设计、文字设计、视觉形象系统设计、城市形象设计、视频广告设计、设计基础教育等多方位研究，构成该专业教学工作的亮点。该专业教学注重现代设计的概念、思维、表现与本土文化精神的有机结合，强调在专心学习国际先进设计理念与实践经验的同时，培养活跃的创造性思维与具备文化个性的专业拓展能力，强调艺术、科技、文化与设计的融合。（图 1-1-1）

■ 工业设计

工业设计也是设计学院最早建立的专业方向之一，目前在该专业方向下开展工业产品设计、实验家具设计与交通工具设计三个课程群的教学及研究工作。该专业方向重点关注生活形态、产品形态与市场形态的关系，将产品设计中的实验性、前瞻性与原创性作为中心课题来研究，工业

产品设计更注重设计的前瞻性研究，实验家具更注重产品的实验性研究，交通工具更注重概念性、原创性的研究，同时高度重视工业设计领域人文精神与文化内涵、个性化消费等发展趋势的研究，培养学生的创造性思维和全程设计的能力。（图 1-1-2）

■ 摄影专业

摄影专业在 1998 年中央美院与澳大利亚格理菲斯大学昆士兰艺术学院联合举办的"视觉艺术(摄影)硕士研究生班"的基础上快速发展起来，2001 年正式开始本科教学。该专业的教学理念突出"专业性、多元性和当代性"，强调将摄影放置于宏观的当代视觉艺术背景下进行解读。摄影专业以培养最具创造力的影像艺术家、职业摄影师、跨领域影像媒体人才为培养目标，在注重摄影的专业性与职业精神的同时，更着力于对学生艺术审美与判断、原创精神、社会责任感与横向拓展能力的培养，使之真正成为未来最具竞争力的人才。（图 1-1-3）

■ 数码媒体专业

数码媒体专业方向是 2001 年中央美术学院领先于全国开设的新专业方向，无论是课程体系、教学经验及设备条件方面，都成为中国艺术院校数码媒体艺术教育的先行者和重要的研究基地。20 世纪后半叶以来随着数字技术、信息技术和网络技术的高速发展，全新的数码艺术无论在观念上还是在形式上都发生了巨大变化，中外数码艺术家第一次站在几乎同一条起跑线上，利用全新的数字手段开始新一轮艺术创作。中央美术学院的数码艺术专业教学主要针对数字产品、网络媒体、视频广告等数字内容产业的发展，研究并发展出具有独立审美价值的、有时代特色的新艺术形式，引导学生创作用各种数字、信息技术制作的新形式的艺术与设计作品。目前该专业已经建设成可以在这一全新领域进行综合性教学及学术研究、交流的国际性教学平台，设有数字视频工作室、娱乐设计工作室、交互式影像工作室。（图 1-1-4）

图 1-1-1　视觉传达设计

图 1-1-3　摄影专业

图 1-1-2　工业设计

图 1-1-4　数码媒体专业

　　时装设计专业建立于 2001 年，2002 年开始招收学生，2006 年第一批毕业生走向社会。该专业定位"时装设计"，旨在突出设计中的创新与审美，强调艺术、设计与商业的有机结合，着力于针对"个性需求"的市场培养高规格人才。在教学思路上，该专业教学强调理论与实践并重、理想与务实并重、课堂与社会并重的实验性教学，强调学生艺术个性与创新能力的培养，强调发挥自身优势、整合专业资源、扩大社会影响的专业成长模式。（图 1-1-5）

图 1-1-5　时装设计专业

■ 首饰设计专业

　　首饰设计专业方向是 2005 至 2006 年期间从工业设计中独立出来的新专业方向。该专业教学定位是"从个体出发，为有个性需求者量身打造，注重首饰与人的有机联系，以培养学生能从生命体验的角度探究设计的原创性"。首饰设计专业注重对新的设计理念的探索，寻求不同地域文化间的相互影响与发展、不同学科间的融合与渗透；鼓励学生以个人的视角与经验，去研究和体验材料特质及材料所传递出来的情感，用直觉去体悟材质充满个性的生命意味；在承传传统工艺和材料运用的同时，善于运用高科技下生成的新材质，关注作品的时代特点；以空间体量的置换来寻找建筑、雕塑、首饰与人的对话方式。目前该专业已建成高水平的专业教学与实际操作平台，师生作品多次在国内外设计大赛中获奖，成为国内同类型专业教学中的领跑者。（图 1-1-6）

图 1-1-6　首饰设计专业

1.1.2　中央美术学院建筑学院各工作室介绍

■ 建筑设计专业

　　中央美术学院建筑设计专业，前身为环境艺术设计专业，作为艺术院校成立最早的建筑专业之一，着眼于国内外目前建筑设计教育领域的发展趋势，将当代建筑艺术以及其它艺术形式同现代的科学技术和社会需求紧密结合，强调当代建筑设计的多元化及艺术性。（图 1-1-7）

■ 景观设计专业

　　景观设计专业依托中央美术学院雄厚的人文艺术、美术造型的优势，基于特定的城市和区域构筑环境中对于自然和人文的认识，侧重于协调人与环境的关系，维护和谐的自然生态。（图 1-1-8）

■ 室内设计专业

　　室内设计专业培养掌握建筑相关专业知识，在重视空间意识的同时，更强调环境设计中人文环境的准确表达与艺术形式的创新人才。

　　通过基础设计课程加强学生的设计能力与设计思维能力；通过设计表现课程加强学生的设计表达能力与绘制能力；通过理论课程加强学生的审美能力与专业理论知识；通过技术类课程加强学生的专业技术能力与现场设计协调能力。

　　在全面考虑中央美院学术背景的情况下，培养出有设计能力、有专业知识、有审美能力、有整体设计协调能力的，适合于社会的优秀室内设计专业设计师。随着人们对室内生存环境的高度重视，本专业将有广阔的发展前途。（图 1-1-9）

图 1-1-9　室内设计专业

图 1-1-7　建筑设计专业

图 1-1-8　景观设计专业

中央美术学院是中华人民共和国教育部直属的唯一一所高等美术学校。现设有中国画学院、造型学院、设计学院、建筑学院、人文学院、城市设计学院六个专业分院，并设有继续教育学院和附属中等美术学校。现有在职教职工 572 人，在校本科生和研究生 4700 余名和来自十几个国家的留学生百余名。

学院教学科研面积共占地 495 亩，总建筑面积 24.7 万平方米。在构建新世纪中国特色的美术教育体系中发挥引领作用，以鲜明的中国特色、高水平的教学质量和研究成果，赢得国际美术教育界的高度赞誉，成为中国高等美术教育领域具有代表性、引领性和示范性的美术院校，并在国际一流的美术院校中享有重要地位。

清华大学美术学院设计系介绍

■ 陶瓷艺术设计系

陶瓷艺术设计系是该院最早开设的专业系之一。该系教学体系完整，师资力量雄厚，有近一半的教师具有博士学位或正在攻读博士学位。同时，系内拥有完善的教学设备，宽敞的工艺实习场地，为学生创造了良好的学习环境。（图 1-2-1）

■ 染织服装艺术设计系

染织服装艺术设计系的前身是染织美术系，是建院初创建的专业系之一。1980 年开设服装设计专业，1984 年成立服装设计系，1991 年两系合并为染织服装艺术设计系。（图 1-2-2）

染织服装艺术设计系，经数十年的教学实践积累，已形成了独具特色的一套相对完整的教学体系。现有染织艺术设计和服装艺术设计两个专业方向，下设纤维艺术设计教研室、室内纺织品设计教研室、染织 CAD 教研室、服装设计教研室、服装工程教研室、服装 CAD 教研室。

■ 工业设计系

工业设计系建立于 1984 年。初创时设工业设计专业（即现在的产品设计专业）。1991 年起创办展示设计专业，2001 年增设交通工具造型设计专业，形成设有四年制本科学位课程、两年到三年制普通硕士学位课程、工业设计工程硕士学位课程和艺术设计学下的工业设计研究方向的博士学位课程的多层次的工业设计教学建制。工业设计学科为教育部重点学科。（图 1-2-3）

■ 视觉传达设计系

视觉传达设计系是学院成立时就开设的三个专业科系之一，经过数十年的积累，师资力量雄厚，教学设备齐全，教学体系完整，所培养的人才在国内各高等院校、研究院所及相关企业发挥着重要作用。近年来，随着教师队伍学科知识结构的不断更新和优秀人才的引进，更加提升了整体教学水平，并建立了更加符合国际化学科发展所需的师资结构。与此同时，每年还邀请多名国际著名设计师和教授，来我系进行教学交流活动，以开阔师生的眼界和了解国际相关学科领域发展的动态。本系教师的理论成果和设计作品，在国内外均有很大影响，曾多次出色地完成了国家级重大设计任务，并在国内外专业设计大展评选中屡次获奖，在国内外享有盛誉。（图 1-2-4）

图 1-2-1 陶瓷艺术设计系

图 1-2-2 染织服装艺术设计系

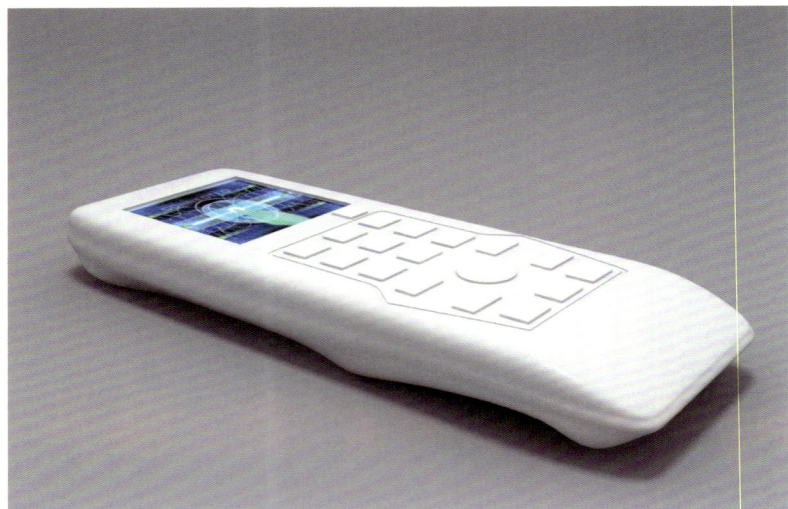

图 1-2-3 工业设计系

Parents say
Children do

图 1-2-4 视觉传达设计系

■ **信息艺术设计系**

　　"信息设计"是以世界信息产业飞速发展为背景孕育产生的交叉性专业方向，本专业侧重培养学生在信息科技与艺术方面的整合能力，以用户体验为中心的设计策划能力，以及结合信息产业和社会需求探寻新的解决方案的创意能力。信息设计是在信息时代经济、文化与科技的条件下，借助数字化的手段，以简洁优美的信息界面、产

品或环境为媒介，为用户创造和谐的交互方式和体验的学科领域。主要课程包括信息结构、界面设计、交互设计、体验设计、网络设计和虚拟现实应用等。（图1-2-5）

■ **环境艺术设计系**

　　环境艺术设计系是我国大陆地区最早设立室内设计和景观设计专业方向的科系。其前身是创建于1957年的中央工艺美术学院室内装饰系，

先后更名为建筑装饰系、工业美术系、室内设计系，1988年定为现名。历经数十年的建设和积累，本系师资具有丰富的专业教学经验，具备国内一流的专业教学水平。在完整的教学体系培养下，毕业生成为我国环境艺术设计领域的骨干力量。现设有室内设计和景观设计两个专业方向。（图1-2-6）

图 1-2-5　信息艺术设计系

图 1-2-6　环境艺术设计系

1.3 中国美术学院

　　中国美术学院形成了多层次的办学格局，提出了独具特色的"一人双环六学科"的学科构架，美术学被列为全国重点学科，艺术学被列为浙江省人文社会科学重点研究基地，设计艺术学、电影学、建筑学、广播电视艺术学被列为浙江省重点学科，艺术学一级学科获准设立博士后科研流动站。现有在校学生9000余人，其中本科生6500余人，研究生800余人，留学生100余人，专科生1900余人；教职工

约千人，其中教授110人，副教授196人。

　　中国美术学院倡导多元互动、和而不同的学术思想，营造"品学通、艺理通、古今通、中外通"的人才培养环境，培养具有基础理论素养、实践能力和创新精神的德艺双馨优秀人才，担负起引领中国当代美术发展方向的责任，遵循浙江省委、省政府提出的建设世界一流大学的目标，锐意进取，开拓创新，为中华民族的伟大复兴而努力奋斗！

1.3.1　中国美术学院设计系介绍

■ **视觉传达与媒体设计**

　　视觉传达与媒体设计学科是以研究艺术设计领域内各类图像信息传达为主攻方向。随着视觉传达与媒体设计对社会的渗透的深入，已经从原有领域扩展到整体形象规划、品牌塑造、展示策划、电子媒介表达、用户终端界面设计等多领域、全方位的整合推广。目前，我院视觉传达与媒体设计主要包括平面设计、多媒视觉传播设计、品牌与传播设计、出版物设计等方向。（图1-3-1）

图 1-3-1　视觉传达与媒体设计

■ **纺织与服装设计**

纺织与服装设计学科面对现代生活方式的多元化趋势，立足传统文化研究，注重本土性与国际化的综合课程体系设置，围绕"学术研究"和"创造实践"的双重定位，以课题化教学特色与实验教学的双重保障，开展家纺面料设计、室内纺织品设计与服装设计的教学与研究。目前，我院纺织与服装设计主要包括染织设计、纺织品设计、服装设计、设计管理与营销等方向。（图1-3-2）

■ **工业设计**

工业设计学科坚持东方学和现代科技的双核心驱动理念，以传统文化与设计营造为本，以包豪斯与现代设计研究为源，以感性认知与科学实验互动为要，以社会服务与教学实践共生为道，并以"用户为中心"的艺术设计科学规律，通过工作室制教学模式探究设计造物的内在实质，建立继承与创新并重的学科特色，努力营建全球化时代的中国设计新形象。目前，我院工业设计主要包括居住产品设计、休闲产品设计、交互产品设计、移动产品设计等方向。（图1-3-3）

■ **工艺美术与装饰**

工艺美术与装饰学科，秉承"设计与人文，传承与超越"的学术理念，深入探讨设计艺术的"造图、造物、造境"的设计本质，揭示工艺美术教育与设计的特点和创作规律，旨在宏扬民族手工艺文化，复兴古老的工艺美术，拓展工艺美术文化的美学内涵。目前，我院工艺美术与装饰包含陶瓷艺术设计、玻璃艺术设计、首饰艺术设计、漆器艺术设计。（图1-3-4）

■ **综合设计**

综合设计学科立足于东方学体系下的艺术设计理念，以造境为主导，打造跨学科、综合多元的设计教育与研究实践平台，建构中国本土的设计价值体系和实践方法体系，强调系统规划与整体设计，注重培养复合型人才，以应对当下的复杂问题和未来的发展趋势。目前，我院综合设计主要包括综合空间设计、会展设计、色彩设计和设计策划管理等方向。（图1-3-5）

图1-3-2 纺织与服装设计

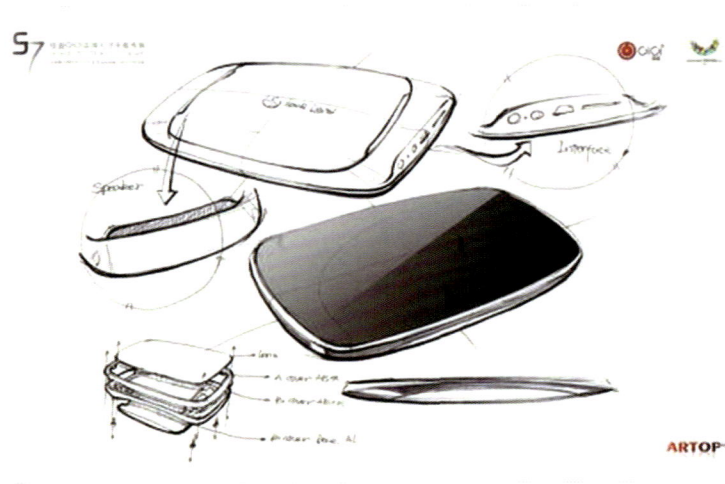

图1-3-3 工业设计

图1-3-4 工艺美术与装饰

图1-3-5 综合设计

1.3.2 建筑艺术学院

建筑学科始创于1928年，学脉深厚。1952年，建筑专业在全国高校院系调整时并入他校，1984年成立环境艺术教研室，1989年成立环境艺术系，2007年4月成立建筑艺术学院。该院以在艺术院校重建建筑学科、完善中国建筑教育体制为出发点；把建设与当代世界建筑教育学术平等沟通、推动本土原创性的城市、建筑、环境与人居的设计作为立足点；把重塑中国本土建筑文化的地域特质，构建与自然和谐共存的社会，重建当代中国本土建筑学为总体研究方向。该院下设建筑艺术系、城市设计系、环境艺术设计系和景观设计系，设有建筑营造研究中心、风景建筑设计研究院等研究实践机构和模型工作室、电脑工作室、木工工作室、合成材料工作室等系列教学实验室。（图1-3-6）

图1-3-6

2.2　设计素描应试

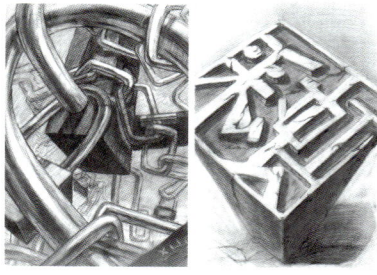

2.4　线性素描

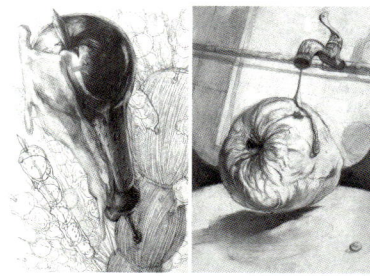

2.1　初步认知

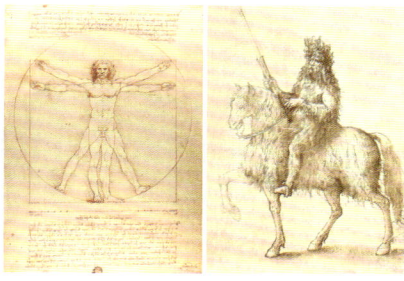

2.3　建筑素描应试

第2章

素描

明确设计素描的概念与基本特征。
对知名院校考试方向清楚掌握。
根据历年名校考试题目分析进行扩展。
通过优秀范例学习绘画方式与捷径技法。

2.1
初步认知

2.1.1 概述

设计素描是构建在传统素描绘画基础上的，是传统素描与艺术设计结合的产物。它把探索研究世界的具象表现手法与侧重意象形态的表现手法有机结合，运用设计原理，创造性地描绘物体，从而展示艺术造型的新型概念。其学习目的是为了培养学生的创造性思维，更好地锻炼其对设计认知的敏感性。

学习艺术设计的学生除了要具有一些绘画的造型基础外，还要具备一定的艺术设计辩证思维能力。学生今后在各自的专业上能走多远，与思维创新有着很大关系。

与传统素描不同，设计素描的目的和思维观念不再是单纯为了造型而造型，而是培养学生的创造性思维，更好地发挥其主观能动性。设计素描的思维观念并非盲目放纵抽象艺术创作的思绪，任意剪裁抽象形态。旨在启发和引导作画者如何认识、组构、创想形体，并非无依无据地构思。而是多方位地、由表及里地、生动地创新地表现物体。例如以毕加索为代表的立体派是利用多点透视的观察方法将物体"分解"。在此过程

中，抛弃了明暗透视的抽象方法，将对象简单化重组，注入新的理解和思维，并表现于平面之中。虽然画面有可能是抽象怪诞的，但具有更强的艺术说服力和感染力。所以设计素描要表达的是一个全新的、赋予了艺术生命力的，具备"抽象因素"的形体。一张画的表面效果和"技巧"并不是关键，重要的是学会一种新的理念并用以指导方法。同学们可以尝试着寻找自己适用的方法。（图2-1-1～图2-1-4）

2.1.2 特点

设计素描是基础素描概念不断发展的产物，也是设计艺术发展成为一门独立性学科的产物。作为基础素描教学与专业学习之间的重要环节，设计素描与基础素描既相联系又相区别。基础素描着重培养学生基本的塑造表现能力，而设计素描着重于引导学生对客观物象形态结构的理解，并着重培养从主观感受中引发形态再创造的能力。

设计素描以空间透视、比例尺度和形体结构，用三维空间观念来视觉造型，主要研究客观对象的内在构成关系与外观形态的统一性，不仅仅是摹仿客观对象，还要从主观上去认识和再创造。这门专业基础造型课是训练学生绘制设计联想图的能力，体现了科学与艺术的完美统一。设计素描应用于工业产品造型设计、视觉传达设计、环境艺术设计、服装染织设计、动画设计、信息设计、建筑设计等不同专业设计领域。

设计素描与绘画性素描是既有联系又有差别的不同体系。绘画专业对素描基础的要求是：精神内涵第一，物质性第二，强调人的审美信息的传达，如国画对素描的要求是以短期的线性形态表现为主；油画是以长期的块面结构与明暗调子素描的训练为主，其目的都是为了培养坚实的具象造型的基本功和增强相应的审美能力，具有明显的人文色彩。而艺术设计专业

的素描训练则强调物质性、适用性第一，精神内涵第二，更多的是关注适用性、功能性。

另外，设计素描的描绘方法也有别于传统素描。首先观察方法上就采取以我为主的主观意念，设计素描提倡的观察方法是变传统的"让我看"为"我要看"。例如：当我们去观察一个为众所熟悉的鞋或贝壳，将注意力集中于对象并忘却"它是什么"，而试图发现你所观察到的结构和形象是否也蕴藏某种"抽象形态"的雏形。另外，观察物体的角度不同、光线不同，也会产生对形态不同的感受。大家可以从不同角度、光线来观察贝壳并用不同的感受来表现它。设计素描是集观察、思考、表现于一体的

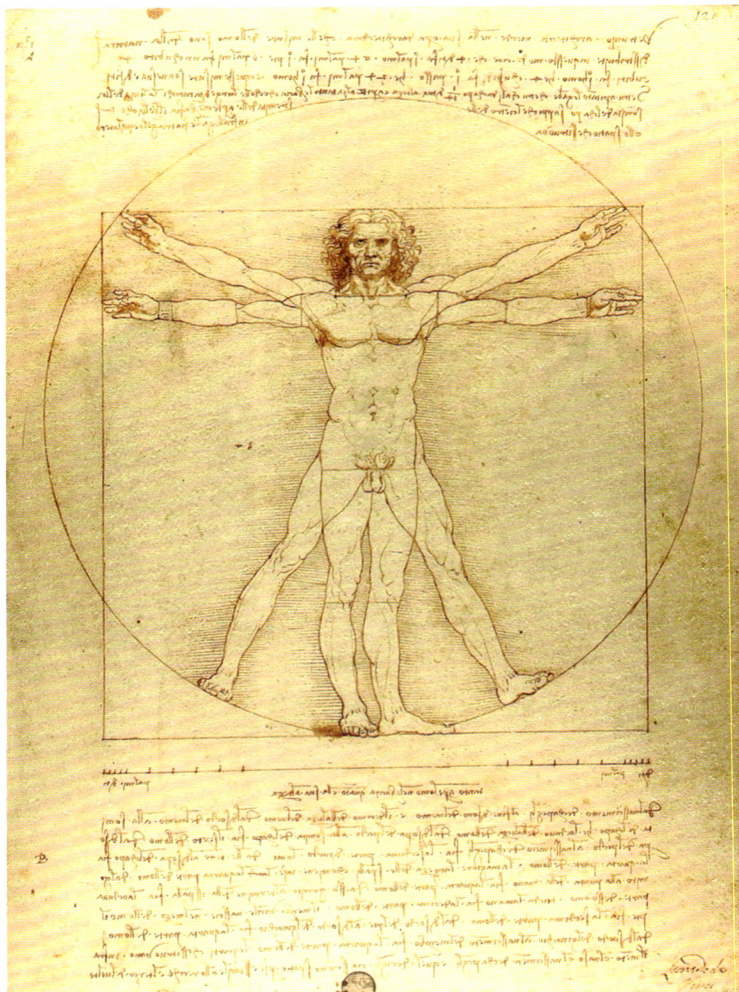

图2-1-1

图2-1-2

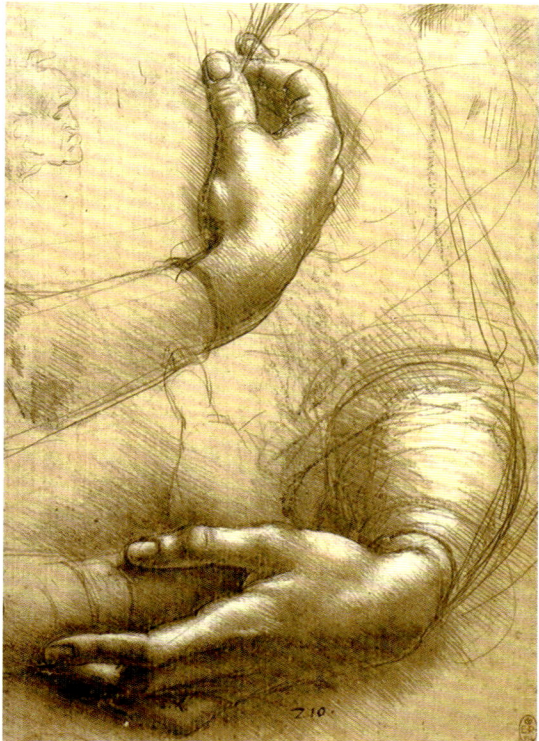

图 2-1-3

图 2-1-4

造型设计活动。

画者还应当注意的是，设计素描虽然也要求尊重客观物象，但是它在内心的位置有别于传统素描。客观世界中的具象物体是研究设计素描的基础和前提因素。只有从具象中才能发现抽象，才能找到抽象的规律。观察通常理解为"看"，"看"是要求画者整体地、比较地、有联系地观察对象的全貌和本质。整体观察的原则是基础素描与设计素描都必须遵循的。除

了整体观察之外，设计素描还得更加注重立体的观察方法。基础素描的所谓"立体观察"，是指观察时注意对象是占有一定空间的立体物，其视点是固定的，对象的位置也是固定的。设计素描的立体观察是多视点、多角度、多方位的观察方法。写生对象的位置不需固定，可以经常移动，是全方位的立体观察，有利于更正确地理解和分析其内部构造特点。测量也是观察手段之一，设计素描的观察常和测量与推理

结合起来，透视原理的运用自始至终贯穿于观察的过程中，不同于基础素描注重肉眼感觉的直观方式。综合传统素描与设计素描的不同，学习艺术设计的学生不仅要批判性地继承传统素描，即"扬长"，还要把两者有机地结合起来，弥合传统素描与设计素描之间的"代沟"。教师应根据素描基础服务对象的不同，有所侧重地引导学生学习造型基础，深化绘画类、设计类基础教学的改革。

2.1.3　考点

设计素描考试，更多的是考查考生对生活的观察和感悟，以素描的形式，进行角度独特的表达。构图的美感、黑白灰强烈、想法创新、细节塑造是得分的关键所在。所以想要拿到高分，这几点要素都应该在你的画面上有所体现。在拥有一定的素描基本功的情况下，重视对设计创意的

把握，运用设计思维组织画面，以灵活的创意思维为主。除了素描基本的原则（色调、黑白灰、空间、塑造、细节刻画）之外，作品的表达要求描绘充分，符合实际，对大家司空见惯的自然事物做全新的诠释。

* 符合题意，不偏题，不跑题。严格符合题目要求。
* 画面中心明确，主题突出，中心思想突出。
* 注重细节的刻画，主次关系明确。
* 构图得当，有一定构成感，黑白灰关系明确，造型生动。
* 画面内容有层次关系，有一定的绘画节奏。
* 画面元素选取有一定创意，不落俗套。
* 光影统一，光源明确。
* 质感逼真，写实手法。
* 画面整体有设计感，有创意。
* 不要出现反政府、反动的内容。

2.2
设计素描应试

2.2.1 考试分类

设计类题目虽然多变，我们可以归纳分类：

类别	题目示例	题目解析
词组类	捆绑、浸泡、包裹	物品名称本身就是主题，应该将物品作为整个绘画的中心与线索。这类题目要注意围绕绘画对象进行发散性联想，加入一定的设计思维。
实体类	瓶子、鲜花	这类考题主要以名词、动词或者形容词为题目中心，围绕词组进行画面的组织。在构图时，要注意题目所给词组的词性，名词更注重词组本身意义的表达，动词更加注重对于动作的画面表现。
空间类	仓库一角、厨房	这类绘画融入了建筑绘画的一些知识，在表达创意的同时也注重空间能力的考查，我们应在选取绘画地点、物品和物品之间的层次关系上下功夫。
联想类	玻璃的联想	围绕物品或者词组进行联想，此类题目需要注意的是不要把词组本身作为重点，而是要更多地在词组的联想上下文章。但也要注意不要跑题。
立体类	彩虹、烙印	以单独词组为主题，将其立体化，这种考题在2010年出现，是一种新型题目。对考生的立体思维有很高要求，所以考生应注意平时的立体思维，训练二维空间到三维空间的转换能力，并且变形时加入词组本身的元素，增加设计意味。

2.2.2 考点解析

1. 表现方式

学习结构初期，我们可以减弱或排除形体表面的质感、固有色、光影效果，侧重于用单色线条来研究和表现形体结构、比例尺、形体组合、空间关系。

艺术设计学科是艺术、技术与科学相结合的一门综合应用型学科。设计素描是具有一定针对性的、创造性思维的主观造型活动，是在传统绘画性素描的造型基础上，通过认识大自然的造物法则，从具象中探寻事物的内在发展规律和创造抽象的形式美感；注重物象造型的内在结构与外形的有机结合，启发我们的想象空间，找出物象结构与功能的相互关系和变化规律，经过提炼与归纳，形成理性的形态；可重新构建，在符合设计应用功能的前提下树立新的形象，并要求在训练的过程中加强对设计意识的培养。

如果我们不把"结构"当作一个词来表述，那么"结"与"构"这两个字可以分别理解。"结"是一个交汇点，一个有矛盾冲突的焦点，它是物体的多个面的转折点；"构"是结点的起因和由来，是形的边沿轮廓或是形的一个转折。所以在联系时，我们可以首先预定两个结或者说是两个点，然后用线进行连接。点的位置是否准确，关系到形与结构关系是否准确，线不同的方式也表达了作者的画风与性格。

学习结构初期，我们可以减弱或排除形体表面的质感、固有色、光影效果，侧重于用单色线条来研究和表现形体结构、比例尺、形体组合、空间关系。（图 2-2-1）

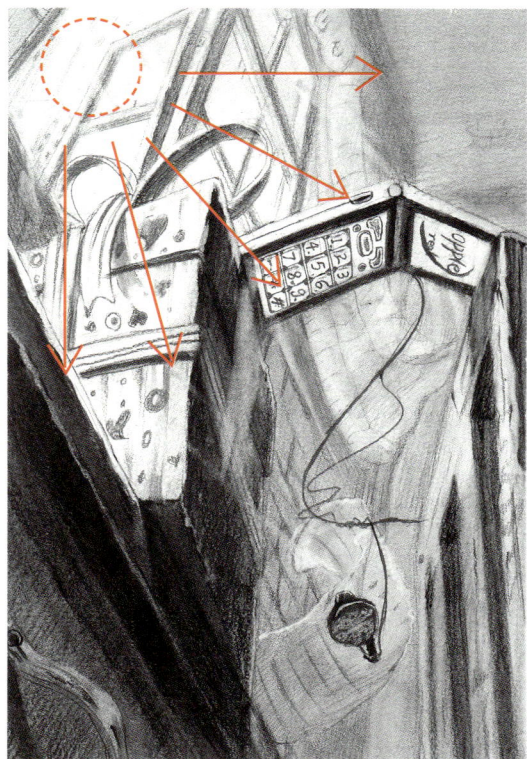

图 2-2-1

2. 光影

光是物体能呈现在人类眼中的一个重要因素，不同角度的光影效果也会产生不同的画面效果。

光是物体能呈现在人类眼中的一个重要因素，不同角度的光影效果也会产生不同的画面效果。光决定画面最重要的部分就是明度。离光源越近，那么物体的亮面更亮，不受光的部分由于亮部的高明度对比，暗部也就越暗。反之，离光源越远，那么物体的亮部相对暗，明暗对比相对弱。物体离光源愈近愈清晰，反之愈模糊。与此同时，不同的材质和肌理的物体对光的反射程度不同，从而反映到眼中的视觉观感不同。

考试中，对光影的主观性处理是常用的画面表现手段。设计素描不同于绘画性素描，我们可以舍弃一成不变的 45 度顶光，尝试不同程度的侧光、顶光、逆光；不同类型的光源，产生不一样的视觉效果。

光影的运用也是表达空间关系的一个很好手段。不同的物体在阳光照射下都会形成大小不一的投影形状，运用好光影的投影效果，能很讨巧地将画面的空间关系表现出来。（图 2-2-2）

图 2-2-2

3. 体积感

任何物体在空间中均具有一定的高度、宽度和深度等可测量的因素。所谓表现体积感，就是在二维的平面上表现三维立体形象。

体积，是一个物体存在的基本属性，只有有体积才有存在感。所以"体积感"是物体的基本视觉属性。任何物体在空间中均具有一定的高度、宽度和深度等可测量的因素。所谓表现体积感，就是在二维的平面上表现三维立体形象。

我们在绘画景物时，可以看到体的三个基本面。由于光影的作用，三个面呈现不同的明暗。也就是构成一个有立体感的东西，至少要有三个面，由于"三大面"是构成立体感的首要条件，所以分析体面，首先要从三大面的整体关系入手，

运用由整体到局部，从局部回到整体的方法进行观察，保持物体的整体感，以求得局部与整体的统一。

"体积感"是和画面光源紧密联系在一起的。保持光源的统一性也是保证体积感的一个重要方面，如果画面光源混乱，那么物体的体积感就会呈现一种别扭的状态。有些同学总觉得画面很怪，没有整体感，绝大部分是由于这个原因。（图 2-2-3）

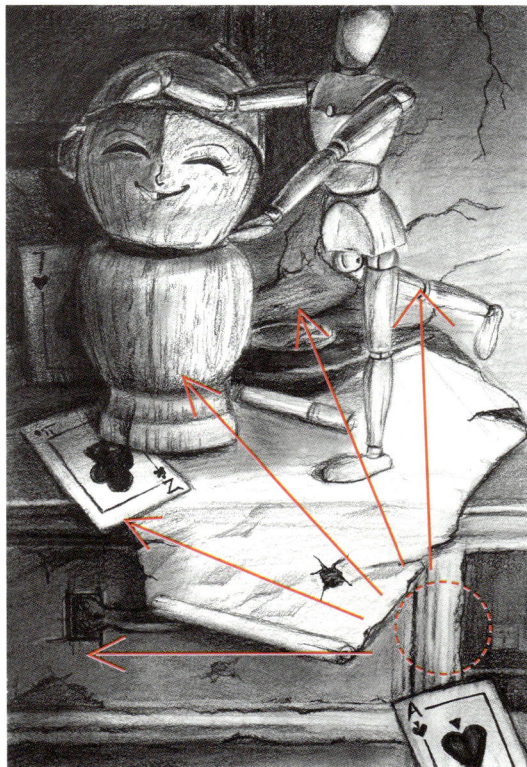

图 2-2-3

4. 明暗调子

明暗调子是使形体在二维平面呈现三维影像的一个重要表现手段，能真实地描绘出物象的体面变化。

在光影素描中，明暗调子是最重要、最直观的元素。所谓明暗调子，就是指黑白灰的关系。明暗调子的运用关系到画面的整体效果、轻重分配、画面平衡和画面氛围。明暗调子是使形体在二维平面呈现三维影像的一个重要表现手段，能真实地描绘出物象的体面变化。明暗色调关系能充分地表现出物象的立体空间。物体在光源照射下的色调分布有规律，可以概括为亮部、灰部、明暗交界线、暗部、反光这五大色调区域。

很多同学有一种思维定势，就是觉得画面表达强烈、黑白灰关系对比强，强烈的视觉刺激可以吸引考官的关注。其实，这并不是唯一的表现手段。素描默写给了我们很大的主观发挥的空间，我们可以根据画面效果的需要组织黑白灰关系，结构素描、色调很清淡的素描、黑白灰对比很强的素描，甚至是弱化体积、追求形式感的素描都

是可以接受的。只要我们满足题目要求，并且可以充分地展现自己的基本功、表达自己的创意，就可以了。（图2-2-4）

图 2-2-4

5. 视角

视角选择上，要与画面的构图内容相结合，分清主次关系，做到有虚有实。

视角的选择非常重要，大家要注意不要被传统素描的侧45度角束缚，尤其是在中央美术学院设计学院的考试中，视角的创新使画面具有设计感，我们可以经常采取一些并非正常生活中观察的视角，比如正仰视、正俯视、侧仰视、侧俯视或者近距离观察拉大透视关系等，让画面产生新鲜感，从而增加画面的趣味性。

设计素描相对于传统素描来说，更重要的变化是在环境上的变化，如果我们把所要求的事物从恰当的视角表现出来，那么就能营造出新颖的气氛和构成效果，以吸引观众。

在构图初期，大家可以多画几幅小的草稿，从中选择出比较满意的来深入。在视角选择上，要与画面的构图内容相结合，分清主次关系，做到有虚有实。画面要有一定的节奏感。（图2-2-5～图2-2-8）

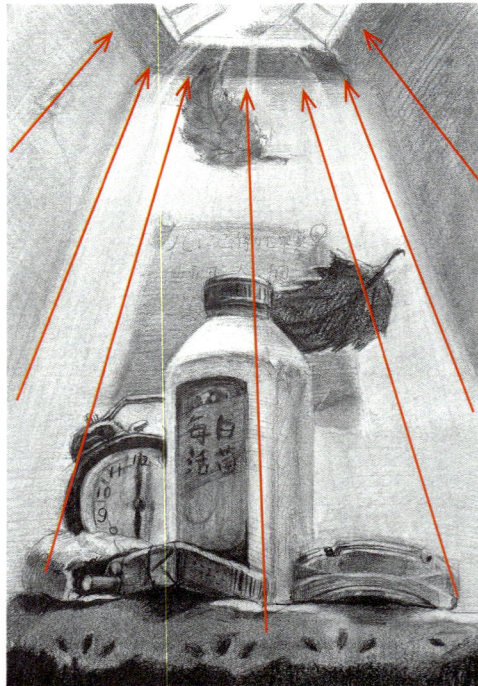

图 2-2-5

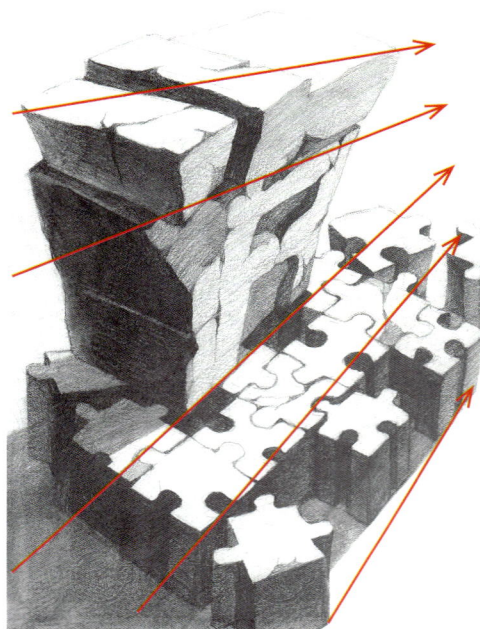

图 2-2-6

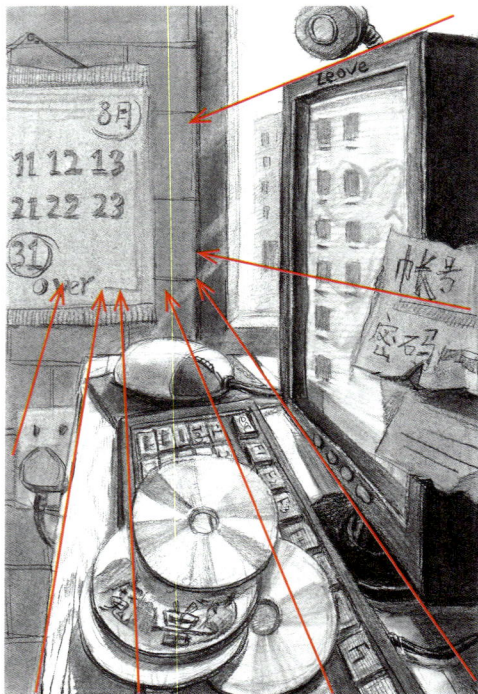

图 2-2-7

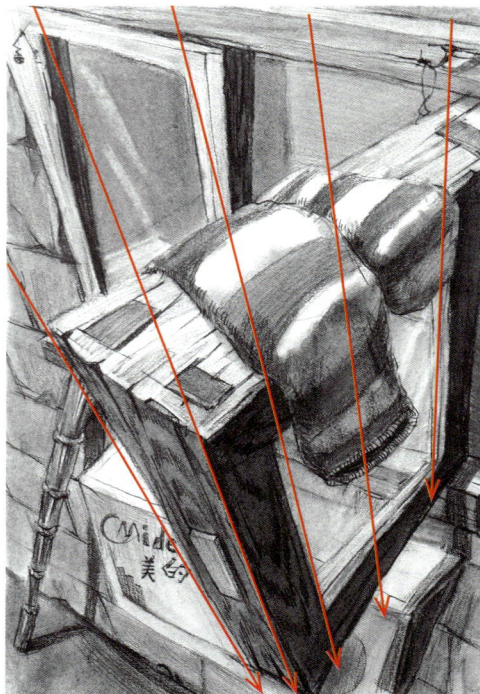

图 2-2-8

6. 质感

考试中我们不一定要把所有物品的质感都表现出来，应把握好视觉中心，将主要精力都放在主体物的表现上。

质感是物体的重要属性，不同的质感在画法上也有很大的区别，这要求同学们在平时的训练中尝试多种质感的表达，对不同质感有着自己的理解和擅长的技法。考试的时间是三个小时，想要很细致地表现物体的质感，就要平时对质感有着深入的认识。大家平时可以多写生一些日常生活中的物品，以习惯用铅笔、炭笔表现不同的质感，学会用不同硬度的铅笔对应不同的质感，并且要尽量描绘细致。

其实在考试中我们不一定要把所有物品的质感都表现出来，只要大家把握好视觉中心，将主要精力都放在主体物的表现上，用画面告诉评卷老师，你有表达真实质感的能力就可以了。（图2-2-9 ~图2-2-12）

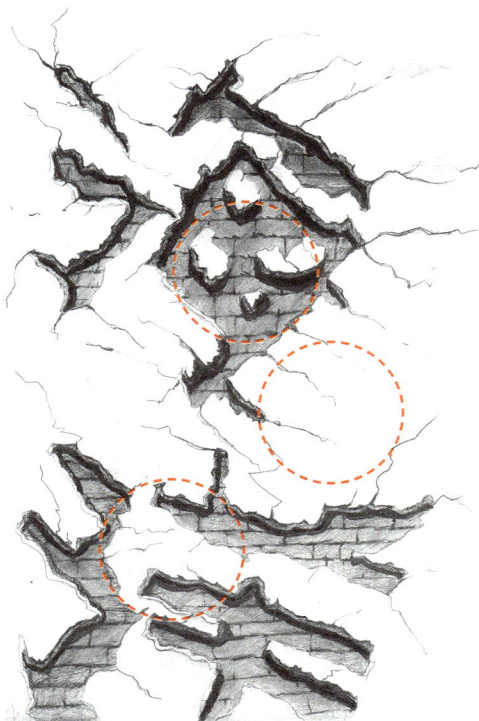

图 2-2-9

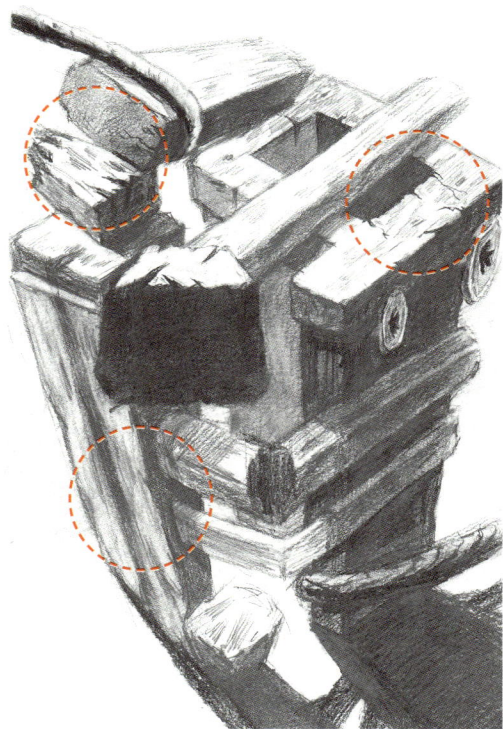

图 2-2-10

7. 结构

结构，就是指物体的各个部分以特定的方式互相结合，构成整体的内在构造关系。

结构，就是指物体的各个部分以特定的方式互相结合，构成整体的内在构造关系。它是决定外观形态的基本因素。对结构的理解是表现形体的关键，在设计素描考试中，结构是一切绘画与创意的基石。现在的设计考试多为默写，考生是无法直接观察到绘画物体本身的，只有在脑海中存有所画物体的准确结构时，才能把自己想要的画面准确地表达出来。由此看来平时的积累是非常重要的。（图2-2-13）

考生在应对考试方面，可以发挥自己的主观能动性，追求不同形式的表现。我们可以从构图、绘画对象的选择、视角、光影上去进行发挥，但是一定要有自己的创造性元素，不要去模仿已经出现的所谓"创新试卷"，那是过去式的设计，我们要有更新的创意设计。

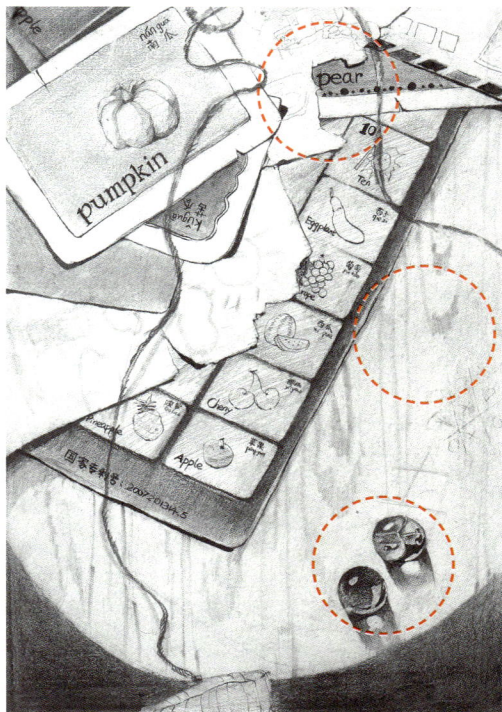

图 2-2-11

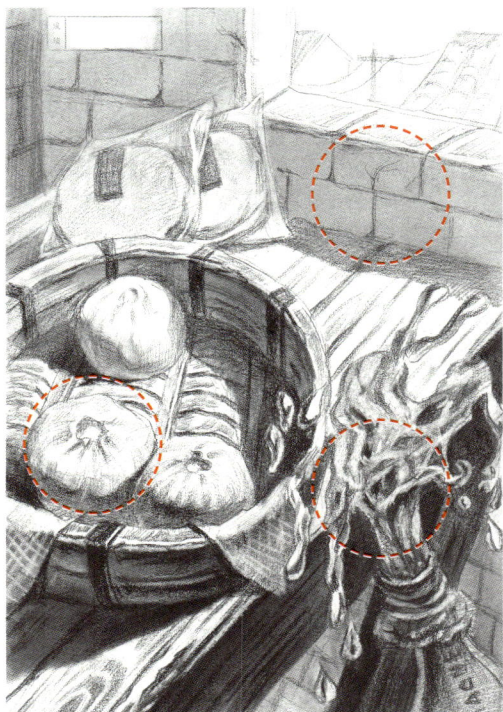

图 2-2-12

8. 积累

设计素描主要以现实生活中的场景或物品为造型基础进行主观再创造，这是一种对物体形态的再创造，它建立在对日常生活的观察之上，是对创造力的训练。

从考试题目来看，设计素描一直坚持以考查造型基础为主，从电话机、钟表、纸张、书到玻璃杯，要求关注身边物品，留心观察生活，突出物品之间的关系，包括画面关系、概念关系等，再融入个人创意。也就是说，设计素描主要以现实生活中的场景或物品为造型基础进行主观再创造，这是一种对物体形态的再创造，它建立在对日常生活的观察之上，是对创造力的训练。因此，平时的积累对于设计素描是非常重要的。（图2-2-14）

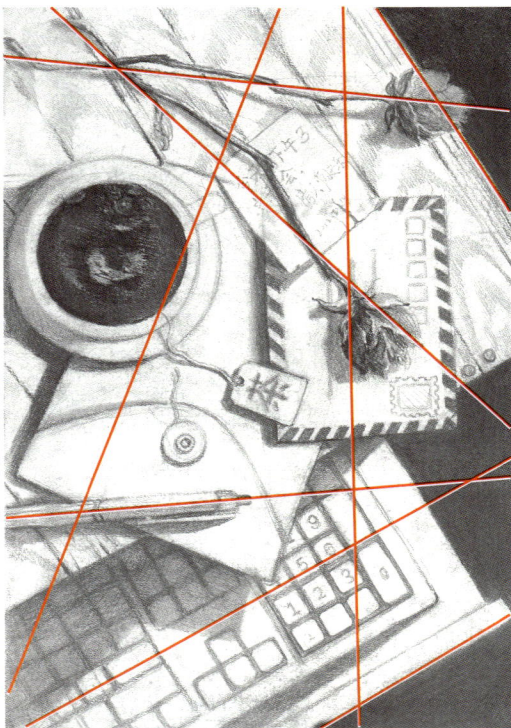

图 2-2-13

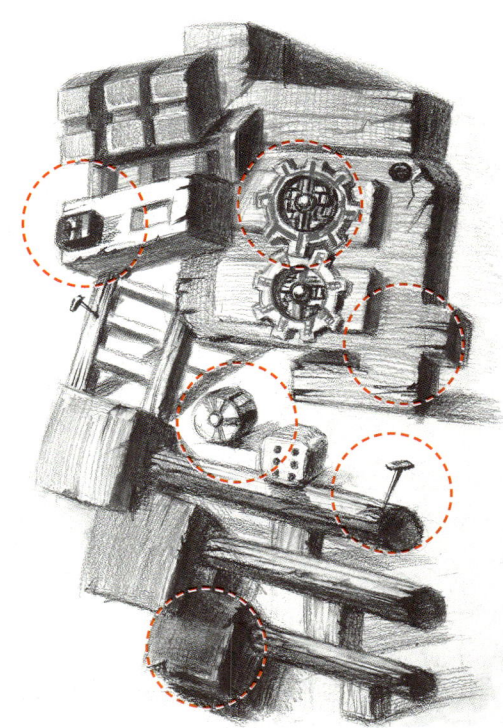

图 2-2-14

2.2.3 技巧与方法

用长直线，抓大的关系。我们画一些较为简单的物体，例如几何体和静物时，外轮廓大多以长直线为主。抓住物体的整体特征，再用长直线去表现物体的长宽比例，物体之间的大小比例和前后空间关系等，使画面具有整体感。（图2-2-15）

找点。通俗的说法叫"抓两头、带中间"，因为点一般都处在始端与末端，点如果找得准确，形体也就抓住了。在这里，点是指形体转折开始的地方与形体转折结束的地方。如球体，球体当中，有无数个转折，也有无数的点，那么如何找到点呢？我们只能找球体最高的转折点与最低的转折点，这样画球体就简单了。如果我们能准确理解点的位置，再复杂的物体都变得简单了。

注意线条的穿插。为了使形体明确起来，我们用线条连接各点，然而我们所说的线条不是死板的线条，而是相互穿插的，有出来的地方，也有回去的地方，也就是我们常说的"来龙去脉"。线条的穿插，必须符合其形体结构的规律，否则就容易产生该后面去的翻到前面来了，该前面去的却翻到后面去了。要分清线条的前后关系、虚实关系和空间关系。

线条的表现。线条是结构素描中最主要的艺术语言和表达方式，在塑造形体、表现体积、空间和情感方面，都显得十分明晰，富有表现力和概括力。在开始学习时，首先要做大量的线条练习，提高线条质量，也就是说达到熟能生巧，"巧"了线条才有质量，也就是肯定有力、轻松自如，有松有紧、有虚有实、有粗有细、有深有浅，随着形体的变化而变化，做到变化中求整体，整体中求变化。这样我们的线条才富有生命力和动感。

图 2-2-15

＊ 注意其创意构思和素描技法的结合。
＊ 注意画面二维构成的表达，物品与物品的组合，质感的刻画。
＊ 得到高分的关键在于对整体大关系的把握，注意画面要切题。

2.2.4　历年考题剖析

中央美术学院设计素描考题解析

【2007 年】

素描试题：悬挂的面具

要求：1. 以"悬挂的面具"为主题，可附加两件（含两件）以内物体，形成创意与构图；2. 素描以写实手法完成；3. 工具限于铅笔、炭笔。

解析：根据题目，我们可以迅速得出两点："悬挂"与"面具"。然后确定我们画面的重点，到底哪个才是我们的画面中心。其次是内容上，面具这个物品没有特定的限制，所以考生可以发挥自己的想象，画出不同于别人的面具，增加趣味性和创造性。比如高分试卷中出现的防毒面具，还有假面舞会的面具等，都是很讨巧的。

【2008 年】

素描试题：空中的纸飞机

要求：1. 画面表现扣准题目；2. 素描以写实手法完成；3. 工具限用铅笔、炭笔。

解析："空中的纸飞机"，这是一道典型的属于空间类场景的试题。考生应该考虑怎么把题目中纸飞机和空间场景结合到一起，并且具备一定的创意。"空中的纸飞机"，要求飞机本身一定是在空中，但是并不一定是动态的，可以是悬挂在空中的，也可以是在手中的，等等。

【2009 年】

素描试题：纸上的三到五朵花

要求：根据题目组织画面，用写实手法完成。不得附加题目规定之外的物体。

解析：这一年的题目好像是美院和考生开的一个"玩笑"。素描的题目和色彩的题目是一样的——"纸上的三到五朵花"。这个题目的题眼在于一个"上"字，这个"上"我们既可以理解为在纸中，也可以理解为在纸上。这两种理解让我们可以组织出两种完全不同的画面，前者注重的是纸本身的塑造，后者则更加注意花本身。这要求考生要在第一时间对这个"上"字进行自己的定义。有些考生不会画花，这个时候可以采取避重就轻的方法，"纸上的三到五朵花"并不一定全部都是完整的花，并且也不一定是真正的花，例如可以是窗花、印花等。只要是所谓的"花"，就不会跑题。

【2010 年】

素描试题：请以"彩虹"两汉字的几何形体立体构成组成一幅画面。

要求：1. 用素描的手法表现；2. 画面中不得出现其他实体物品；3. 考试时间 2 小时；4. 素描工具不限；5. "彩虹"二字可以部分作大小方圆的变化等穿插关系；6. 必须认清是"彩虹"二字。

解析：作为空间类题目的代表，此题目也是中央美院考试题目创新的一次大胆尝试，2010 年设计学院考试科目中去掉了立体构成，然后将对空间能力的考查大胆地融入到了素描考试中，令当年的很多考生措手不及。其实这种题目并不难解决，只要大家具备把二维画面转变成三维立体图形的能力就可以。应对此类考题，大家可以在平时增加一些此类的练习。在构成立体的元素选择上也是有讲究的，元素本身最好要和题目有一定的联系，比如彩虹可以用彩虹的英文拼写或者与彩虹有关的物品进行组合。

【2011 年】

素描试题：餐桌的一角

考题要求：以写实手法表现画面，考试工具限用铅笔、炭笔、炭精条。

解析：虽然这是一道看似平常的静物写生，但出题者的用意正是要用平常的静物写生来考查考生们对画面的组织能力，对画面内容的选材，对视角的选择，对比例的控制，对空间的表达。在完成此类题目时，我们可以从几个角度去思考。首先是选材上，可以思考到底是什么时候什么地点的餐桌。比如是城市的或者农村的，还是解放前的或者现代的。从时间和地点去定义餐桌的内容，其次是画面的观察角度，抛弃平时的静物写生视角，采用一些非常态观察方式。例如仰视、俯视、近距离观察等。最后我们可以在画面主体上做文章，在组织画面时，到底选择什么作为主体物，是桌子还是桌子上的物品，或者是以餐桌一角作为背景的其他物品等。（图 2-2-30、图 2-2-31）

【2012 年】

素描试题：我记忆中的中国地图

要求：1. 画面表现扣准题目；2. 时间 2 小时；3. 默写形式完成素描考试。

解析：从字面上可以找到两个关键词。第一个是记忆，第二个是地图，所以我们首先要利用思维迁移的方式将能够把两者联系在一起的物品或者环境逐一列举出来，再选择自己最为擅长的绘画方式，快速地表现出来。特别要注意此次考试时间为 2 小时，所以不要在前面思考的过程中浪费太多时间。要快速果断地决定自己的绘画内容。将节省的时间用在对画面的表达上。避免时间分配不均。

【2013 年】

设计专业

题目：书房一角

考题要求：3 小时，炭笔或铅笔。

解析："书房一角"旨在考查学生除了画面创意表达外的空间立体思维能力。书房这个特定的位置如何才能表达得有意思呢？首先要想到我们应该画哪里和画什么。画哪里指的是我们选择什么作为重点刻画的对象。切记不要因为题目倾向室内而完全放弃对室外的刻画，这样我们便少了向评卷老师展现自己空间能力的机会。

【2014 年】

设计专业

题目：被包裹的椅子

解析：在题目中，画面的规定元素有椅子。而具体的包裹物品是何物，则可以自由发挥。

在首先满足对于物品质感、空间、光影关系表达的基础上，我们需要结合自己所要表达的思想来进行选择，例如表现对过去时光的怀念可以选择旧报纸、旧大花床单等，表现军旅生涯可以选择军大衣等。

选材不同，意义不同。如果想得到高分，我们可以进行更深层次的表达，例如将电脑或者其他高科技产品与椅子包裹捆绑在一起，表达的是现代科技对于人们日常生活的捆绑和束缚，同时可以在构图或者透视关系上提高画面感，形成强烈的思想与视觉冲击力。

清华大学美术学院设计素描考题解析

【2010 年】

素描试题：一本打开的书，一朵玫瑰花一部手机。

要求：根据题目静物默写

解析：从题目表面看，只有三个物品，这样的设计素描似乎不好组织，结果往往会很空。其实并不是这样，题目要求我们必须出现这三个物品，但是并没有说不可以出现其他东西，当然，关键是出现的其他物品的功能到底是什么。我们可以这样理解题目，一本打开的书，一朵玫瑰花和一部手机是整个画面的主体物，但是他们到底放在什么环境中，这个是交给考生自己发挥的，这时候考生是有主动权的，我们可以根据自己的需要去创作，可以是桌子上，也可以是阳台，哪怕放在垃圾堆里面都行，只要环境可以很好地烘托画面气氛，并且不会削弱主体物的分量就可以了。

【2011 年】

素描试题：扶手椅上搭着的衣服

要求：1. 画面表现扣准题目；2. 素描以写实手法完成；3. 工具限用铅笔、炭笔。

解析：乍一看，题目似乎平淡无奇，可能考生会因此而放松警惕，然而题目本身的平凡恰恰是出题者增加了考试难度的表现。怎样在这种很普通的考试题目中寻找设计的味道，创造出与其他考生试卷的不同点，增加创意的含金量，成为考生应对此题目的关键。在创作时，考生可以从两个方面入手，第一是把衣服本身作为刻画主题，也就是画面的内容都是围绕衣服展开的，可以刻画衣服的局部，衣服的质感肌理，衣服本身的折叠方式或者悬挂方式，以及衣服的款式，是军大衣、唐装、京剧戏服等。第二是考生可以从衣服周边的东西入手，如扶手椅、扶手椅所在的空间，也就是着重表现它们之间的关系或者说物体之间的空间关系。

【2012 年】

考题内容：中秋节

要求：1. 画面表现扣准题目；2. 素描色彩要求用静物表现且不少于三件物品，写实手法，营造氛围；3. 默写形式完成素描考试。

解析：这是一道与 2011 年清华大学美术学院考试形式一样的题目，素描考试与色彩考试同为一个题目。学生在拿到题目后应该首先分析题目特点——以节日为主。我们可以先联想它本身的节日元素，例如其特有的物品、习俗和氛围等，然后加以组合，完成画面。题目要求不少于三件物品，考生一定要满足要求。考试要求写实手法，这表示我们要在质感上下更多的功夫。通过对细节的把握来赢取高分。

【2013 年】

素描试题：路灯下的自行车

考题要求：3 小时，炭笔或铅笔

解析：自行车的结构与刻画难倒了很多考生。很多人没有画过自行车，平时的观察与积累也不够，这时就会陷入僵局，不知如何下手或画得是否正确，如果出现这种情况，方法是进行局部刻画，对自己最熟悉的自行车部位进行深入刻画，例如自行车把手等，避过一些自己不熟悉的结构，不给评卷老师挑错的机会，只要构图得当，也可以画出优秀的作品。"路灯下"的设定会让人自然联想到夜晚，但用素描表现夜晚确实有很大的难度，所以便会觉得无从下手。这时我们可以进行逆向思考，路灯下只是规定了情景地点，题目本身并没有对时间进行限制，我们只需要满足题目要求就行，即在画面中出现路灯。

【2014 年】

试题：工地

解析：题目中要求画面具有构成质感与形态。从要求我们可以看出这是一道建筑空间素描的题目。

规定的场景，相对规定的方式。工地中未完成的建筑是我们表达空间结构关系的好素材。选择一个好的建筑场景，进行适当的处理，将其完整化。根据我们日常对于工地的观察，回忆工地中应有的物品，将其添加到画面中，构成符合题目的构图。对于质感，我们可以选择当中的一些我们比较熟知的材料进行表达。例如砖头的质感，木材的质感等。在形态上可以对建筑工地未完成的结构龙骨进行刻画，例如钢架等。

2.2.5　命题作品剖析

学习技巧：

请把历年设计素描试题与具体作品对应分析比较，揣摩这些作品的创作手法，大家会发现有些作品是可以用多个题目来概括的。例如室内特定空间的常见物品，同一组合构图，观看侧重点不同，表达的寓意有一定区别，故作品名称可以有多种。大家在备考时要多准备些物品形象单词，积累生活中不同方面的元素，整理出一套不同光线影调表现的认知系统。素描画面细节质感刻画是来源于对生活的细心观察和艺术感受。"它山之石，可以攻玉"，例如平时观看经典电影片段和广告画面，其中的镜头、光线、氛围都可以借用。也可以分析大师们的经典构图与处理方法。艺术与设计是有规律可循的，循序渐进地积累，量变达到质变，作品才会上一个台阶。不要急于求成，欲速则不达。（图 2-2-16 ~ 图 2-2-73）

图 2-2-16 小学时光

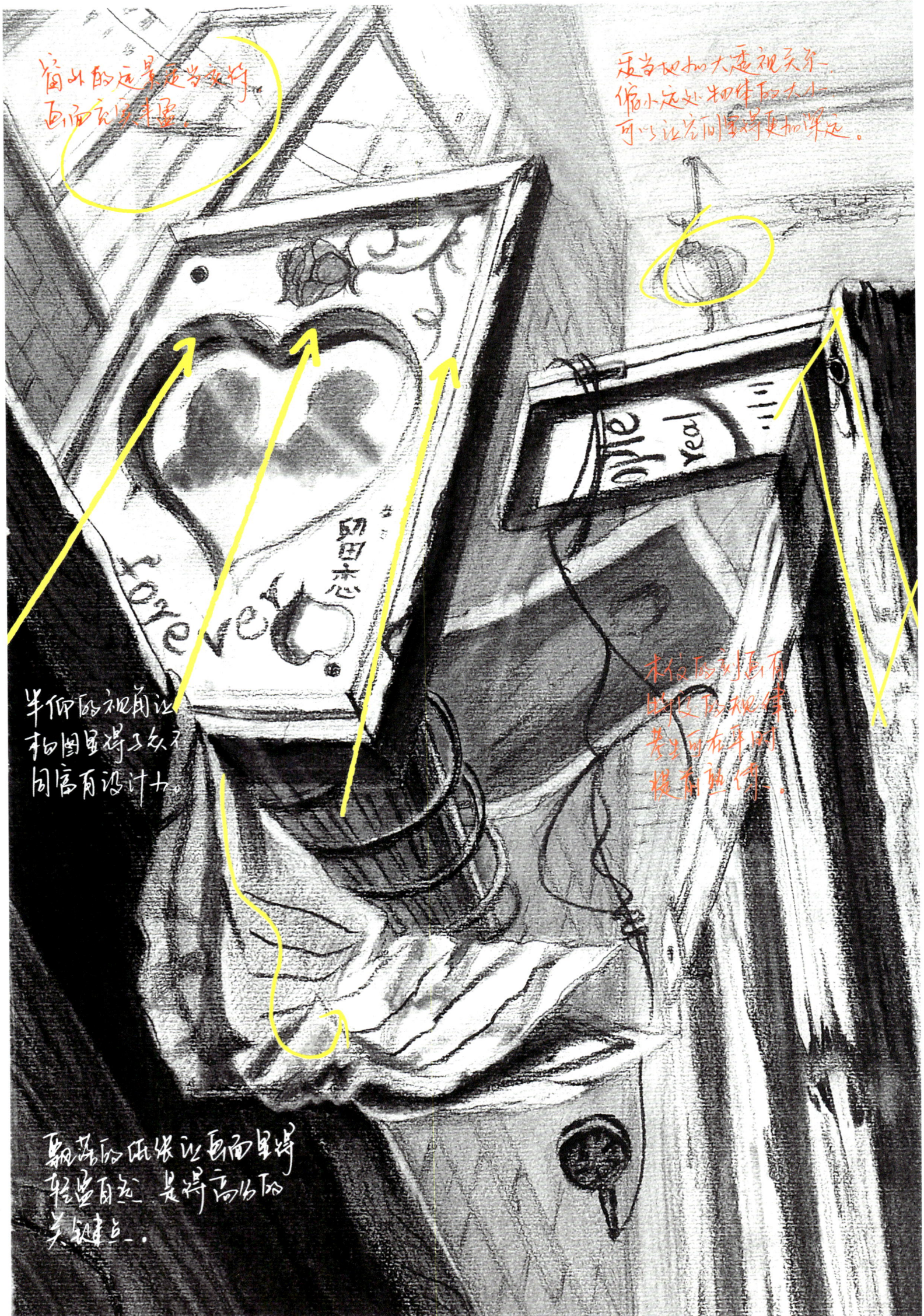

图 2-2-17 窗台的印象

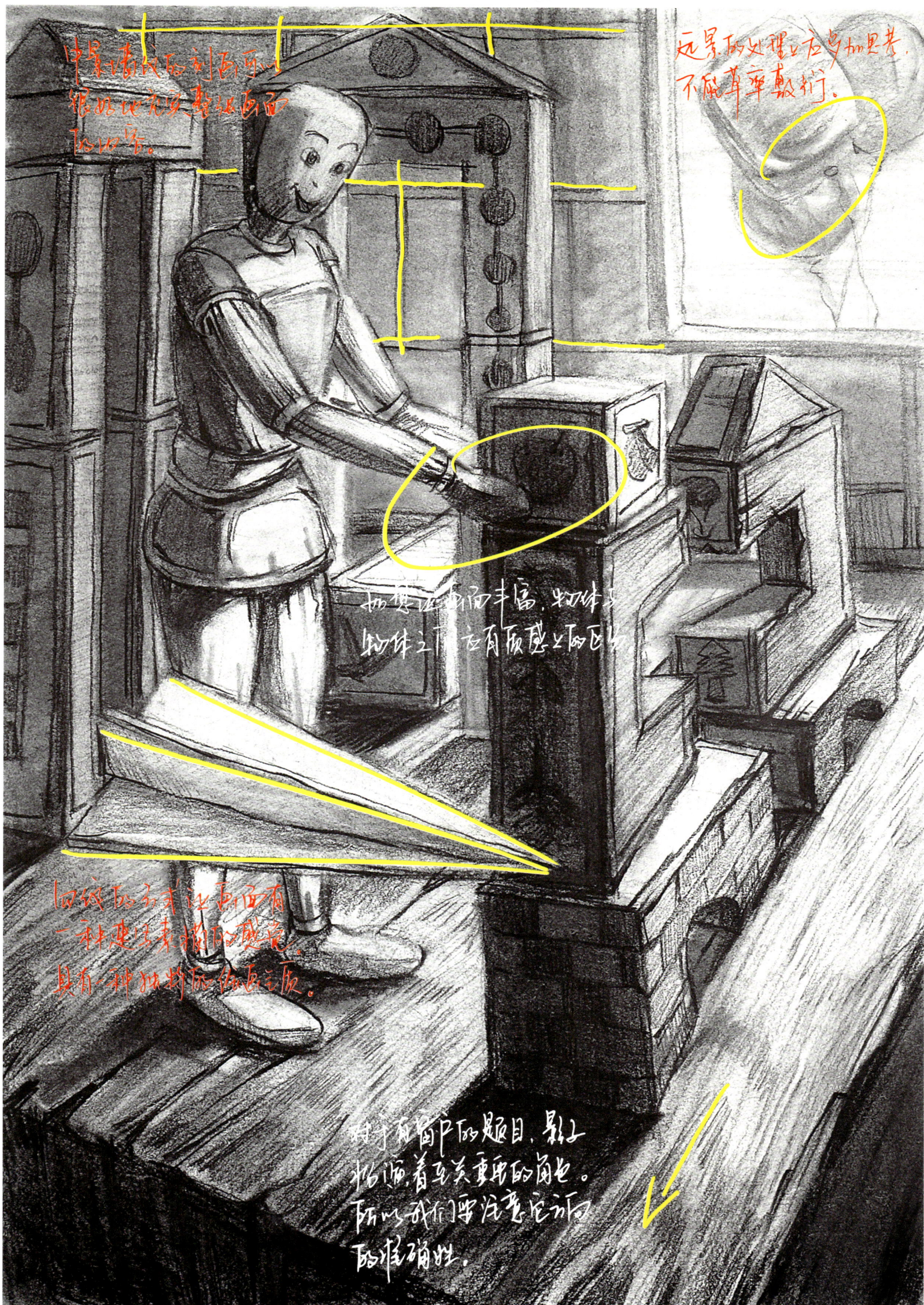

图 2-2-18　玩具

图 2-2-19 球

图 2-2-20 礼物

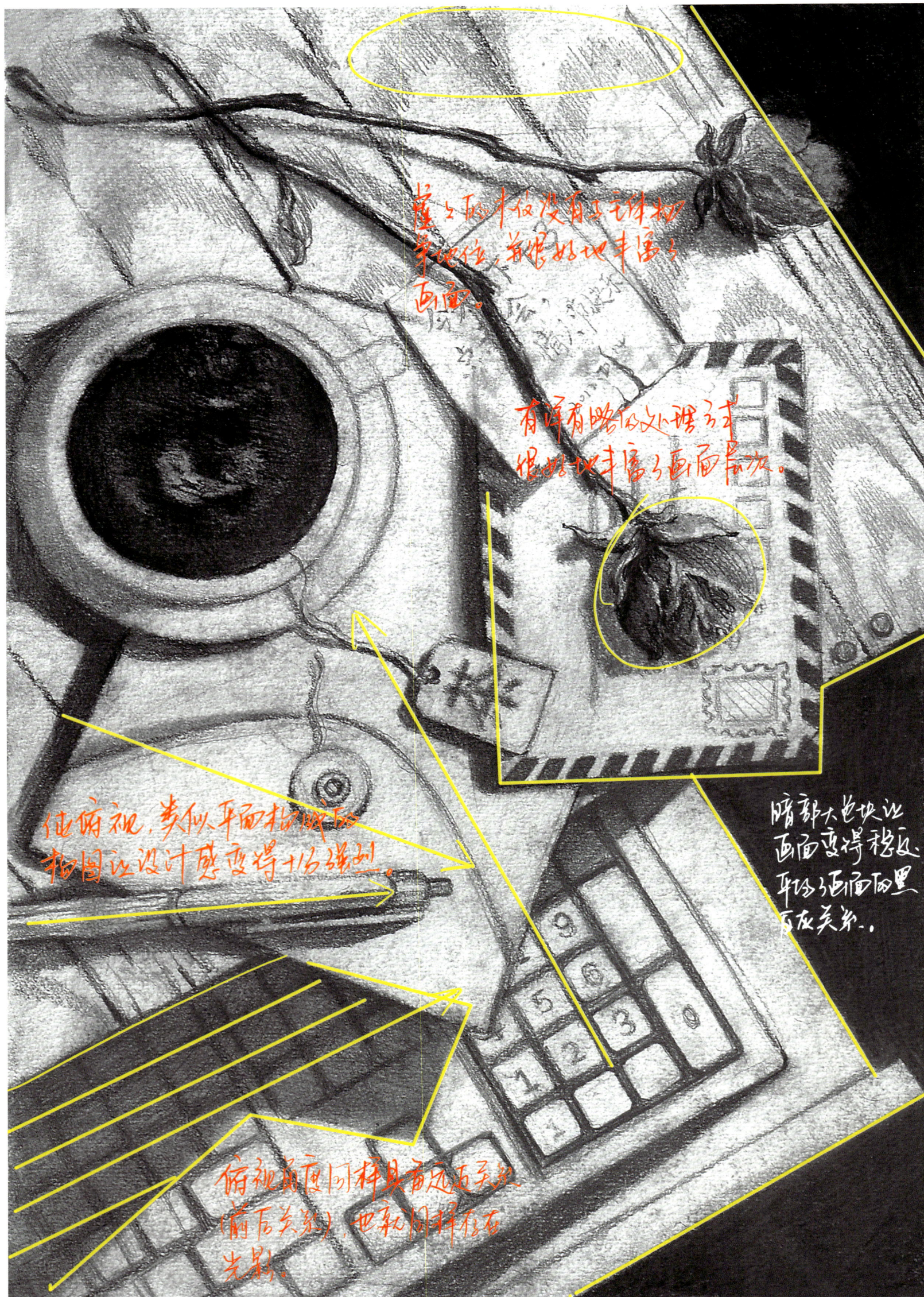

图 2-2-21 书桌上的玫瑰

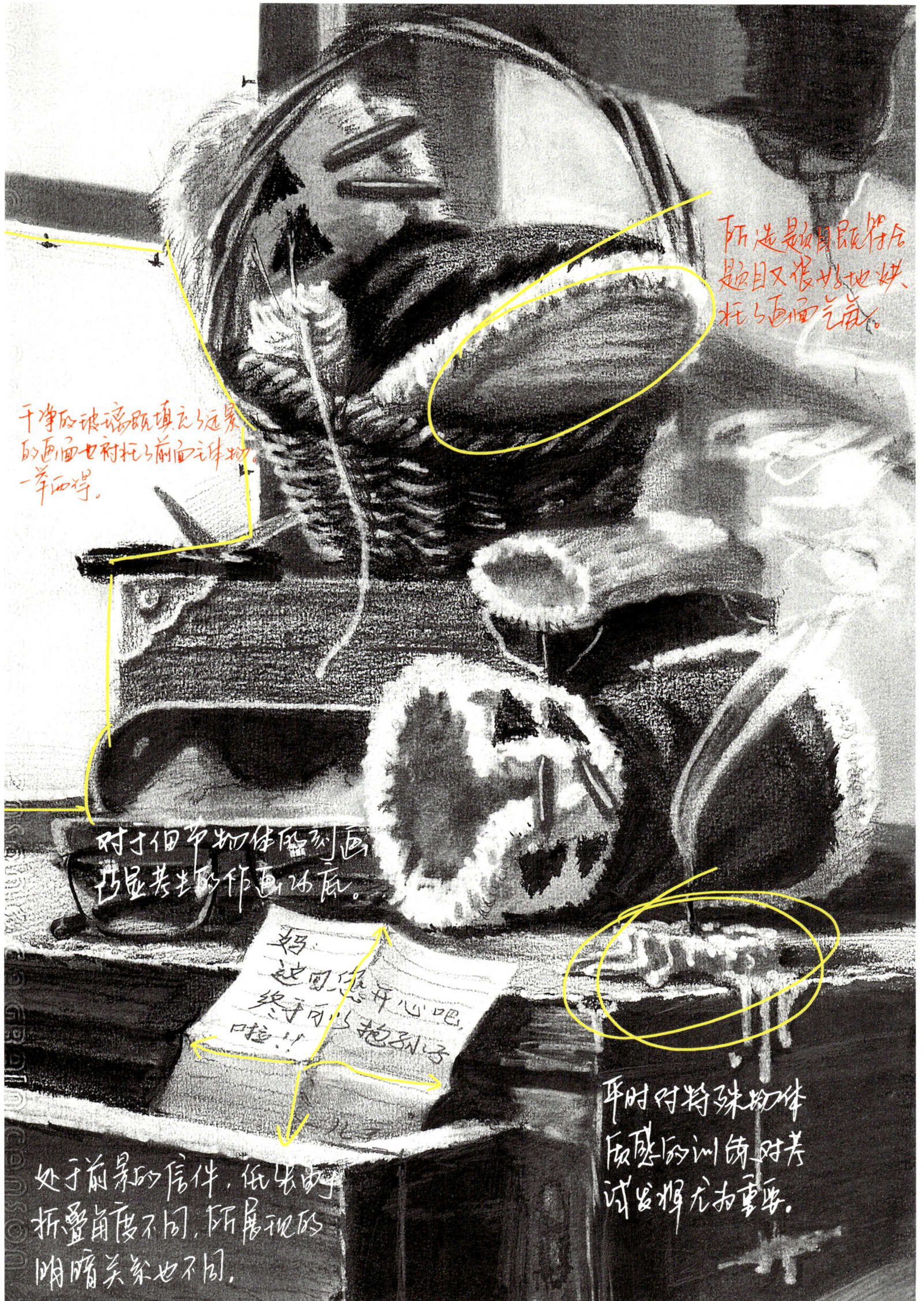

图 2-2-22　家的味道

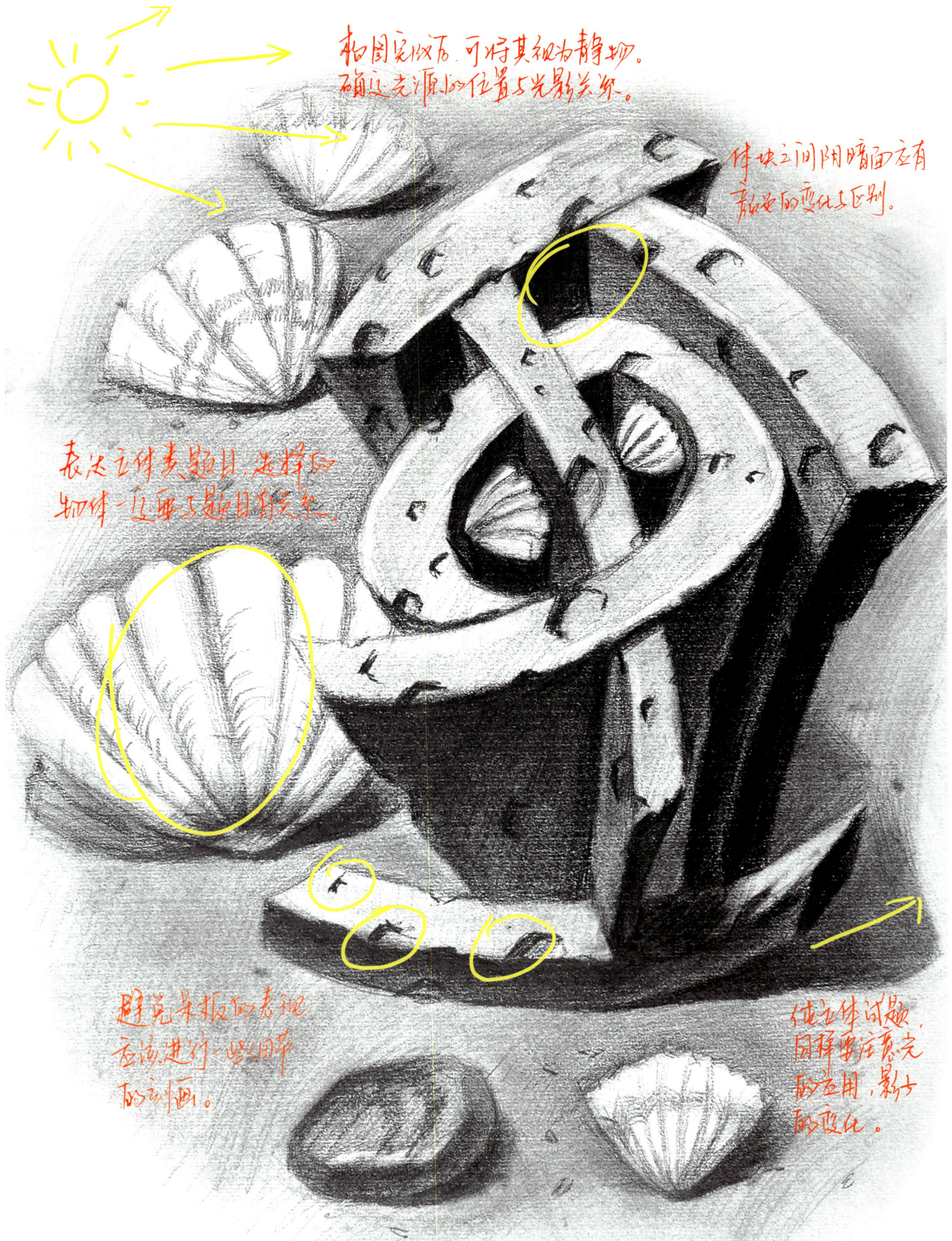

图 2-2-23 海洋

图 2-2-24　富户的联想　画面的明暗度处理恰当，光感强

图 2-2-25 窗户的联想 光线明暗把握恰当

图 2-2-26　窗户的联想　画面立体感强

图 2-2-27 窗户的联想 黑白灰关系处理适当

图 2-2-28　厨房一角　巧妙的构图与透视效果突出了主题，细节的金属锅质感刻画、灶台瓷砖描摹，使画面丰富，有节奏感。

图2-2-29 童年回忆 画面运用斜线构图，构成感强，材质表现恰到好处整体感好。

图 2-2-30　家的回忆　光线效果十足，使人身临其境

图 2-2-31 家的回忆 黑白灰处理恰当，画面光彩照人

图 2-2-32　甩动的拨浪鼓　光线明亮，与主题相呼应。

图 2-2-33 台子上的…… 画面视角新颖，明暗恰当

图 2-2-34 台子上的…… 光线处理细腻，画面整体效果和谐统一。

图 2—2—35 窗台的印象

图 2-2-36　玩具

图 2-2-37　海洋

图 2-2-38 窗户的联想 明暗度把握适当。

图 2-2-39 窗户的联想 画面构成感强。

图 2-2-40 窗户的联想 构图新颖,光线处理适当。

图 2-2-41 窗户的联想 光影关系处理适当。

图 2-2-42 窗户的联想 光线明媚，整体氛围和谐。

图 2-2-43 海洋 画面构成感强。

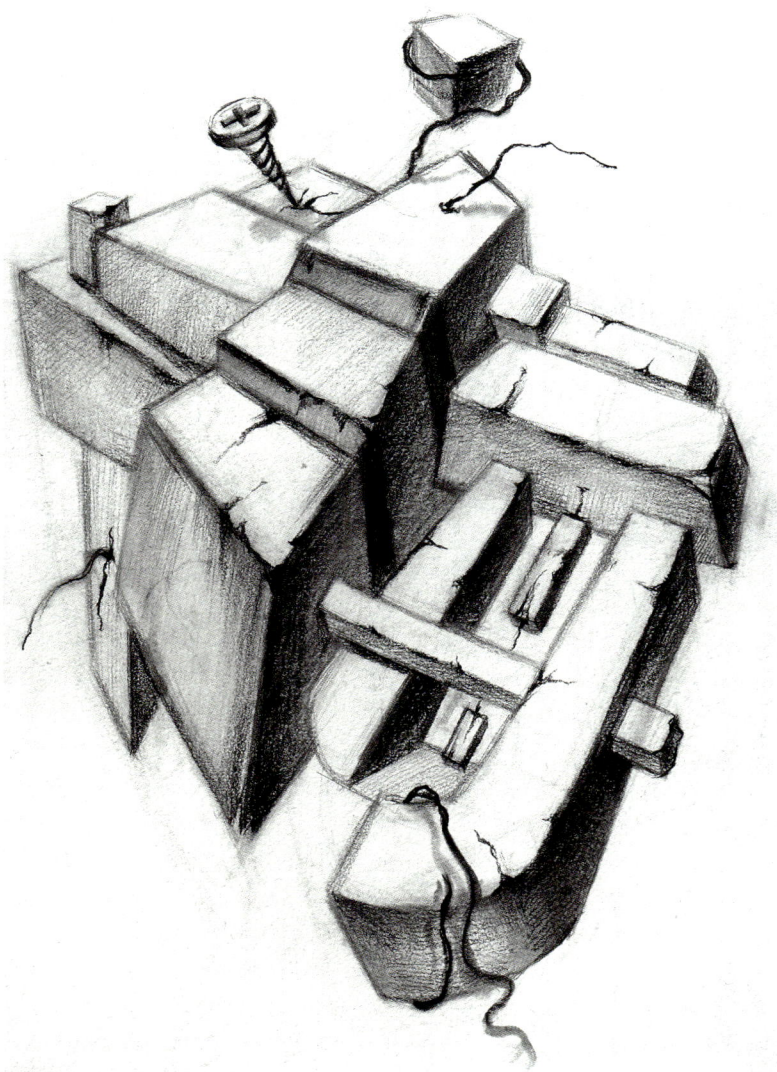

图 2-2-44 海洋 物体刻画精准。

图 2-2-45 海洋 光线明媚，明暗度适中。

图 2-2-46 *海洋* 物体刻画细致真实

图 2-2-47 *海洋* 画面立体感强

图 2-2-48 *海洋* 画面新颖，明暗度适中

图 2-2-49 *海洋* 画面黑白分明，光线处理恰当

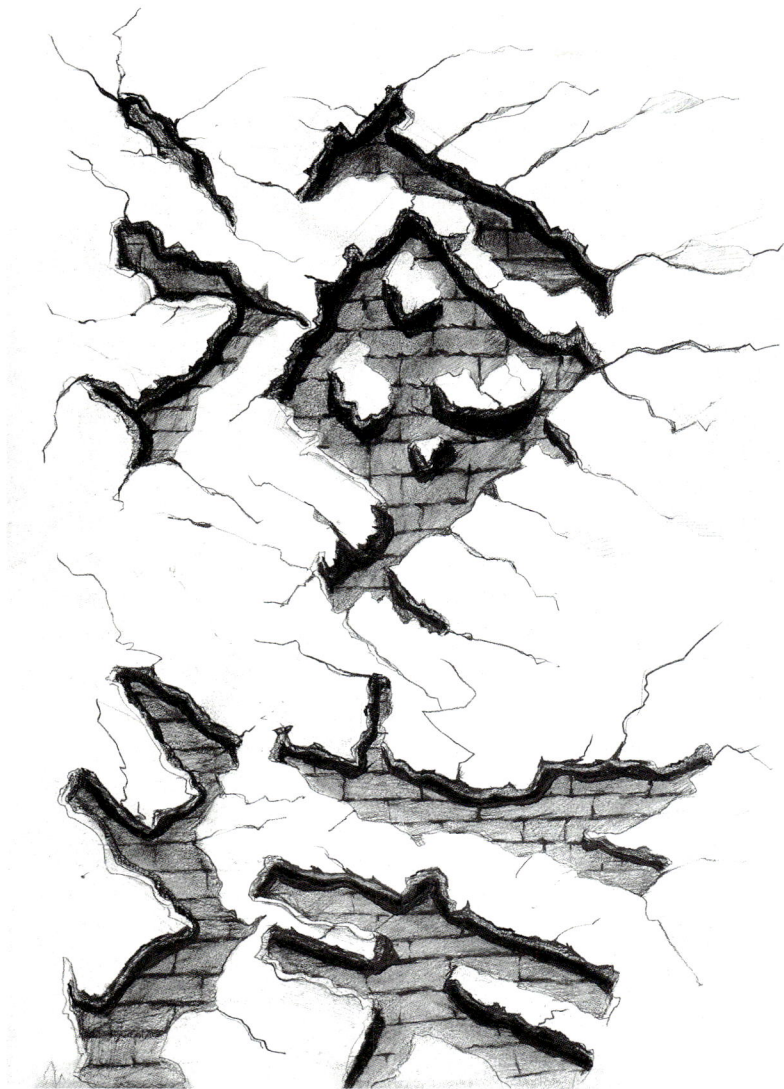

图2-2-50　海洋　画面描摹细腻，主题新颖。

图2-2-51　海洋　画面立体感强，光影比例适中。

图2-2-52　家的回忆　光影处理适当。

图2-2-53　家的回忆　画面结构适宜，光线明媚。

图 2-2-54　家的回忆　光影关系明显，黑白灰分明。

图 2-2-55　家的回忆　光线充足，使画面更显生动。

图 2-2-56　家的回忆　物体刻画细致真实

图 2-2-57　家的回忆　光影效果处理适当。

图 2-2-58 家的回忆 光线柔和，画面真实动人。

图 2-2-59 木人 画面光感十足。

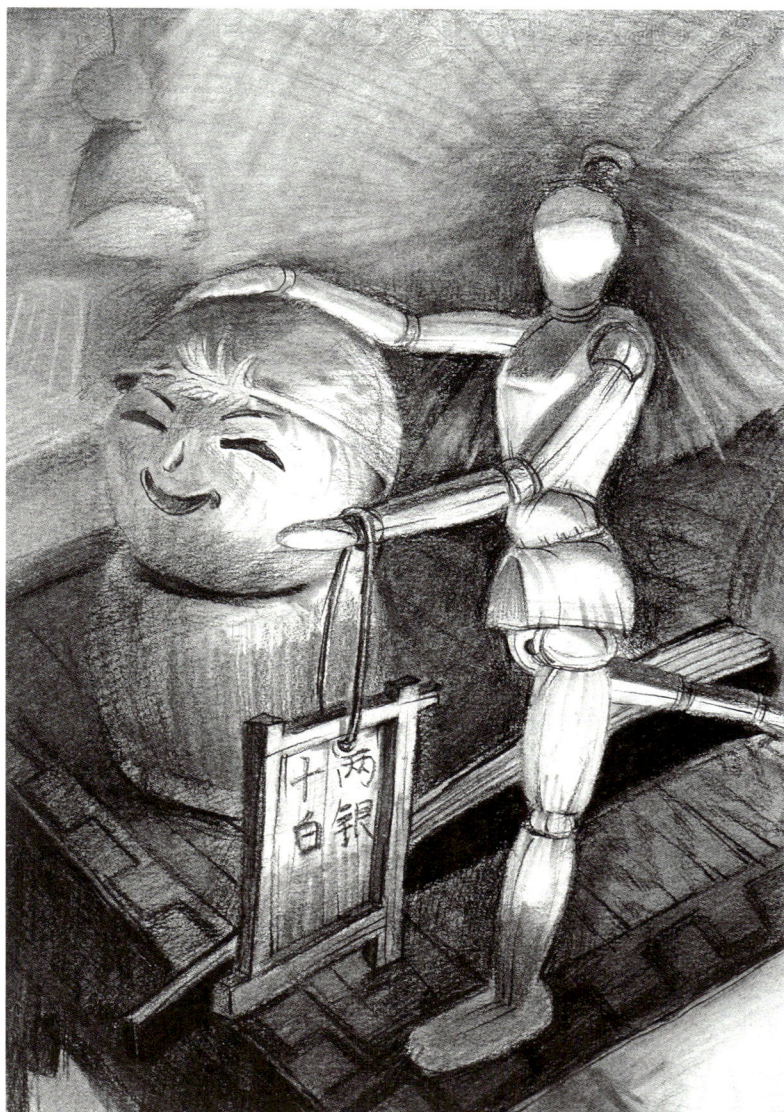

图 2-2-60 木人 画面内容独特，画风清新。

图 2-2-61 甩动的拨浪鼓 明暗度把握适中。

图 2-2-62　甩动的拨浪鼓　画面光感效果强，极富感染力

图 2-2-63　甩动的拨浪鼓　画面构图适当，比例适中。

图 2-2-64　甩动的拨浪鼓　光线效果强

图 2-2-65　台子上的……　构图比例适中。

图 2-2-66 台子上的…… 构图合理，光线明媚。

图 2-2-67 台子上的…… 构图合理，细节生动。

图 2-2-68 台子上的…… 光线明媚，黑白灰处理适当。

图 2-2-69 台子上的…… 构图合理，比例适中。

图 2-2-70 台字上的…… 画面光感十足。

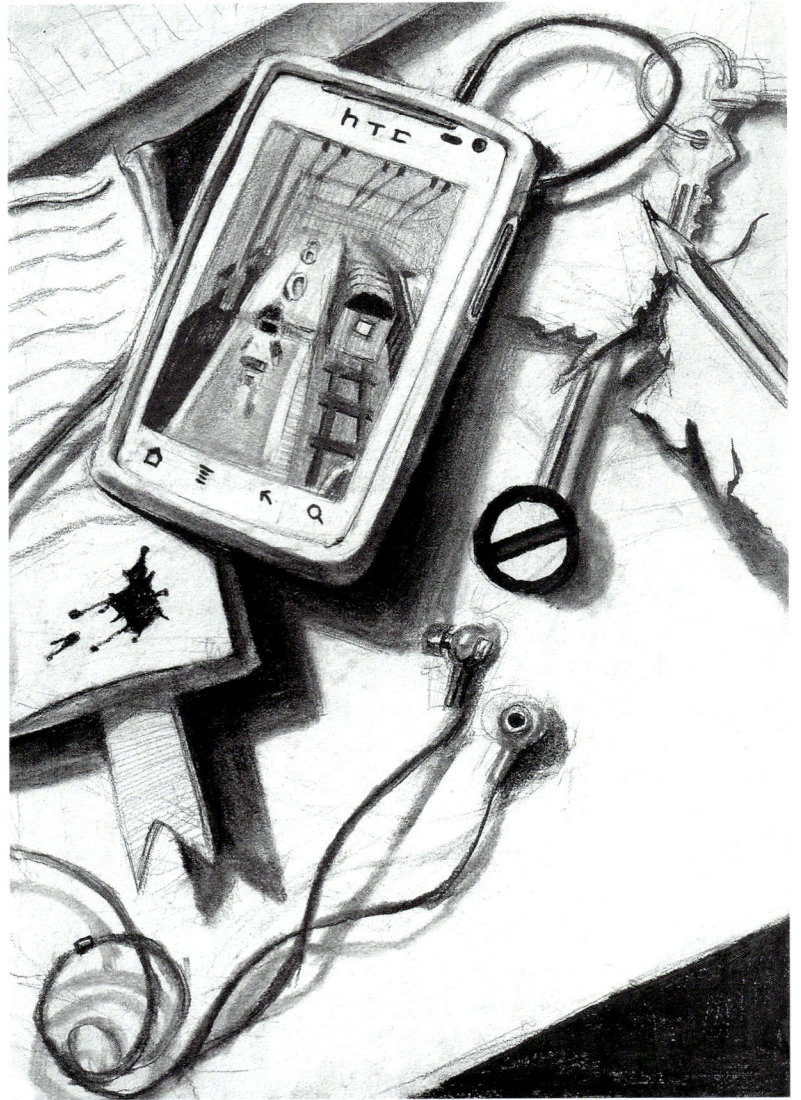

图 2-2-71 纸的联想 画面细节生动，构图适中。

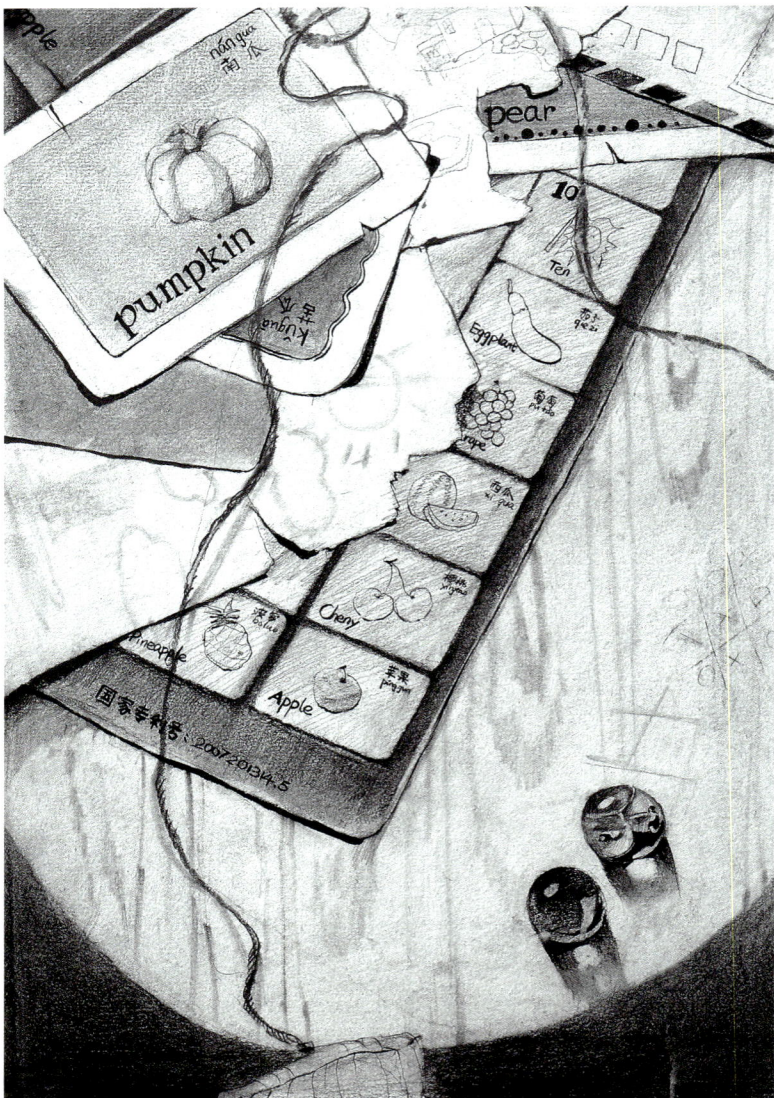

图 2-2-72 纸的联想 画面比例恰当，细节丰富。

图 2-2-73 纸的联想 画面比例恰当，细节丰富。

2.3
建筑素描应试

2.3.1 历年考题剖析

建筑学院的设计素描以考查空间为主，在此基础上每年的考题也有知识点的变化。

类别	题目示例	题目解析
室外空间	我心中最美的桥、我最喜欢的建筑	作为一种新型考题，这类题近几年出现的频率颇高，其主要考查的是考生对平时生活的积累，考题本身的限制条件并不多，留给考生的发挥空间很大。应对此类考题，应从题目的中心入手，寻找自己最拿手的景物去创作。例如《我心中最美的桥》，我们只用考虑如何画好桥，至于是否为"心中最美"，其实并不重要。
特定场景	都市边缘、阳光照耀下的房子	此类题目已经规定好了场景，也就是间接地规定好了绘画的对象，考查点非常明确。创作此类题目，首先要找到题目中的关键字。例如《阳光照耀下的房子》中，关键字是"照耀"，如何表达这两个字是画面的关键。
想象类	窗内窗外、我的房间	这些年室内空间的考查出现得较少，但不能忽视，这类题目主要考查的是考生对室内规定空间的把握，重点在于怎么样把简单的室内空间变得丰富化，或者把室内和室外空间联系到一起，体现空间的递进关系。
空间命题	我的校园、棚户区、饮食街	规定的建筑场景、规定的建筑风格是这类题目的特点。这要求考生对建筑方面的知识有很多的了解，例如中国古建、欧式建筑、城市现代景观等。起码要对各类建筑的大概外貌特征、代表样式等有所认识才可以。

2.3.2 考点解析

1. 构图

构图有很多形式，任何形式的表达都能体现出作者对画面的掌控能力和基本审美能力。

构图有很多形式，任何形式的表达都能体现出作者对画面的掌控能力和基本审美能力。而一幅好的设计素描，必定要有好的构建骨架。最初记稿时的画面的重要分割线是决定整个构图好坏的基础。我们常常提到的黄金分割，就是画面构图的经典分割比例。

下面为大家介绍几种基本的构图形式：

横构图——通常给人以安定稳重、平静舒展的感觉。构图形式并不能完全决定画面，通过线条、笔触、质感的表现，也能传达给读者不同的感受。（图2-3-1）

竖构图——通常让人联想到高大的建筑物，悠远的道路，从上到下的距离感等，给人以挺拔、高耸、庄严、有秩序的感觉。（图2-3-2）

斜构图——倾斜的感觉通常让人联想到远处的山坡、波动的水面、倒放的物体，让人感觉到不稳定、惊险，充满速度感和运动感。（图2-3-3）

S形构图——这种构图具有动感和韵律，画面感生动丰富，加深了画面的意境，对读者也有一种特殊的吸引力，容易让人联想到看不到尽头的山路幽径、缓慢游动的青蛇或女人优美的身姿等等。（图2-3-4）

三角形构图——正三角形构图给人以稳定的感觉，会让人联想到金字塔、大山等物体；倒三角形构图给人以不稳定的感觉，会让人联想到运动、倾倒、爆发、惊险的事物；拉长的三角形、锐角三角形通常具有指向性，最容易吸引读者的目光。（图2-3-5）

辐射线构图——通常会让人感到集中、中心突出、放射，联想起水波涟漪、箭靶、年轮等事物。（图2-3-6）

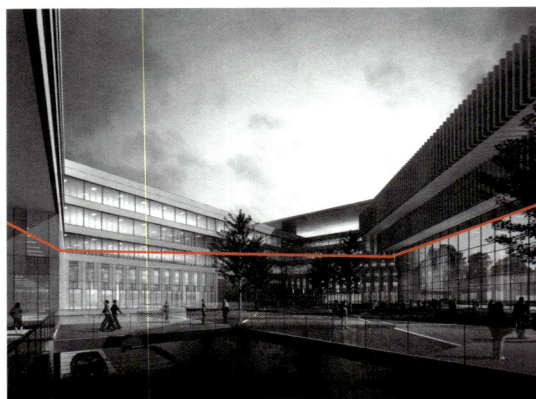

图2-3-1 横构图

图2-3-4 S形构图

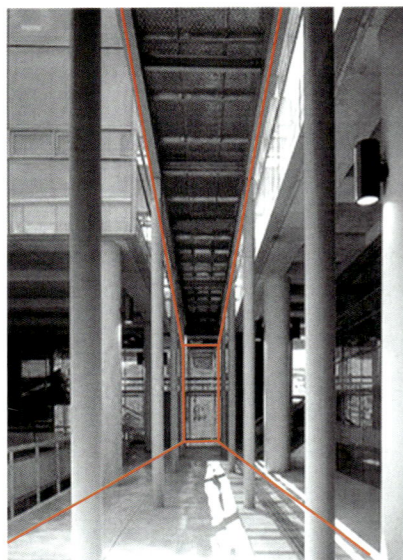

图2-3-2 竖构图

图2-3-3 斜构图

图2-3-5 三角形构图

图2-3-6 辐射线构图

2. 光影

建筑设计素描的光影关系也就是画面整体的黑白灰关系。明确的黑白灰关系可以最大限度地提高作品的醒目程度。

建筑设计素描的光影关系也就是画面整体的黑白灰关系。明确的黑白灰关系可以最大限度地提高作品的醒目程度。无论是描绘空间还是描绘物体，光源方向的确定是作者最先要决定的一件事情。画面整体黑色、灰色、白色的比例关系与位置关系，决定了画面的整体状态。黑白灰色的交界线以及画面被其分割的正负形等，都会对画面整体产生重要的影响。黑白灰三者之间也要注意色块互相穿插，互相衬托，这样会大大提升画面的丰富程度和空间层次。光影关系是让画作看起来有味道、有意境的关键，是一幅画作的灵魂。光影塑造能让画面活起来，充满勃勃生机。（图2-3-7）

图2-3-7 不同光线下的光影关系交代

3. 空间塑造

时刻要有"体"的概念，这样画面才会丰富有层次，并且有真实空间感。

一幅结构清晰准确的素描作品，正确的透视关系、比例关系和结构关系是画面的基本要求。所以要明确画面的地平线、透视点等基本要素，画面中的大小物体要互为参照，把握正确的比例关系。画面中划分近景、中景、远景有助于空间感的体现。近景物体要清晰，注重物体的结构质感等的描绘。中景远景物体逐渐虚化，与近景物体形成对比。有比较才能使读者感受到空间的大小和氛围。将三维的空间描绘在二维的纸上，是需要一定功力的。在脑海中感受到物体的远近关系、相邻关系、体积大小关系，作画的过程是一个将大脑中的三维空间物体在二维平面上还原出来的过程。时刻要有"体"的概念，这样画面才会丰富有层次，并且有真实空间感。在塑造空间细节时，除了用笔的虚实、黑白灰关系的对比外，还要对画面近处的物体进行细节的塑造。近处物体的细节表现是让整幅画作精彩细腻的点睛之处，会大大增强画面的效果。（图2-3-8）

图 2-3-8

4. 观察角度

每个人观察事物的角度和想象的能力的不同，为同一个题目提供了无数个可能的画面。

一幅好的画面是需要多方面的要素相配合才能产生的，看待事物的视角也是要素之一。想要记录描述一个事物或一个空间，以不同的视角去看待可能会导致不同的结果，画面所想要传达的意义也可能会改变。所以怎样选择视角，选择什么样的视角是很重要的。平视、仰视、俯视是三种最基本的视角，另外还有广角、特写等，以及也有一些特殊的角度，如玻璃球对面的世界，夹缝中的状态，从水底向外看等等。每个人观察事物的角度和想象能力的不同，为同一个题目提供了无数个可能的画面。（图2-3-9）

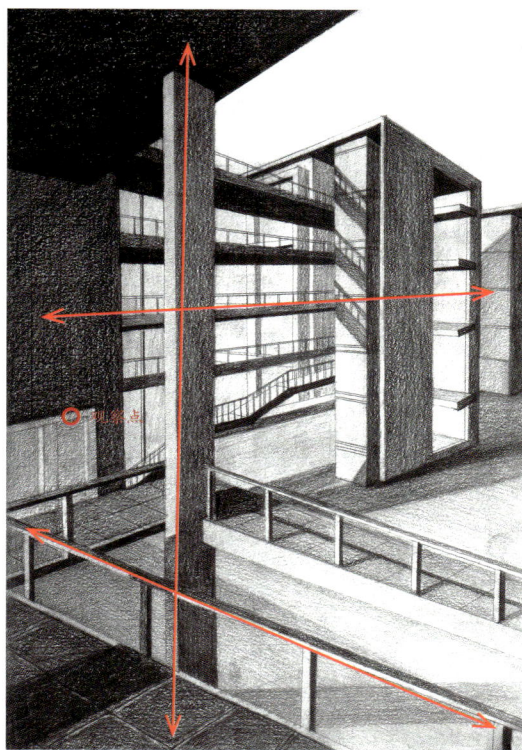

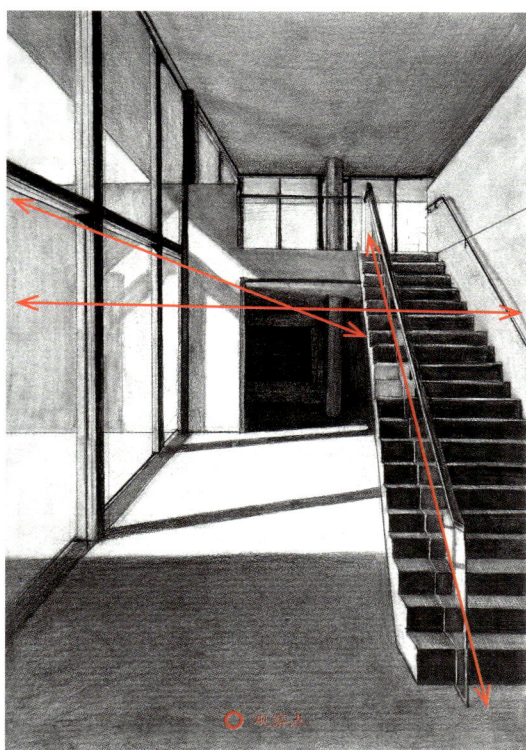

图 2-3-9

5. 细节

　　我们去描述画面的细节时，要同时具备画家的感性与建筑师的理性，用自己的情感去描绘所看所想的场景，用自己的专业技艺确保记录的真实性和准确性。

　　<u>建筑设计素描的细节，要考虑到画面实际描述的空间场景大小，应与画面整体相符合。</u>空间场景可能是我的校园、居民楼下的花园、人来人往的商业街、路边的垃圾桶、超市一角和阶梯等，根据不同场景的大小，适当分割画面的近景、中景和远景，确定画面中心，适当描绘画面的重点，正确把握画面空间的尺度感。花时间下功夫去塑造画面细节也是让画面效果耐看的关键。很多人在画建筑设计素描时，只是把它当绘画去表现。建筑师与画家去描绘同一个场景时，观察的角度是不一样的。同样是一个公园中的凉亭，画家在描绘时只是记录自己眼中看到的景象，黑白灰关系明确，阴影部分不论什么，只是描绘它的外形，并会在画作中融入自己的感情。而建筑师在

描绘这个凉亭时，一定会考虑到这个物体的结构、梁架、尺寸、材料、外形等，画出的东西不一定尽善尽美，但必须是准确的才行。

　　所以我们在描述画面的细节时，要同时具备画家的感性与建筑师的理性，用自己的情感去描绘所看所想的场景，用自己的专业技艺确保记录的真实性和准确性。很多同学喜欢描绘的耳机、手机、钱包、电话亭、电线杆、垃圾桶等等，它们真实的模样到底是怎样的，真实的结构到底是怎样的，常以速写的形式去记录下来印在脑海中，才能反映到画面上。而很多同学在描绘一个大场景后，反而让人觉得画面很空，就是缺少这样的积累。（图 2-3-10）

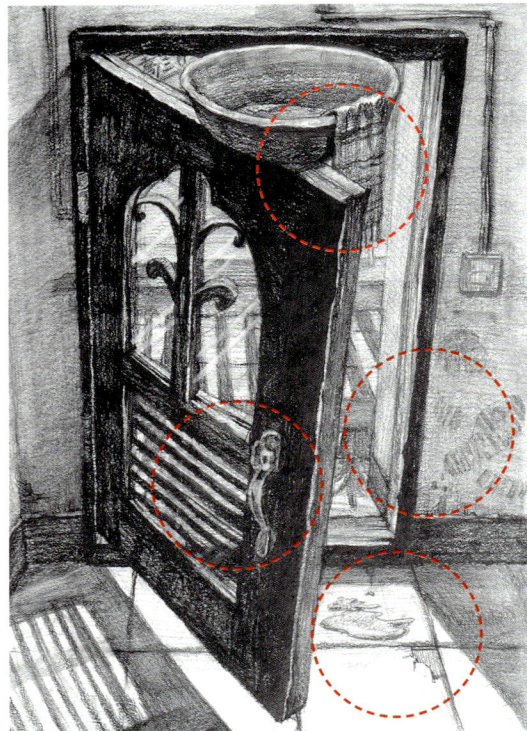

图 2-3-10

6. 气氛

　　在画画之前，考生应该在脑海中想象一下自己想要创造的空间环境，想要传达给读者的信息，构思好画面的效果再开始落笔。

　　<u>画面整体的效果，画面氛围的渲染，能让读者不同程度地感受到作者所要表达的情感。</u>所以，除了考生应备的基本素描功底之外，其自身情感的表达也成为近年来对优秀试卷重要的评判标准之一。在画画之前，考生应该在脑海中想象一下自己想要创造的空间环境，想要传达给读者的信息，构思好画面的效果再开始落笔。气氛的渲染可以通过很多形式，比如笔触的变化，线条的方向，主体物的突出，一片飞动的小纸片，流淌着雨水的地面，等等，让一些微小的细节带领读者进入到你所创造的空间中去。

　　画面气氛的营造是综合能力的体现。好的构图形式，合理安排的黑白灰形式，画面塑造的丰富程度，这一系列的元素才能让读者感受到画面气氛所传达的味道。有的同学经常在画完一幅满满当当的画作时，总是觉得缺少生气，感觉画面死气沉沉，一点都不真实，这是生硬地表达空间的结果。画面氛围的营造，一定是你在作画之前脑海中所渲染的那幅美景的表达，并不是要求画商业街，就画个广告牌，要求画学校一角，就画个国旗。这种生硬的思维模式会不由自主地反映在画面上，自然也就谈不上生动了。我们要尝试着去想象空间的味道，购物的味道，学习思考的味道，过节的味道，家的味道，再用画面表现。通过练习，脑海中有了这种意识，我们是可以画出感染人的作品的。
（图 2-3-11）

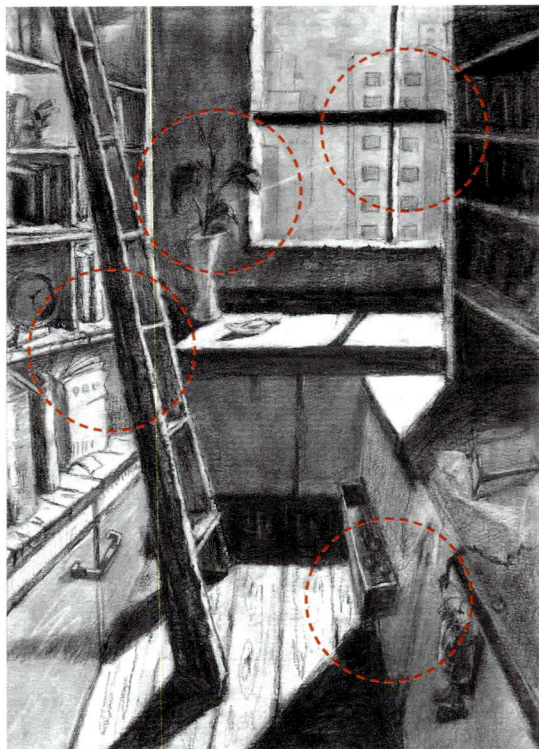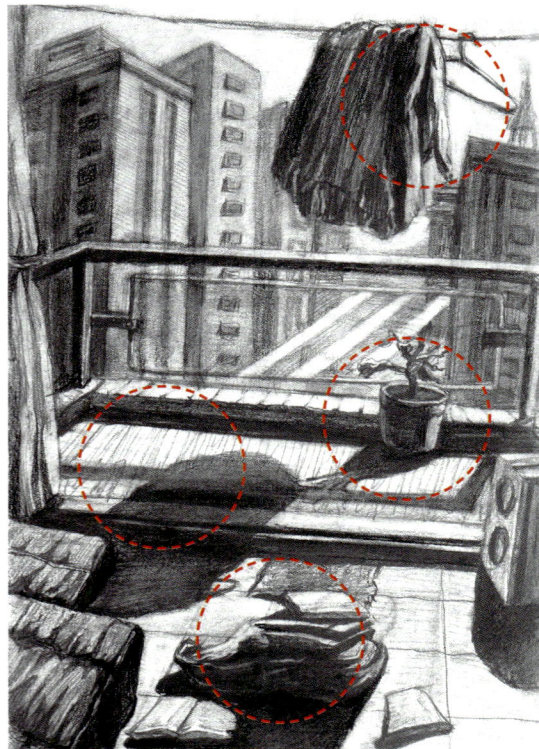

图 2-3-11

7. 构思

要注重提高对周边事物的观察能力，对同一事物要从不同的视角去分析，养成思考的习惯并积累素材。

近年考题要求相对宽泛，考生能够发挥的空间很大。在能够控制画面整体的情况下，在画面中加入自己独特的视角、个人的不同感受、看问题的不同方式、对事物的不同理解等，通过画面传达出自己的感受，让人感受到画面的创意与趣味，也是打动读者的重要方法。这种创意与趣味的表现拿捏得当，和基本必备素质相结合，必会产生优秀的作品。这就要求考生在平常的训练中，除了基本功的练习，更要注重提高对周边事物的观察能力，对同一事物要从不同的视角去分析，养成思考的习惯并积累素材。

表现创意与趣味不能生硬。很多学生在追求新意时总会很刻意地去选择奇怪的透视角度，不一样的画面分割结构、随意的笔触等，这样表现不熟悉的事物，反而画面效果不好。我们所谓的创新与趣味，是在基本功扎实的基础上加入能体现自己个性的元素，是在认真观察生活后看待一个问题的新的角度，新的想法。例如"街角"考题的让人印象深刻的一幅优秀试卷，描绘了一个街头角落的场景，构图塑造都不是很出彩，但是作者画了墙上的粉笔画小人，地上散落的一些小孩子玩游戏的小物件，整个画面立刻就体现出了能打动人的细节和情景。这种创意和趣味让读者真正感受到了作者的用心，触动了所有人内心最深处的敏感地带，这是值得我们学习的地方。（图2-3-12）

图 2-3-12

2.3.3　技巧与方法

素描是视觉艺术的造型基础，素描训练目的在于培养正确的认识能力、观察能力、造型能力、表达能力和审美能力。无论学习何种专业，素描造型能力是考生必不可少的一部分。近年来中央美术学院设计学院与建筑学院要求考生应具备的基本素质很明确，考相同的科目却有不同的方向。分析近年来的素描考题，建筑设计素描更加偏向于对考生空间描述能力的考查，即从自身的角度去表达所要描述的空间、要说明的事物、要表达的情感，用素描黑白灰关系去描述丰富的内心世界。在日常的学习训练过程中，提高自己对空间的认识和表达能力是十分重要的事情。

建筑素描考试旨在测试考生对生活的艺术感知能力、造型能力、画面组织能力和艺术表达能力。

艺术感知能力，主要考核考生对日常生活的观察力以及对生活的感受和认知能力。平时应该注意多积累建筑素描可以应用的场景。

造型能力，主要考核考生的造型基础，对素描表现技法的掌握程度和熟练程度。要理解空间的概念，学会用黑白灰关系表达空间，用光影塑造体积。

画面组织能力，主要考核考生能否把画面的内容与形式有机地结合起来，其中包括构思构图、画面的明暗、透视与空间，对比与节奏等关系的处理。在建筑素描中，我们应真正理解空间的定义，学会去创造空间，丰富空间。

艺术表达能力，把平时观察到的事物，感受到的情节用造型语言表达出来。除此之外，考生对空间的描述能力，对场景氛围的把握能力，对自身情感的表达能力也是要考核的重点。注意画面构图的规律，体会建筑素描的特点，注意建筑素描与传统素描的不同。

2.3.4　历年试题剖析

中央美术学院建筑学院素描历年考题解析

【2007 年】

素描试题：阳光照耀下的房子

考题要求：

1. 画面表现扣准题目；

2. 素描以写实手法完成；

3. 工具限用铅笔、炭笔。

解析：题目要求并不多，范围却广泛，看似只要是被阳光照耀到的房子都可以画，可以画想象中任何有阳光有房子的画面。但是仔细研究下题目，重点还是在"阳光"二字。题目要求画面要充满光感，也就是说黑白灰的分割要有合理恰当的安排，同时要出现主体物房子光与影的关系，并且要能让读者感受到一种被阳光照亮的感觉以及画面积极向上的氛围。同时画面场景的空间大小要能容得下至少一栋房子或几栋房子，在写实的情况下融入自己的情感以及阳光照耀下的环境氛围。

【2008 年】

素描试题：我最喜欢的建筑

考题要求：

1. 画面表现扣准题目；

2. 素描以写实手法完成；

3. 工具限用铅笔、炭笔。

解析：题目要求描述自己心目中最喜欢的建筑，看似平淡，要求考生的东西却很多，最为重要的一点就是如何向读者传达最美的建筑。画面氛围和画面形象要多加思考，是为大家呈现一个你记忆中童年玩耍的地方，还是你学习的母校，你生活的老房子等。创作之初一定要在脑海中有一个场景画面，确定到底要描述什么，到底要表达什么，到底要传达给读者什么样的感受，这些都是很重要的。

【2009 年】

素描试题：都市边缘

考题要求：根据题目组织画面，用写实手法完成。

解析：题目划定了空间范围和形式。表现"边缘"二字，除了要描述空间的形象，体现出都市边缘的位置和状态，同时也要将边缘的氛围烘托出来。这里与都市相邻，却又有一定的距离和差距。空间场景也要将视野放开，画面范围要囊括近处的城乡结合部，也要能看到远处的都市，对

于这样大的场景，空间感的体现尤为重要。如选择了较小范围的场景，也要注意近中远景的过渡，将"边缘"这种既是连接纽带又是分界线的感觉体现出来。

【2010 年】

素描试题：我的校园

考题要求：

1. 以视觉静态情景的方式进行表达；

2. 要求考生立意构思切合题意；

3. 考查考生的基本造型能力和表达能力。

解析：题目明确规定了所要描述的对象，那在画面中就一定要注意所描述的场景怎么能让读者感受到校园的氛围，并不是画一栋房子前面有个国旗杆就是校园。每一个考生都有自己的校园，对每天生活的环境再熟悉不过，但是能否将熟悉的场景完整地描述下来，并赋予它勃勃生气，就要看考生的能力了。通过什么样的角度，什么样的形式去表达校园环境，朝气蓬勃的氛围又怎样突出，在构思画面之前需要好好思考一下。

【2011 年】

素描试题：心目中最美的桥

考题要求：

1. 要求考生具备基本的绘画造型能力，以静态情景的表现形式描述自己对主体内容的理解和想象；

2. 使用工具限制为铅笔、炭笔、炭精条、钢笔等单色绘画材料，徒手表现，不得使用其他辅助工具。

解析：最美的桥，看似宽泛简单的题目，其实又加大了考试的难度。这次考题不仅要表现人工制造的东西，还要求有树及水的表现。这些自然中的形态用素描的形式表现起来有很大难度。画面中要有自然风景与人文景观相结合的场景出现，空间感要强，画面氛围的拿捏要准确，不能仅是冷冰冰无生气的建筑形象，要把热爱自然的情感融入其中，对考生基本功的考核难度又提高了一层。

【2012 年】

素描试题：堆放家具的库房

考题要求：

1. 要求考生具备基本的绘画造型能力，以

静态情景的表现描述自己对题目内容的理解和想象；

2. 使用工具限制为铅笔、炭笔、炭精条、钢笔等单色绘画材料，徒手表现，不得使用辅助工具。

解析：建筑学院的考试题目又一次从对钢筋水泥的城市室外场景的考查转到了对建筑室内空间的考查，题目中对于室内空间的营造不是简单的盒子，而是有内容的空间。家具作为其空间内部的主体要充分地体现其价值，在画面中起到隔断与塑造空间的作用，而对于旧家具质感的表现也是对考生基本功的考查。此类题目考生切勿面面俱到，选择自己擅长的质感，稍加表现，点到为止即可。注意窗户在整个画面中的作用，室外光对内部空间的塑造有很好的效果。

【2013 年】

题目：屋里屋外

考题要求：3 小时，炭笔或铅笔，尺寸为八开纸。构图自定，不得在卷面上做任何痕迹。

解析：选择什么环境来呈现题目至关重要，建议大家选择光影关系明确，结构感和画面感丰富的地方，例如构架未完成的施工工地、公共建筑的室外阳台等。其次便是观察视角，是从内往外看还是从外向内看。如观察点在室内，那么便要注意与室外的联系，我们可以适当忽略室内的刻画，着重强调室外；反之，如在室外的话便要注意对室内的刻画。

【2014 年】

建筑专业：一幅关于自行车的素描

解析：2014 年建筑学院就出题方向和判卷标准进行了改革，由原来的建筑场景刻画与表达变成了物体结构关系的考查。自行车是人们生活中常见的物体，以此为考试内容可以考查考生对日常生活的观察，对物体结构关系的研究。

面对这种题目，考生一定要沉着冷静，仔细阅读题目要求。题目中明确指出不准出现多余场景与物体，表明画面最好干净整洁地表达自行车的素描结构关系。绘画技巧在于对自行车前景细节的刻画，注重用光影关系去交代自行车的结构关系与体积关系。可以在自行车的摆放与构图关系上做文章，让其更加富有设计感，也可以用自行车前后的深入刻画去拉开空间关系。

2.3.5　命题作品剖析

学习技巧：

将历年建筑素描试题与具体作品对应分析考点，比较这些作品建构空间的手法。前面讲有些设计素描作品是可以用多个题目来概括的，在建筑素描里也适用。大家在备考时要多准备些不同的空

间场景，积累生活中不同空间的特定元素和氛围，整理出一套不同光线影调表现空间的认知系统。建筑素描画面内容从构图、透视、观察角度、建筑构造与建筑结构体系构成方式到建筑材料质感表达等，都来源于对生活的细心观察和艺术感受。

平时要分析一些优秀的建筑摄影和著名建筑空间实景，其中的镜头、光线、氛围等空间语言都可以借鉴的。循序渐进地积累，量变达到质变，作品才会具备完整的空间表达能力！（图 2-3-13 ~ 图 2-3-77）

建筑暗部由于太阳光照
射的关系体块底部颜色
较重。

淡画建筑光影与建筑
本身结构的统一性。

画面一边要有远景
的表现原则不在于
远景精细程度
而在于有无。

建筑的影子整体颜色
通透干净，明度略低
于建筑暗部。

前景如有构筑物右手
一些结构关系，这样可
以让画面更加精细。

图 2-3-13 **教学楼** 结构立体，光影效果适当。

图 2-3-14 **放旧家具的房间** 画面细腻真实，光线处理适当

图 2-3-15 带楼梯的房间 画面构成感强，光线明暗适中

远景无需有变化，它跟细节处理处理了也是程度很大的影响共构的构数。

清石还是为的 藏物，如画面中有些物料无法被博到可构具处理得小一些可获得一些。

建筑建议一区注意暗部土投影之间阳光色下别，暗部略重。

在构图上可观构景物处理得形意或者残破，可以让画面产生一种目光形生动趣。

如果前景为大面积的暗部或阴影，务必保持颜色的透气性，切记使用沉重的死黑。

图 2-3-16 都市边缘 画面结构立体，层次丰富

图 2-3-17　门内门外　画面内容独特，结构得体

当建筑结构处于暗部时，注意块面颜色的区分。

远景的建筑左附有更多的细节。

建筑素描相比较场景更加丰富，如开窗等可以露出远景楼的空间。

建筑阴影的这块小在笔的照射方向。

建筑的前后虚实关系可以让景深退而清晰。

图 2-3-18 有屋顶的阳台　光线处理得当，画面明媚干净

图 2-3-19 杂乱的建筑工地 描绘细致，层次感强。

尽量避免远景用大片天空表现，
这样容易让构图显得过空。

如有室外建筑还要交代
清楚建筑局部的关系。

透明窗户会形成
强烈的光影，这
影响室内物件的细节
大小。

远景物件形体结构
变化很好地将室
间进行了延伸。

室内家具质感手触也可以
根据所在物景进行弱化处理。

图 2-3-20 有落地玻璃的空间 画面细节真实、生动、光影对比强烈

图 2-3-21　不一样的城市内容　建筑比例适中，光感强

图 2-3-22 城市交界线 视角独特，画面结构饱满。

图 2-3-23　国营厂　描画细腻、生动，富于感染力。

图 2-3-24 超高层楼梯 建筑构成感强，立体生动

图 2-3-25 街头转角处 构图合理，光线把握恰当。

图 2-3-26 老家的院子 画面明暗突出，真实动人

图 2-3-27　亭台楼阁　结构合理，细节真实动人

图 2—3—28 弄堂 光影处理适当，画面饱满。

图 2-3-29　四合院　刻画细腻动人，光影处理真实。

图 2-3-30 车站 刻画细腻，构成感强

图 2-3-31 旅馆 建筑处理真实生动，光影刻画细腻

图 2-3-32 都市的缩影 画风细腻，构成感强。

图 2-3-33 有阳光照进的阳台 光影效果突出，画面细腻动人。

图 2-3-34 带楼梯的建筑 画面立体，构成感强。

图 2-3-35 都市边缘 光线明暗适中。穿插的电线处理的非常灵动。

图 2-3-36 记忆中的小院 画面细腻，真实朴素。

图 2-3-37 放旧家具的空房间 黑白灰处理适当，构成感强。

图 2-3-38 阳光下的建筑 光影效果突出，构成合理。

图 2-3-39 阳光下的建筑 画面构成丰富，光影处理适当。

图 2-3-40　局部的□□□　画风细腻，真实动人。

图 2-3-41　心中最□□的建筑　结构立体，光影处理适当。

图 2-3-42　心中最美丽的建筑　结构比例适当，黑白灰效果把握得体。

图 2-3-43　我的房间　画面细腻真实，光影效果强。

图 2-3-44　我的房间　画面结构丰富，光影处理适当

图 2-3-45　我的房间　描绘细腻，光影处理适当

图 2-3-46　放旧家具的空房间　光线处理适当，画面朴素真实

图 2-3-47　有阳光照进的阳台　视角独特，光感强

图 2-3-48　**记忆中的小院**　描绘细腻，光影处理适当。

图 2-3-49　**都市的缩影**　结构完整，明暗处理适当。

图 2-3-50　**放旧家具的空房间**　明暗处理适中。

图 2-3-51　**都市的缩影**　建筑描画合理，画面结构完整

图 2-3-52　_____　光影处理恰当，画面构成感强

图 2-3-53　_____　视角独特，构成感强。

图 2-3-54　我的房间　光线效果突出，使人身临其境。

图 2-3-55　有楼梯的建筑　构图完整，光影处理适当。

图 2-3-56 **有楼梯的房间** 画风细腻，黑白灰效果处理适当。

图 2-3-57 **心中最美丽的建筑** 视角新颖，构图完整。

图 2-3-58 **城市边缘** 光影处理适当。

图 2-3-59 **都市的缩影** 画面立体完整，构成感强。

图 2-3-60 心中最美丽的建筑 光线处理恰当。

图 2-3-61 心中最美丽的建筑 黑白灰对比突出，构成感强。

图 2-3-62 都市缩影 视角独特，立体感强。

图 2-3-63 在路上的城市 刻画细腻，真实感人。

图 2-3-64 在路上的城市 光线效果突出，画面真实细腻。

图 2-3-65 在路上的城市 画面细腻婉约，细节处理真实。

图 2-3-66 我的房间 画面丰富饱满。

图 2-3-67 我的家门口 光线处理真实，对比强烈。

图 2-3-68 **有楼梯的房间** 画面细腻生动，光线处理恰当。

图 2-3-69 **有楼梯的房间** 构图完整，黑白灰处理得当。

图 2-3-70　城市边缘　光线明媚，结构完整。

图 2-3-71　心中最美丽的建筑　光影对比强烈，画面构成完整。

图 2-3-72 都市边缘 画面构成感强，黑白灰处理得当

图 2-3-73 都市边缘 光影效果处理得当，画面干净完整

图 2-3-74 **城市的缩影** 光线明亮，结构完整。

图 2-3-75 **街区** 画面比例适中

图 2-3-76 **记忆中的小院** 黑白灰关系突出，细节处理细致

图 2-3-77 **记忆中的小院子** 画面结构完整，光影效果好

2.4
线性素描

2014 年中国美术学院的素描考试向设计素描方向转变，这促使我们对中国美术学院素描考试，即中国美术学院线性素描风格的研究。

线性素描是指中国画的线和西方素描的体面相结合，以感性的浮雕式造型形式表现物象。

线性素描的基本要素是点、线、面的造型语言。既要通过观察与分析掌握自然物象之规律，又要从形式美的角度体悟艺术规律，在自然与心智的碰撞中创构出有意味的艺术形象。

线性素描中调子的运用是极为讲究的，它不受光的限制，不受黑白的局限，仅仅抓住物象的主体部位使用。线性素描的调子更具有主观性，是画家对自然物象认识、分析之后主观感受的表现。

线性素描是素描体系中最悠久的艺术形式之一，从中国古代的文字到文人画的笔墨，从古希腊的轮廓线到现代派的构成造型，最让人欣喜的方法都是线性的。作为现代中国人物画家，研究传统艺术，融合西方绘画都是必需的。（图 2-4-1 ~ 图 2-4-4）

图 2-4-1　列宾（1844—1930）素描作品

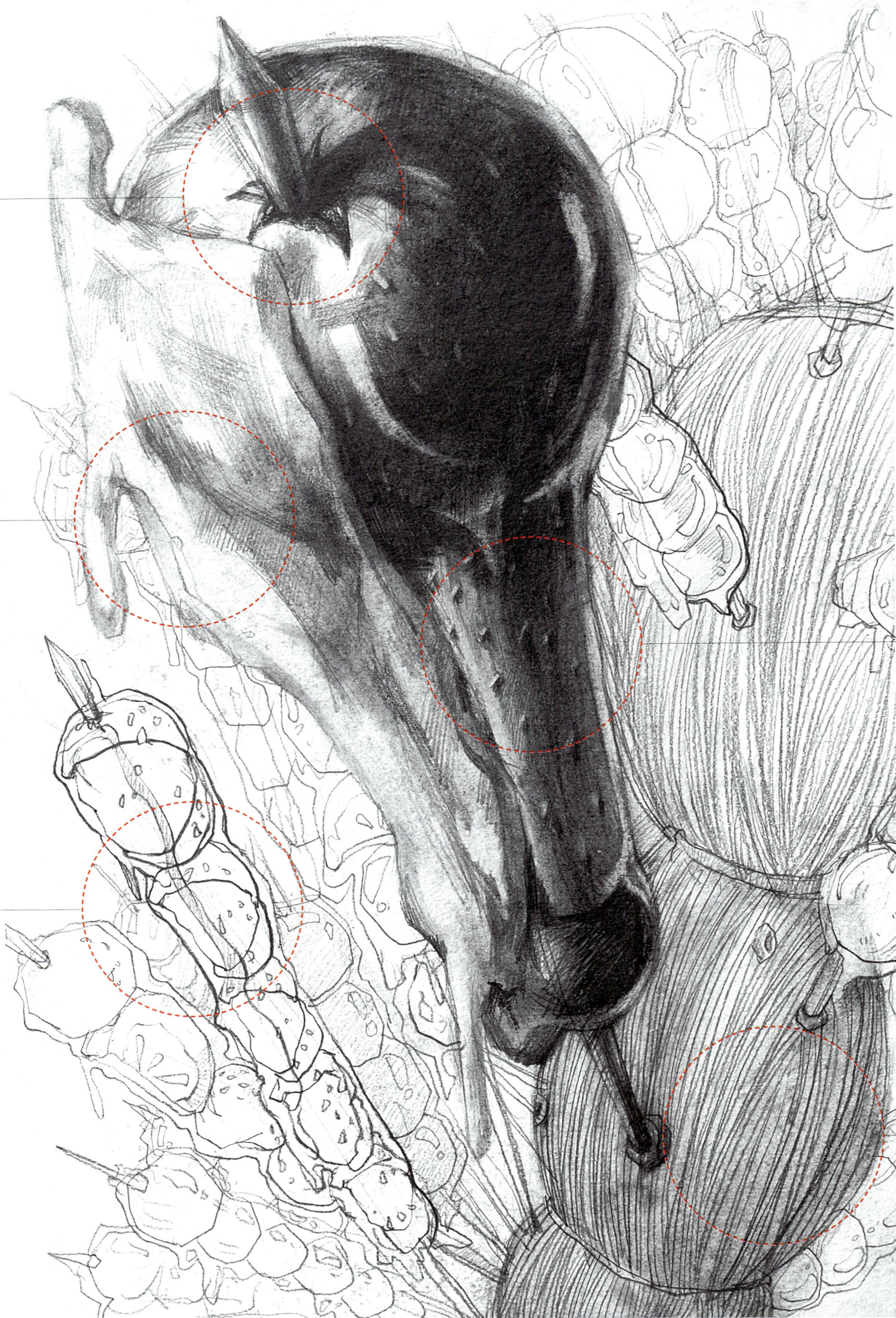

大透视的处理手段

不同质感之间的对比关系

用线表现物体有多种形式，在统一画面中会产生对比关系。

注意质感与细节的刻画与处理

线的疏密对比关系

图2-4-2

　　中国美术学院一向重视对学生基本功的考查，如今加入有设计素描倾向的线性素描，是增大了对学生观察力、表现力的考查比重，而且不仅考查了基本的素描能力，更加考验学生空间想象的能力和对单个形态深入刻画的能力。对学生的基本能力和综合能力的提高都有很大的帮助。

　　设计素描已经逐渐成为各大院校设计专业考试的主要方式。各位考生一定要引起足够的重视。

　　应对线性素描，我们平时应该增强对事物的敏感和对于素材的积累。相对先前的人物素描考试，设计素描无法提前单独准备，对考生的临场发挥能力有很高的要求。

图 2-4-3

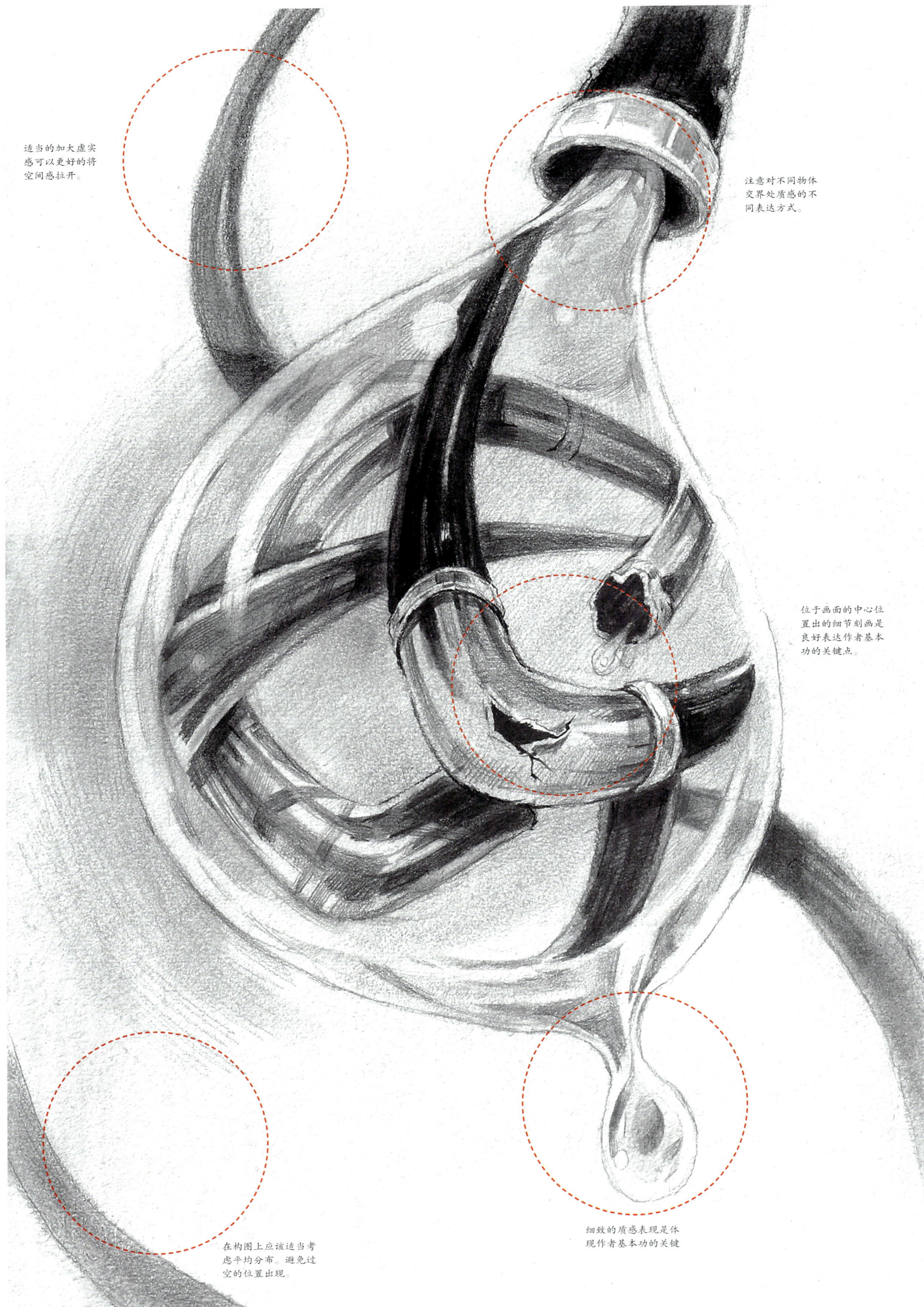

适当的加大虚实
感可以更好的将
空间感拉开。

注意对不同物体
交界处质感的不
同表达方式。

位于画面的中心位
置出的细节刻画是
良好表达作者基本
功的关键点。

在构图上应该适当考
虑平均分布，避免过
空的位置出现。

细致的质感表现是体
现作者基本功的关键

图 2-4-4

3.2　设计色彩应试

3.1　初步认知

3.3　建筑色彩应试

第3章
色彩

了解设计色彩、建筑色彩的基本概念和画面色彩属性。

名校设计色彩、建筑色彩的考试方向与大致风格。

以历年名校考试题目分析进行扩展。

通过优秀范例学习色彩处理与捷径技法。

3.1.1　概述

色彩是造型艺术的主要手段之一，也是一切造型艺术的重要基础。色彩是光线通过物体的反射，作用于人的视觉和大脑的结果。而设计色彩的关键，就在于"设计"二字。

绘画色彩强调的是感性处理，其过程也是主要凭借个人感性来寻找理想画面，它强调的是表达的真实性和色彩关系的准确性。在创作的整个过程中，我们要把正常人眼中的画面，融入自己的思想与情感，经过自己的改造，形成具有创造力的画面。所以在设计色彩中主观性占有很大比重。

色彩具有三个基本属性，色相，明度，纯度。

色相是区分色彩的主要依据，也就是每种色彩的名称，如红、黄、翠绿、天蓝、群青等。色相是色彩的最大特征，是物体呈现在人眼中的颜色，是物质本身的颜色属性。

明度是色彩的明暗差别、也即深浅差别。可从两个方面理解色彩中的明度：一是指某色相的深浅变化，例如深黄、中黄、土黄、柠檬黄等，都为黄色，但是颜色的深浅不同，即色彩的明度不同；二是指不同色相间的明度差别，例如红色中的深红为红色中明度最低的，那么它的明度肯定低于绿色中明度最高的草绿，因为它的明度等级对应的是绿色中的深绿。

纯度即各色彩中所含物体固有色色素的多少。纯度高的色相也就比较明显；纯度低的色相就相对弱。纯色的色感强，即色度强，所以纯度也是色彩感觉强弱的标志。物体表层结构的细密与平滑有助于提高物体色的纯度，同样纯度的油墨印在不同的白纸上，光洁的纸印出的纯度高些，

粗糙的纸印出的纯度低些。不同色相所能达到的纯度是不同的，其中红色纯度最高，绿色纯度相对低些，纯度的高低也会直接影响到明度的高低变化。

色彩还有情感属性，色彩情感会直接影响画面。例如：

黄色：黄色是明度极高的颜色，能刺激大脑中与焦虑有关的区域，具有警告的效果，所以雨具、雨衣多半是黄色。黄色象征信心、聪明、希望；淡黄色显得天真、浪漫、娇嫩。

绿色：绿色给人无限的安全感受，在人际关系的协调上可扮演重要的角色。绿色象征自由和平、新鲜舒适；黄绿色给人清新、有活力、快乐的感受；明度较低的草绿、墨绿、橄榄绿则给人沉稳、知性的印象。绿色的负面含义，暗示了隐藏、被动。

蓝色：蓝色是灵性知性兼具的色彩，在色彩心理学的测试中发现几乎没有人对蓝色反感。明亮的天空蓝，象征希望、理想、独立；暗沉的蓝，意味着诚实、信赖与权威。

紫色：紫色是优雅、浪漫，并且具有哲学家气质的颜色。紫色的光波最短，在自然界中较少见到，所以被引申为象征高贵的色彩。

黑色：象征权威、高雅、低调、创意；也意味着执着、冷漠、防御。

灰色：象征诚恳、沉稳、考究。其中的铁灰、炭灰、暗灰，在无形中散发出智能、成功、权威等强烈讯息；中灰与淡灰色则带有哲学家的沉静。

红色和明亮的黄色调成的橙色，给人活泼、愉快、兴奋的感受。青色、青绿色、青紫色，让

人感到安静、沉稳、踏实。

暖色与冷色：

红色、橙色、黄色为暖色，象征着太阳、火焰。

绿色、蓝色、黑色为冷色，象征着森林、大海、蓝天。

灰色、紫色、白色为中间色。

冷色调的亮度越高越偏暖，暖色调的亮度越高越偏冷。

色彩可以使人有距离上的心理感觉。暖色、亮色有突出背景向前的感觉，冷色、暗色有缩入的感觉。（图3-1-1）

图 3-1-1

3.1.2　设计色彩的特点

绘画色彩是以客观事物为依据，参照其光影、颜色、对比关系，以写实的手法表现画面。但设计色彩的出发点是设计要求。设计色彩研究的是色彩配置规律，强调的是意象表达，训练的是理性思维。

同时，设计色彩也是一种情感的流露。每个人所表达的色彩感受不一样，好的色彩要把情感和构思融入其中。在考试过程中要遵循色彩关系的规律、颜色明亮具有美感的原则，画面表现要做到稳中求胜，不要过分冒险追求个性，可以在训练中多尝试，寻找到适合自己的表现方法。

因此，设计色彩既包含着绘画造型意识，更体现设计意识。它已由单纯的研究自然色彩及其变化规律，更进一步向对物象色彩的解析与重组过渡，其中包括色彩意象表达的训练，尤其是强调主观色彩的表达和运用。

要画好设计色彩，首先要理解原色、间色、复色的概念。

原色是色彩中不能再分解的基本色。原色能合成出其他色，而其他色不能合成出原色。原色只有三种，色光三原色为红、绿、蓝，颜料三原色为品红（明亮的玫红）、黄、青。色光三原色可以合成出所有色彩，三色相加得白色光。颜料三原色从理论上来讲可以调配出其他任何色彩，三色相加得黑色，但是因为常用的颜料中除了色素外还含有其它化学成分，所以两种以上的颜料相调和，纯度就受影响，调和的色种越多就越不纯，也越不鲜明，颜料三原色相加只能得到一种黑浊色，而不是纯黑色。

两个原色相混合，得到间色，也称第二次色。间色也只有三种，色光三间色为品红、黄、青（湖蓝），有些彩色摄影书上称为"补色"，是指色环上的互补关系。颜料三相色即橙、绿、紫。必须指出的是色光三间色恰好是颜料的三原色。这种交错关系构成了色光、颜料与色彩视觉的复杂联系，也构成了色彩原理与规律的丰富内容。

颜料的两个间色，或一种原色与另两种原色合成的间色（红与绿、黄与紫、蓝与橙）相混合得复色，也称第三次色。复色中包含了所有的原色成分，只是各原色间的比例不等，从而形成了不同的红灰、黄灰、绿灰等灰调色。

3.1.3　考点

1．深入理解设计色彩的主观性，了解作者在其中的作用。（图3-1-2）

图3-1-2

2．设计色彩注意其颜色的应用、搭配、调和方式与传统色彩的区别。（图3-1-3）

图3-1-3

3．设计色彩注意利用设计素描的构图和素材。（图3-1-4）

图3-1-4

4．设计色彩注意其灰度的控制，色彩情感与画面的结合。（图3-1-5）

图3-1-5

3.2
设计色彩应试

3.2.1 考试分类

设计学院的色彩考试的创新从来没有停止过，这也符合了设计不断适应社会发展的理念。

类别	题目示例	题目解析
自然景观	郊外、雨后的树林	对于以自然的原始面貌为主的题目，画面应注重的是对自然原始面貌的描绘，构图上应注意地平线的应用，及植物的绿色不要用得过生，画面的灰度要控制好。
人文景观	公园的树荫下、午后的校园	人文景观最重要的就是要把自然景观与人造物很好地结合。题目注重了对平时生活的考查，属于场景再现类，颜色运用上要找到自然与人造物共有的颜色作为画面主色调，把两者组成一幅色调统一的色彩。红绿色调、黄绿色调是很好的选择。
室内	蔬菜、纸上的三到五朵花	新题目类型，也是这几年的流行题目，注重小场景细节的刻画，要求在遵循主观色彩规律的基础上，把颜色最大程度地丰富化，用色大胆，塑造扎实。在光影方面尽量采用自然光，这样比较符合主观色彩的冷暖规律。
室外	街边的广告牌、商业街、街角	此类题比较接近建筑色彩的题目，所以对构图上透视的要求也很高。颜色也要符合题目的氛围，例如商业街的颜色就要鲜艳明亮，色彩纯度高。

3.2.2 考点解析

1. 构图

　　避免范围过大，设计色彩的构图不同于建筑色彩，场景不宜太大，否则会让画面的色彩控制难度加大。

　　（1）避免范围过大。设计色彩的构图不同于建筑色彩，场景不宜太大，否则会让画面的色彩控制难度加大。尽量选择小场景，有一定的设计意识，可以适当参考设计素描的构图方式。

　　（2）避免呆板的对称式构图。对称式构图会让画面变得很简单，这样会降低构图的设计感。

　　（3）选择适当的视平线高度和透视角度。视平线过高会让画面失去平衡，过于偏上有一种窒息感，过于偏下画面会出现头重脚轻的感觉。（图3-2-1～图3-2-4）

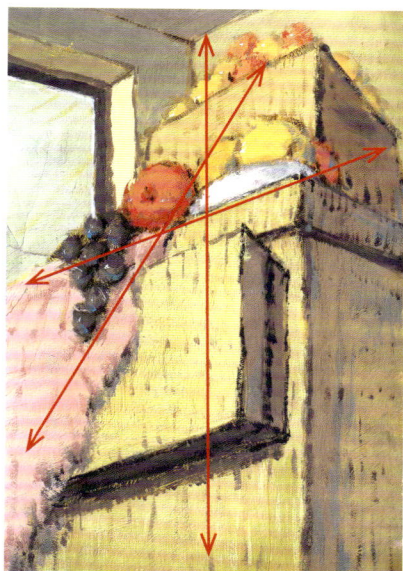   

图3-2-1　　　　　　　　图3-2-2　　　　　　　　图3-2-3　　　　　　　　图3-2-4

2. 内容

　　"为了更有力地表现自我，我在色彩的运用上更为随心所欲。"

　　创造出自己的风格。例如梵高的作品表现出的是他对事物的内在感受，而不仅仅是他所看到的视觉形象，这是一种着意于真实情感的再现。在结识了巴黎的印象主义画家之后，梵高的调色板就变亮了。他发现，他唯一深爱的东西就是色彩，辉煌的、未经调和的色彩。他手中的色彩特征，与印象主义者们的色彩根本不同。即使他运用印象主义的技法，但由于对人和自然特有的观察能力，他得出的结论也具有非凡的个性。梵高把他的作品列为同一般印象主义画家的作品不同的另一类，他说："为了更有力地表现自我，我在色彩的运用上更为随心所欲。"其实，不仅是色彩，连形体透视和比例也都变了形，以此来表现与世界之间的一种极度痛苦但又非常真实的关系。而这一鲜明特征在后来成了后期印象派区别于其他画派而独立存在的根本。梵高的激情，来自他所生活在其中的那个世界，来自他所认识的人们所做的按捺不住的强烈反应，这绝不是一个原始人或小孩子所做的那种简单的反应。

3. 色调

　　色调的表现是设计色彩考试中应该注意的一点。大部分优秀试卷都是采用比较明显的黄紫色调、蓝紫色调，冷色调、暖色调。

　　色调的表现是设计色彩考试中应该注意的一点。大部分优秀试卷都是采用比较明显的黄紫色调、蓝紫色调，冷色调、暖色调。色调是一幅作品色彩总的基本属性，而不是指单个颜色的性质，是一幅绘画作品中总体的色彩效果或主要的色彩倾向。一幅画面要有完整的色调，需要色彩中的三要素共同作用，即色相、明度、纯度，这是色彩的三个维度。它们量的交叉变化衍生出不同的色调，即按色相分有紫调子、蓝调子等，按明度分有亮调子、中间调子、深暗调子等，按纯度分有艳调子、灰调子等，此外还有冷调子、暖调子、柔和调子、强烈调子等。（图2-4-5～图2-4-8）

图3-2-5　高明调　　　　　图3-2-6　红橙色调　　　　　图3-2-7　黄绿色调　　　　　图3-2-8　蓝橙色调

3.2.3　技巧与方法

1.　颜色搭配

（1）色调配色

指具有某种相同性质（冷暖调、明度、纯度）的色彩搭配在一起，色相越全越好，最少也要三种色相以上。比如，同等明度的红、黄、蓝搭配在一起。大自然的彩虹就是很好的色调配色。

（2）近似配色

选择相邻或相近的色相进行搭配。这种配色因为共同含有三原色中某一色，所以很协调。因为色相接近，所以也比较稳定。如果是单一色相的浓淡搭配，则称为同色系配色。出彩搭配：紫配绿，紫配橙，绿配橙。

（3）渐进配色

按色相、明度、纯度三要素之一的程度高低依次排列颜色。特点是即使色调沉稳，也很醒目，尤其是色相和明度的渐进配色。彩虹既是色调配色，也属于渐进配色。

（4）对比配色

用色相、明度或纯度的反差进行搭配，有鲜明的强弱。其中，明度的对比给人明快清晰的印象，可以说只要有明度上的对比，配色就不会太失败。比如红配绿，黄配紫，蓝配橙。

（5）单重点配色

让两种颜色形成面积的大反差。大片红色中的绿色就是一种单重点配色。其实，单重点配色也是一种对比，相当于一种颜色做底色，另一种颜色做图形。

（6）分隔式配色

如果两种颜色比较接近，看上去不分明，可以靠对比色加在这两种颜色之间，增加强度，整体效果就会很协调了。最简单的方法是加入无色系的颜色和米色等中性色。

（7）夜配色

严格来讲这不算是真正的配色技巧，但很有用。高明度或鲜亮的冷色与低明度的暖色配在一起，称为夜配色或影配色。它的特点是神秘、遥远，充满异国情调、民族风情。

2.　颜色对比

（1）色相对比（图3-2-9）

不同颜色并置，在比较中呈现色相的差异，称为色相对比。如湖蓝与钴蓝比较，我们就觉得湖蓝带绿味，钴蓝带紫味，在对比中，这两种颜色的特征更明确了。色相对比中包括原色对比、间色对比、补色对比、邻近色对比、冷暖对比。

（2）纯度对比（图3-2-10）

一个鲜艳的红和一个含灰的红相比较，能感觉出它们在鲜浊上的差异，这种色彩性质上的比较，称为纯度比较。纯度对比可以体现在同一色相不同纯度的对比中，也可体现在不同的色相的对比中。纯红与纯绿相比，红色的鲜艳度更高；纯黄与黄绿相比，黄色的鲜艳度更高。可以通过两种方法降低饱和色相的纯度：①混入无彩色黑白灰；②混入该色的补色。在改变一个色彩纯度的过程中，无论加白、加灰还是加黑，都会在不同程度上使色彩的色相及冷暖倾向发生变化。一般来说，冷色有些变暖，暖色有些变冷。对一个饱和度很高的色相按一定比例不断往里增加和它明度相等的灰色，直至变成完全的中性灰，就可以获得一个完整的纯度色阶。利用这一色阶，可以获得纯度的强、中、弱各种对比效果。位于纯度色阶两端的饱和或近似饱和的色，与中性灰色或近似中性灰色相比较，产生纯度强对比；在色阶上间隔大约3—5个等级的对比属纯度中间对比；间隔只有1—2个属纯度弱对比。现实中的自然色彩和应用色彩大都为不同程度含灰的非饱和色，而在色相上的每个微妙变化都会使一个色彩产生新的面貌和情调。

（3）明度对比（图3-2-11）

每一种色彩都有自己的明度特征。饱和的黄和紫比较，除去它们的色相不同以外，还会感觉有明暗的差异，这就是色彩的明度对比。

（4）冷暖对比（图3-2-12）

色彩的冷暖对比在设计色彩中有着特殊的地位，首先利用色彩进行创作时，需要我们感性的观察和理性的分析。分析色彩整体的色调，作品是以什么色调为主，对比的强弱；分析亮面、中间色调、暗面色调的冷暖色的用法；再结合整体的关系调和。

冷暖色可产生空间效果，暖色有前进、扩张感，冷色有后退、收缩感。正确处理冷暖关系，可以表达自然界真实色彩性质，从而使设计色彩作品更生动自然，富有活力，这在印象派以来的大师作品中得到很好的体现。

图3-2-9　色相对比　　　　图3-2-10　纯度对比　　　　图3-2-11　明度对比　　　　图3-2-12　冷暖对比

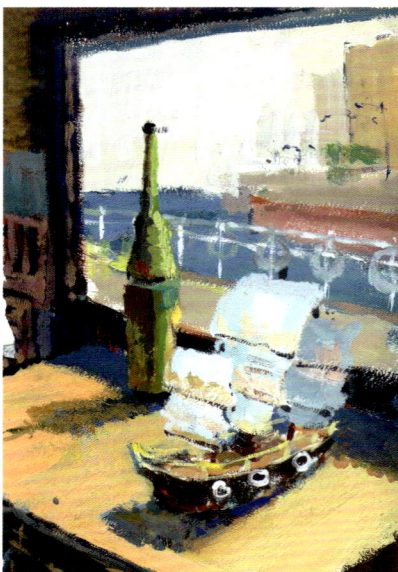

3.　光的应用

光源和颜色有着密切的关系，我们在创作时要首先确定光源的方向，然后确定光源的时间段，根据光源的时间段特点来进行色彩搭配。不同的时间段，光源的改变，都会导致物体的颜色发生改变。同时，季节的变化也会影响光源，所以我们可以通过光的色彩去理解季节的特点。

3.2.4　历年试题剖析

中央美术学院历年试题解析

【2007 年】

考题内容：街上的广告

考试要求：1. 画面内容必须扣题；2. 工具限用水粉、丙烯、水彩、油画棒；3. 可以写实性或表现性色彩完成。

解析：此题注重考查学生的构图能力及对颜色的整体应用能力，色彩在整个画面的得分点上占有很大的比重。是前些年比较有代表性的一个题目。题目范围属于户外场景，构图上应注意透视的运用与把握，并且街边的广告牌为主体物。街边广告牌一般颜色鲜艳且对比强烈，所以在色彩的运用和搭配上，我们可以选择较艳丽的黄红色调或者黄紫色调为主色调。这样可以更好地表现题目，并且以上两种色调也比较容易把握。

【2008 年】

考题内容：阴天的风景

考试要求：1. 画面表现扣准题目；2. 工具限用水粉、丙烯、水彩、油画棒；3. 用写实性或表现性色彩完成。

解析：此题目属于风景色彩，是设计色彩考试中的典型题型。题目中包含了很多信息，比如天气为阴天，场地也可以推断出是室外，可以是自然风景，也可以是人文风景。同时因为天气的原因，色调也受到了限制，明亮的红黄色调等尽量少用，可以尝试一些明度较低、纯度较低的色调，如蓝绿、蓝紫色调。

【2009 年】

考题内容：纸上的三到五枝玫瑰花（红、粉、黄三种玫瑰花色任意选用）

考试要求：根据题目组织画面，用写实手法完成。不得附加题目规定之外的物件，选用水粉、水彩或丙烯材料，以写实的手法完成。

解析：此题目让当年的考生很惊讶，这一年设计学院考试题目有了非常大的转变，从前些年的室外景观转入室内小场景静物，考生因为事先没有想到考题方向会有这么大的变化，产生慌乱。其实冷静下来思考，这样的题目并没有给大家增加难度，相反我们可以直接用设计素描的构图方式，而在颜色上遵循设计色彩的颜色要求，融入

自己的主观色，在单个物体上颜色尽量丰富，颜色鲜亮，明度、纯度适当提高。明确题目要考查的内容是什么，就可以很好完成创作。

【2010 年】

考题内容：蔬菜

考试要求：根据题目组织画面，用写实手法完成。选用水粉、水彩或丙烯材料。

解析：这一年的题目仍是静物小场景类。那么怎么在这类试卷中融入设计，并获得高分？首先还是从构图入手，不要局限于传统色彩静物的构图方式，这方面可以参考设计素描的构图原则，让整个画面具有设计感。在蔬菜的细节塑造上，颜色一定要丰富，对比明亮，并且有一定的对比互补关系，让整个画面活泼起来，有一定的生命力。

【2011 年】

考试内容：阳光下的树荫

考试要求：1. 根据题目组织画面，写实手法；2. 水粉、水彩或丙烯材料。

解析：2011 年中央美术学院设计色彩的考试命题从室内转为室外，其变化在很多考生意料之外。《阳光下的树荫》一题，难点在于对树荫的理解，因为很多考生对于树荫的具体形状和刻画方式很陌生。其实我们可以这样去理解题目，首先阳光下的树荫不一定是真正的"树荫"，也可以理解为树荫中的物品，只要有冷暖变化就可以了，这样我们完全可以把主体变成树下的物品而非树荫。其次，设计色彩最主要考查的还是考生对颜色的理解和把握，我们更应该把主要精力放在颜色的处理上。至于扣题，只要画面中有树木的投影关系即可。

【2012 年】

考题内容：午后室内一角

考试要求：1. 画面表现扣准题目；2. 工具限用水粉、丙烯、水彩、油画棒；3. 可用写实性或表现性色彩完成。

解析：在近几年中央美术学院设计学院立体工程学科增多的情况下，本科生的入学考试也注

意了对空间思维的考查，此题目属于典型的对设计色彩中空间风景色彩的考查，它能很好地考查学生的空间想象能力。题目虽然没有像建筑学科入学考试一样非常重视空间的考查，但是很好地在小的场景下考查了学生的立体思维，并且加入了时间元素，这样给了考生一个大色调的界定。考生在绘画时要充分把时间因素表达出来，不要过分地去表现空间概念。室内一角并不是室内全部，只需要切合题意即可。

【2013 年】

考题内容：晨光下的室外一角

考试要求：1. 画面表现扣题目；2. 工具限用水粉、丙烯、水彩、油画棒；3. 可用写实性或表现性色彩完成。

解析：注意其时段的限定。晨光的特点在于色温高，画面调子偏冷。切记不要将画面画得过火，要与黄昏景色相区别。对于室外地点的选择，最好选择场景较小的，这样既容易刻画也便于控制色调。为了画面气氛着想，我们可以选择一些例如破败的残垣，垃圾场等场景，更容易出效果。最后便是对于光感的应用，影子是室外色彩表现的法宝。如果刻画室外，那么一定注意画面的冷暖关系，注意光源为暖光源。

【2014 年】

考题内容：奶奶家的厨房

解析：厨房是生活中最常见的场景，但是题目对于厨房的限定在于厨房主人的身份。奶奶是我们亲密的亲人，对于子孙的疼爱也是无以复加的。

我们在面对此题时，重点就在于怎么体现厨房是奶奶家的，换而言之可以从奶奶对我们的爱上入手。亲人之间的情感可以从生活细节中体现，例如墙面上悬挂的全家福，奶奶为孙儿准备的食物等。为强调身份我们可以摆放一些具有人物属性的物品，如奶奶使用的老花镜、老人的拐杖等。

从绘画技巧上，我们应该注重厨房的空间关系，厨房的窗户所在位置，与室外静物的前后景深关系，器具摆放的画面构成，光的方向与光影表达的虚实效果等。

清华大学美术学院历年试题解析

【2010 年】

考题内容：布老虎

考试要求：1. 根据题目默写；2. 要求表现虎年气氛。

解析：这一年的考题其实并不难，因为命题的物品布老虎本身的颜色是很鲜艳明亮的红黄色，这两种颜色很容易达到很好的画面效果，并且因为物品本身特性，画面的气氛很好烘托。值得注意的是，2010 年是清华大学美术学院本科入学考试改革后的第一年，将传统的静物写生改为物品命题默写。我们可以从布老虎进行思维迁移，寻找与其有共同特点的物品，然后将画面进行组合。在这个阶段，考生可以适当地进行场景的创作，让场景和主体物形成对应关系，起到烘托画面气氛的作用。而颜色本身，从主观色彩的角度考虑，我们可以运用对比色，使用红黄蓝紫色调，将冷暖关系确定为由暖光源决定，增加画面的主观色彩特征。

【2011 年】

考题内容：扶手椅上搭件衣服

考题要求：根据题目组织画面，选用水粉、水彩或丙烯材料，以写实的手法完成。

解析：2011 年的考题让很多考生大吃一惊，主要是色彩的题目和素描的题目相同，让人直接联想到了 2010 年中央美术学院设计学院的考试题目，也是采取相同的方式。从题目看，比往年增加了很大的难度，在对学生色彩能力要求的基础上，也要求学生具有一定的塑造能力。这次的考题与生活紧密相连，这也将成为以后考题的一个趋势。在创作上，大家可以从光源入手，在不同的光源下椅子和衣服的组合会出现不同的效果，颜色也会有很大变化。深入时大家应思考，到底是选择扶手椅还是选择衣服来进行深入刻画。分清主次关系，主次关系不同，物体颜色的丰富程度也不同。在冷暖的处理上，大家可以选择暖光源形式，即暗部为冷、亮部为暖的关系。与画面色调相结合，增加画面的光感效果。

【2012 年】

考题内容：中秋节

考题要求：1. 画面表现扣准题目；2. 工具限用水粉、丙烯、水彩、油画棒；3. 以默写形式完成色彩考试。

解析：2012 年清华大学美术学院考试的形式与 2011 年是一样的，色彩考试与素描考试同为一个题目。学生在拿到题目后应该首先分析题目特点。以节日为主的题目，我们可以先联想它本身的节日元素，例如其独具的物品、习俗和色调等，最后加以组合完成画面。切记不要表达得过于俗套，适当在构图上做一些文章。

【2013 年】

考题内容：窗外的景色

清华美院 2013 的题目中开始涉及空间类型，也显示出越来越多的高校将空间作为考查的重点项目。这类题目首先要决定从什么位置看，我们可以讨巧地将自己的观察位置先放在室外，寻找自己擅长的人和物，确定好之后回到室内进行套接，将选定的景物放到窗外的可见范围内，这样的构图方式更利于在考试中的理性表达。在色调上要确定绘画的时间点，尽量保持恒定的柔和光源。注意窗外景色的远近虚实关系，用纯度去推空间，用色彩去丰富层次。

【2014 年】

试题：质感、空间、色调

解析：这两年重点高校的考查内容越来越回归绘画的根本，注重考查学生的学科基础知识掌握程度。看似没有题目的题目，给了考生更大的发挥空间。简单的几个我们最熟悉不过的词汇，要想充分地体现还是非常困难的。选材上建议考生选择一些空间适中的场景，尽量避免过小的场景，这样可以更好地表达画面的空间感。构图确定后便是对于画面色调的选择，我们需要在画之前就将想要的色调定好。然后选择我们比较熟悉的单个物体，最后是主体物进行质感的刻画。质感的表达不用面面俱到，只要抓住主要物体详细塑造即可。

3.2.5 命题作品剖析

学习技巧：

将历年设计色彩试题与具体的作品对应分析考点，比较这些作品用色彩阐释空间秩序的不同设计手法，前面讲有些作品是可以用多个题目来概括的，在设计色彩里也适用。大家在备考时要多准备些物品色彩单词，积累生活中不同环境的色彩元素，整理出一套不同时间和季节的空间色调认知系统。设计色彩画面内容从构图、空间透视、角度、色调(用色彩塑造空间)到质感表现、主观情感等等，都来源于对室内外生活场景有目标的观察和主观情感色彩的处理。分析大师们的经典构图与空间色彩处理技法是备考的捷径，积累从量变达到质变，才能以设计色彩熟练的表达出自己的主观色彩感受。(图 3-2-13 ~图 3-2-63)

促

是一同样的物体，画面体在具际在颜色层次上有相应的低度变化。

在色系统构图中适当地进行一些变化可以让场景变得更加自然。

墙面最好不要单用颜色平涂就结束。左赋予一些的色彩变化，可偏冷色或偏暖色。

设计色彩可以适当地加大冷暖对比。高度度的冷暖对比也能使体有助力光感。

塑造时设计色彩非常重要，尤其是前景的塑造。精细的素描可以与色度一起提升画面的空间关系。

图 3-2-13 超市购物架 鲜艳色彩的使用凸显了画面的主题

适当降低定景物色彩纯度可以将画面空间拉远。

良好的画面分割与构图形式是画好设计色彩的关键。

画面中心的物体在清楚明确地强调主题，并进行深入塑造。

以说明的方式让画面的空间具有延展性。

高亮度的冷暖关系对比可以很好地表现光源效果。

低纸虽为白色，但在色影当中一定要富有色彩变化。

图 3-2-14 教室一角 冷暖色彩的使用使画面更显温馨和谐。

设计色彩一定注意远景颜色的处理。一般以淡粉紫色的浅灰平涂。

当有统一成水粉构图的画面时，作者会利用静物去避免打破呆板的感觉。

在书画面视角中的物体，在颜色的画面上可以适当地提高纯度，增加颜色变化的丰富性。

低平视的观察方法增强了画面的平面构成感。

如画面大部分的颜色都有光而发色。在注意在冷色调中暖色的变化可用将还于画面冷色调也相应成色。

图 3-2-15　窗内窗外　色彩搭配合理，画面整体和谐统一。

画面中如有"冷"性物件出现，这里要用到冷暖两种颜色表达它的特和。

在添加静物的刻画上，可添加一些更具生活化的内容去活跃画面。

相同物件要表现不同的属加，色彩的纯度是非常好的表面。

静物冷暖色的处理，可以在其轮廓衬阴，冷暖时比以做加强。

根据题目，应当将更具生活化的物件，在相应的场景中挑选择色彩丰富明亮的绘画内容。

图 3-2-16 水果摊 明亮的色彩使用使画面显得生机勃勃

远景的刻画没有一笔而过
符合所在景深低度关系的
情况下进行了相名的刻画。

S形展开的图中起到活跃
构图的作用，打破与桂林
水平直线的单板感觉。

倾斜的视角让视觉冲击力
得到了加强。画面从平均
业显古与先机。

每一层的桂格上橙子的大小高度比例
很固定。并且在颜色的变化上丰富自然。

深意的固色彩，冷暖对比让画面
中的橙子显得更加诱人。

远景如有建筑结构,在将其
冷暖关系、结构关系刻画清楚。

远景的货架尽量采用规则的分割
画面,绘画的技法不要过于草率。

识别的袋子,形状和大小都相同。处理时
要注意摆放的形式感,要符合平面构成。
色彩的纯度也要随着层级变化。

作为画面的最前景,无论是否为
主体,都要进行色彩的变化,丰富性
也要比其他位置强。

场景中的物体可以进行主观的
处理与挪动,如色相、纯度、位置等。

金镗
8.5

图 3-2-18　**超市架**　恰当的色彩搭配更凸显了浓浓的生活气息。

光的光源的不同决定远阴影
的面积，所以我们要大胆
地拉大光影的明度关系以
达到增强光感的作用。

背景玻璃的颜色既烘托了
整体色调，同时十分巧妙地
将主体物衬托出来，画法
效果非常利落。

棉花虽为白色，
但是受到环境色
的影响同样有
相左的冷暖色相。

设计色彩，应该增加甚至夸张
前景物体的颜色变化，这一
点此幅作品做得不够到位

烛焰后瓶口的质感塑造非常
到位，也相很真实

图 3-2-19 冬日温情 不同色彩的搭配使画面真实立体，尤其要注意光线对颜色的影响。

做色彩绘画和设计色彩，背景成为画面的重头戏，要将它表现得富有变化又完整统一。

大规模的暖色里添加适当大小的高冷色，可以让色调鲜亮轻盈。

平面分间上，色彩在从前到后逐渐减弱，丰富程度也依次减省。

在色彩绘画，影子物体看似异天际般颜色，我们要学会利用影子统一暗部使颜色整体的方法。

最前景的物体是表现美地彩最敏感的最佳位置，它在厄的品色冷暖、强和消夜以下大功夫去告诉考官自己的色彩感敏水平如何。

图3-2-20 6至10个土豆 色彩的运用看似平平无奇，却使画面整体看来清新淡雅

图 3-2-21 诱人的水果 色调统一，画面完整和谐

图 3-2-22 **台子上的水果** 色彩层次感强。

图 3-2-23 **我温暖的家** 光线的色彩处理得当，画面温馨和谐。

图 3-2-24 **我温暖的家** 色彩使用得体，完美干净明朗。

图 3-2-25 **窗前的玫瑰花** 色彩搭配合理。

图 3-2-26 台子上诱人的水果 色彩搭配和谐,冷暖得体。

图 3-2-27 我最钟爱的 XXX 色调统一,细节处理细腻。

图 3-2-28 玩具

图 3-2-29 我最钟爱的 XXX 色彩搭配合理。

图 3-2-30 阳光的颜色 光线明媚，色调温馨

图 3-2-31 阳光的颜色 色彩与光线搭配合理

图 3-2-32 我温暖的家 色彩运用得当，冷暖搭配合理

图 3-2-33 玩具 浓烈的色彩运用使画面醒目温馨

图 3-2-34 **玫瑰花** 花朵不同的颜色搭配使画面更富有立体感。

图 3-2-35 **阳光的颜色** 色调冷暖适宜，营造出浓浓的家庭氛围。

图 3-2-36 **我的学习空间** 物体搭配错落有致，色调温和适中

图 3-2-37 **我的学习空间** 构图新颖，色调明快

图 3-2-38 我的学习空间 色彩运用和谐统一。

图 3-2-39 我温暖的家 色调搭配合理，物品与环境融为一体。

图 3-2-40 色调明亮突出，凸显了整体氛围。

图 3-2-41 美丽心情 色彩运用恰当，明亮适中。

图 3-2-42 美丽心情 色彩搭配合理，层次丰富。

图 3-2-43 诱人的水果 画面主体与环境融为一体，注意不同色彩的调和。

图 3-2-44 玩具 色彩鲜艳明亮，与主体物适宜。

图 3-2-45 瓶子 温暖和谐的色彩使画面形成一个主体。

图 3-2-46 大白菜和它的伙伴 色彩温暖，使人愉悦。

图 3-2-47 大白菜和它的伙伴 颜色搭配和谐。

图 3-2-48 超市 色调使用恰当，与环境融为一体。

图 3-2-49 蜡烛 色彩辉煌明亮，很好地凸显的主体物。

图 3-2-50 蜡烛 色彩搭配合理，主次分明。

图 3-2-51 超市 色彩与主体完美融合，勾画出所要表达的意境。

图 3-2-52 我最温暖的家 色调冷暖适宜，勾勒出浓浓的生活氛围。

图 3-2-53 我心中最美丽的长城 色彩搭配合理，不同色块的融合凸显了意境。

图 3-2-54 蜡烛 色彩温馨和谐，氛围浓重。

图 3-2-55 蜡烛 色调温暖，与明媚的阳光融为一体。

图 3-2-56 我的学习空间 恰当的色彩搭配使主体物真实醒目。

图 3-2-57 蜡烛 合理的色彩使用勾画出了浓浓的氛围。

图 3-2-58 土豆 色彩搭配合理，画面温馨和谐。

图 3-2-59 诱人的水果 不同颜色的搭配使主体物更加夺目。

图 3-2-60 玩具 红绿色的搭配使用凸显了浓浓的民族情调

图 3-2-61 美丽心情 色彩清新淡雅，给人以放松的感觉

图 3-2-62 超市 各种颜色的搭配却不凌乱，整体饱满丰富。

图 3-2-63 我温暖的家 冷暖色调的搭配使用很好的凸显了画面的氛围。

3.3
建筑色彩应试

3.3.1 考试分类

建筑专业设计色彩虽然与素描考试一样都注重空间的考查，但主要还是考查色彩关系的认知能力，所以试题类型也完全不同。

类别	题目示例	题目解析
时间	秋天 春天的风景	在设计色彩中，对于天气的表达一直是色彩研究的一个重要方面，不同的天气存在不同的色调。考生可以在符合题目规定条件的基础上自由发挥。如春天的风景，考生除了应该思考春天的特点外，还要想到是何地的春天，什么天气的春天，春天的色调是如何等。
景观	都市里的 一抹彩虹	城市类题目考生可以根据生活的场景进行画面再现，但是颜色要经过自己的主观处理。构图方面大家可以参照建筑素描城市类的构图规律，色彩上尽量选用颜色鲜亮的色调，可以更好地表达现代城市的特点。
室内外空间	有风景的房间	室内与室外结合的题目，关键在于找到室内与室外空间的结合点，例如有风景的房间，我们就要找到房间与风景的结合点，如窗、门等，通过对它的刻画表现空间关系。色彩上可以从光影出发，找到室内外光影的变化规律，利用冷暖表达投影的空间关系。
静物	房间里的 3-5个水果	题目规定了一个绘画的原点，由此进行思维迁移，要由小场景静物扩展到大的空间，要从单纯静物组合跳出，与周边环境相结合，综合考虑空间的表达。
命题类	桥、楼梯	这类题目的绘画重点非常鲜明，主题已经定好，我们只需要找到合适的构图，思考如何用色彩把空间感变现出来即可。特别要注意对主题景观的刻画。

3.3.2　考点解析

场景的要求不再是描述一种自然风景，而是越来越贴近日常生活。

分析建筑设计色彩试题历年来的变化，从内容上讲，由自然风景色彩到城市风景色彩再到室内风景色彩，从过去天、山、树、水的自然风景，到马路、建筑、街道、房间、生活用品、气氛和人物等，表面看来是范围越来越小，似乎容易掌握住画面，其实不然，范围是在慢慢变大。场景的要求不再是描述一种自然风景，而是越来越贴近日常生活。也并不再是有色彩感觉就能描绘出的自然风景，而是要有透视准确、比例合理、结构正确的城市空间。尤其是近两年的考题，都市里的一抹彩虹，空房间里的三五个水果，这些题目除了构图、结构和比例等基本要求外，还要考查学生的色彩感觉色彩能力，不光是黑白灰的关系，而是用几种色彩的组合，怎么选择颜色，选择哪些颜色，如何搭配颜色，如何用色彩表现内容丰富的城市生活，如何用色彩表现生活气息，等等。这就要求学生在日常的训练中不仅仅是记录色彩，而是如何通过色彩表达出自己所想，这是考生应该认真思考并且努力实践的课题。

基本考点有以下几点。

※ 内容创新能力：建筑色彩考查学生的态度向来开放求新，注重学生的创造性思维，提倡独立思考。考题一般不会有过多限制，可以依据个人对题目的理解自由发挥。

※ 基本造型能力：色彩感觉以及对色彩规律的掌握。基本的构图能力，画面整体的控制力。用色彩表现形象、空间及节奏韵律。

※ 色彩想象能力：在没有实际的场景空间及时间的情况下，描绘出真实的空间场景环境，并有自己对此空间与时间的理解。

※ 画面表述能力：运用色彩塑造个人情感氛围，体现出个人的独特的审美情趣。分析近年来的优秀试卷，多少都会有不理想之处，不可能在三小时里完美无缺地表达出来。每个人都有各自的想法，即便是对待同一事物、同一场景和同一题目，每个人所想的都有不同。在考查的过程中，更希望看到大家对生活的热爱，对事物有自己独特的看法，希望寻找到更有潜力的学生。

3.3.3　技巧与方法

1. 建筑设计色彩构图

由于近年来的题材和要求越来越明确，所以在构图方面，基本的透视能力是必须要掌握的。

由于近年来的题材和要求越来越明确，所以在构图方面，基本的透视能力是必须要掌握的。构图不单是指所选内容的基本构架，同是也是色彩的构成分布。所以如何处理好画面的色彩关系，也是很重要的一点。我们初学色彩时都是以室内静物为素材，这些所描绘的对象相对来说比较单纯、容易观察。但是在室外环境中，在光丰富且多变的情况下，构图是不太容易掌握的。在平常的训练中，选定一个场景描述出它在特定时间、天气和光线的变化中所产生的真实瞬间，确定好画面的构架以及色彩关系，概括出与表现主题有关的景物，将自己的所思所想用丰富的色彩表达出来，才能得到生动完美的画面。选取的景色并不是凭空想象得出的，而是对真实的景物的艺术加工，既有客观对象的准确性，同时又加入了主观色彩，这是考卷的第一步构图。

2. 建筑设计色彩的内容

在面对一个题目时，我们要提炼出题目要求的题材内容，还要找到与之相对应的色彩语言。

在面对一个题目时，我们要提炼出题目要求的题材内容，还要找到与之相对应的色彩语言。例如画校园一角，一定会想到与校园生活有关的事物，如国旗、操场、黑板、桌椅等。同时也要有相对应的色彩语言系统，是操场上红色的跑道与绿色的树林相搭配，是夕阳的美景与白色的教学楼相搭配，还是重色调的黑板与洒进教室的阳光相搭配，等等。要用色彩去塑造这个空间，而这些色彩也并不是按照自己的主观想法去表现的，要遵循现实世界的色彩规律。所以在选定描绘的对象时，首先要想好自己所要画的主题，用什么样的事物来表现主题，这些事物又有哪些色彩，这些色彩又怎样搭配。要知道自己想描绘什么，表达什么样的思想感情，主动地去把握画面整体效果。

3. 建筑设计色彩色调

在光源色和环境色的影响下，一组景物色彩关系呈现的整体倾向被称为"色调"。

在光源色和环境色的影响下，一组景物色彩关系呈现的整体倾向被称为"色调"。由于光源明度和色彩的差异，色调千差万别，可以从三个方面来把握画面的色调。（图 3-3-1）

（1）从色性上可分为冷色调、暖色调

冷色调：画面大部分由不同明度、不同纯度的冷色块组成，与少量的微暖色块形成对比。

暖色调：画面大部分由暖色块组成，对比少量的冷色块。

（2）在明度上可分为亮色调与暗色调

亮色调：由明度较高的亮色块和亮灰色块组成基调，暗色调在画面中分布极少。

暗色调：由明度较低的色块组成基调，色块之间的差异较小，只有少量局部的亮色。

（3）在色相上可分为红调子、蓝调子等

红调子、蓝调子等以及大量的中间色调，都是以占面积大的色彩为主，少量的对比色为辅色，形成画面的主要色彩倾向。如果画面中主色与辅色面积相差不大，则互相抵消，形成不了调子。在实际操作过程中，需要不断地研究与积累，这样才能画出漂亮的色调来。（图 3-3-2 ～ 图 3-3-7）

当我们用色彩去描述一个空间时，眼中丰富多彩的颜色不可能都一一记录下来。我们必须要有所取舍，为画面定一个主色调，找到自己作画的主要方向，这样对画面的控制力会有所提高。根据主题及自己的感受，对变化多样的颜色划定一个范围，去除一些不太相称及会对画面产生不良影响的颜色，尽力表达自己对这个空间颜色的感受，才会有清晰明确的画面效果。

（4）建筑设计色彩空间

一幅作品用色彩来表现空间，与素描黑白灰三色的表现是大不相同的。室外风景是一个纷繁的世界，我们必须具有敏锐的观察力。对于光线、季节和时间等变化因素要认真观察，要意识到即使是同一色相，在这些环境因素的干扰下，也是大不相同的；同时还要考虑到空间的大小，不断增强自己的感受力。空间的色彩，可以通过色相的纯度变化和明度变化来表现，也可以通过互补色的对比相互衬托。在描述近景、中景、远景的变化时，不要用颜色的复杂多变去表现空间的庞大，而是用主色调及其他配色的渐变推移自然地演变出空间的深度。同一个色相在空间位置的变

图 3-3-1　分析图示例

化下会产生出成千上万种相近色。一座红顶白墙的房子在春夏秋冬的颜色是不同的，在清晨正午傍晚的颜色是不同的，在晴天雨天雪天的颜色是不同的，甚至在节日庆典等时候也是不同于平常的。一座房子如此，远眺一座城市，表现一个空间也是一样的。这些变化都基于我们对日常生活的观察，凭空想象是不可能准确找到这些在空间中不同位置的颜色的。在平常有意识地锻炼自己对空间色彩的敏感度，创造空间的氛围，才能在真实物象的基础上创作出打动人的作品。

（5）建筑设计色彩的细节

素描中我们运用笔触、明暗等刻画细节，在色彩中，我们也应该学会用色彩的笔触和颜色的变化来刻画细节。下面我们介绍几种风景色彩中常用来刻画形体的表现方法。天空是所有风景当中必不可少的一部分，一般画面中都会有天空出现。天空有时候很单纯，有时候很丰富，但是它总的来说不宜特别突出，主要服从于画面的整体效果和要表现的主题。在表现比较单纯的天空时尤其要注意，即使再平淡的天空也要有色彩的变化，如果用同一个颜色刷满画面，会出现单调呆板的结果。画面中的天空一定要产生深远空旷的效果。山的刻画上，有些远处的山势线条的起伏是十分优美的，适当地与空间中硬朗的线条相结合，互相衬托，更显魅力。远山与近物相比较大多是明亮的，与天色明度接近，在画面中可以与天色及天光相结合，增加画面的生动感。水的特性是流动、透明，受其他外界因素的影响也最大，因此它的颜色是最不固定的，它的固有色总是带冷色调，远近动静不同的水面冷暖明暗都会有变化。水面受环境和光的影响比较显著，同时这也是会让画面显得生动的重要因素之一。抓住水的特性并描述出来，画面色彩丰富性也会随之提高。树也是我们经常会选择描绘的题材。树木由于其自身的品种和特征的不同，以及受光线、季节、天气和时间等的影响，会产生丰富多彩的颜色和形态。通常若感觉画面缺少生气或不够丰富，可以通过描绘树木，利用其丰富的颜色，多变的形状，灵活的光影关系等对画面加以点缀，对提高画面效果是十分有效的。在建筑物的刻画上，建筑物具有自身的形体结构和材质肌理，会有不同的审美情趣。矩形、三角形和正方形等不同的形状可以有效地调节画面的气氛。各种不同的建筑物可以匹配不同的场景，既可以是主角，也可以是配角。但是在描绘建筑物时，结构、透视、形式和空间就显得特别重要了，同样这些也会为画面增加光彩。

图 3-3-2 橙紫色调

图 3-3-3 红橙色调

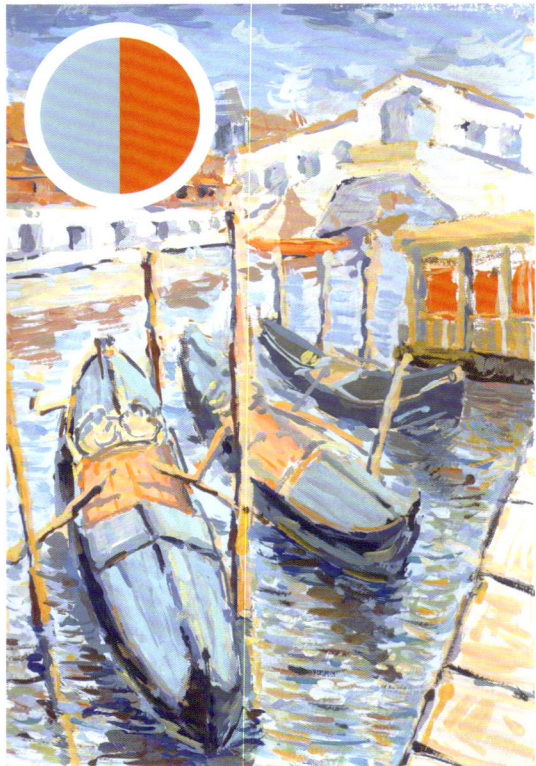

图 3-3-4 红蓝调子

图 3-3-5 红绿色调

图 3-3-6 黄蓝色调

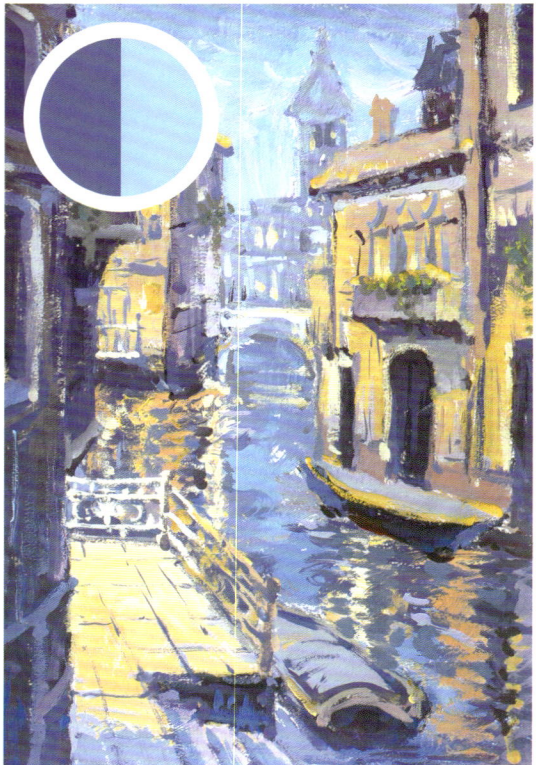

图 3-3-7 蓝橙色调

3.3.4　历年试题剖析

中央美术学院建筑学院

【2007 年】

考题内容：春天的风景

考试要求：1．要求考生具备基本的色彩常识和色彩的造型语言，以静态情景的形式表达自己对主体内容的理解和想象；

2．使用工具限制为水粉、水彩、丙烯，或其他易干的色彩绘画材料。

解析：题目并不是很难，以季节状态为要求，可以描述的范围很广，内容很多。那么我们就要对"春天"这个关键词进行分析。画面内容自定，但是要能体现出春天的生机勃勃、万物复苏的景象，能感受到积极向上的生活态度。

【2008 年】

考题内容：秋天

解析：题材在秋天季节的前提下自选，范围很广，但本身要求并不多。主要考查的就是对于秋天氛围的表达。画面要能感受到丰收喜庆的感觉，也可以表现秋高气爽的景象，虽然也有萧条的一面，但是最好将画面处理成积极向上的感觉，同时采用具有秋天特质的色调。

【2009 年】

考题内容：有风景的房间

解析：题目要求是有风景的房间，要把空间场景同室内和室外相结合。通过门与窗的视角来表现室内外的不同，有近景中景远景的安排，空间的大小要合理，透视、结构、形式等的关系要处理好。要将自己的想法和感觉融入到画面中去，形成一种氛围。

【2010 年】

考题内容：都市里的一抹彩虹

解析：分析题目，有两个关键词：都市和彩虹。题目要求是在特定城市空间场景里，所以要描绘出城市雨过天晴的豁然，也要把画面处理得清新自然。在表现城市与彩虹时有一个主体，可以以城市为背景表现出彩虹的绚烂，也可以以彩虹的若隐若现体现出城市雨后的清爽，要把握好画面的整体感，凸显主题。

【2011 年】

考题内容：房间里的 3–5 个水果

解析：仔细读题并意识到这是在考建筑设计的色彩，就要明白并不是要画出房间中的一组静物，而是要画出空间与静物之间的关系。静物的大小、形状、位置与房间互相映衬，互相对比。空间的划分、画面的构成，都是要思考的重点，是一个很有意思，令人充满想象和期待的题目。

【2012 年】

考题内容：深秋城市

考试要求：1．要求考生具备基本的色彩常识和色彩的造型语言，以静态情景的格式表达自己对主体内容的理解和想象；2．使用工具限制为水粉、水彩、丙烯，或其他易干的色彩绘画材料。

解析：2012 年中央美术学院建筑学院色彩考试的题目方向没有太大的改动，还是沿用传统的季节性色彩，为适应建筑学专业方向加入了"城市"一词。考生在作画时不仅仅要对画面的季节进行处理，也要对画面的内容进行搭配。首先考生应该思考城市的特征，选择自己印象深刻的城市场景，然后赋予其季节特征。我们可以挑选体现其特征的元素，例如只有秋天才会出现的果实或者落叶等。注意用色彩把画面的氛围营造出来。

【2013 年】

考题内容：一栋有多扇窗户的居民楼面

考试要求：特写，不可以画全景，专注于一个 6–10 面窗户的居民楼。

解析：此类题目肯定让很多考生慌了神，对于刻画有这么多窗户的居民楼，大家肯定觉得很苦恼。其实我们可以跳出这个题目的思维怪圈。居民楼可以是任何样子，只要具有一定生活气息即可。其次，题目要求不可以出现全景，这样的要求看似怪异，其实不然，想想我们在平时的练习时就很少画出一个完整的建筑，因为如果画面中是对于完整建筑的刻画，那么必然会弱化建筑的空间感，反而得不偿失。所以上述的要求都不算过分。但是在构图技巧上也有需要注意的地方，我们可以选择一些画面平面构成感好的构图，注意画面的分割和光影关系，二维与三维结合。

【2014 年】

考题内容：三个奶瓶的相遇

解析：2014 这一年建筑学院的考题好似和考生们开了个玩笑一样，所有的题目都和建筑没有什么关系。

考生感觉一时摸不到头脑。不过冷静下来思考，考题并没有脱离本质，而是回归到了各个科目要考查的本质东西：色彩。

题目很单纯，直接考查了考生对于颜色的理解和处理。瓶子本身的形体结构非常简单，考生只需要将其放在一个固定的场景当中。但是瓶子在画面中所占的面积一定要大，不能忽视它主体物的地位，而所在的环境仅仅是为了陪衬而已。

在色彩运用上，无论是强烈的对比颜色还是柔和的邻近色调，我们都要保持画面的整体性，在整体性完好的情况下，对单个瓶子的色彩进行丰富，让颜色在瓶子上进行变化，让瓶子这种本身干净无色的物体充满丰富的色彩。

3.3.5　命题作品剖析

学习技巧：

将历年建筑色彩试题与具体的作品对应分析，比较这些作品用色彩建构空间的不同手法。前面讲有些素描作品是可以用多个题目来概括的，在建筑色彩里也适用。大家在备考时要多准备些不同特定条件的色彩场景，积累生活中不同空间的色彩元素，整理出一套不同时间和地点的空间色调认知系统。建筑色彩画面内容从构图、透视、观察角度、色调（用色彩塑造空间）到建筑构造与建筑结构体系构成方式，建筑材料质感表达等等，都来源于对生活有目的的观察和空间感受。平时从建筑空间色彩角度分析建筑摄影作品与建筑效果图表现作品，其中的镜头、光线、色调、氛围等空间语言都是可以转换的。分析大师的建筑色彩经典构图与空间色彩处理技法是备考的捷径，积累从量变达到质变，建筑色彩才会天天出彩。（图 3–3–8 ~ 图 3–3–87）

背光墙面的颜色，由于受到光照角度的影响，颜色的明度从上至下逐渐变暗。

建筑色彩中，室外场景的有无作数差别是很大的。画面中的窗户就算很小，也该有相应的远景速描。

栏杆是建筑的重要组成部分。到画它一定注意其比例尺度、粗细程度、透视关系的真实性。注意亮暗部颜色也应有变化，不要相同。

地砖是细线体，但对画面的透视关系影响很大，所以要保证它的准确性。

图3-3-8 教学楼的走廊

棚顶的颜色用明度率低于
墙面的金色做背。请速的同
时表现与已碰的明暗关系。

非常具有而展派装饰
色彩风格的画法让橙
色的亮情时比异常强列。

墙面在本身的色调中不在事
运的散色恶些 表意果和。

用艳丽的饰色衣为剂呆用
饰度关系坡新老小同关系。

地面漂克而颜色逃化
表现出作者优秀下的也
彩感竟。

图 3-3-9 光与建筑

在处理建筑物背光面出现的
大片暗部，可适当地强调
边界，增加冷暖变化。

窗外的场景是画面色彩的
重要组成部分。色彩要鲜艳，
体积要明确。

画面中有的刻画要随时
虚拟、生动、深入，只有这样
才能吸引更多的眼球。

色彩是相对的，入光最强
的情况下，暗部的颜色变化
也非常丰富，那么亮部的颜色
可以适当处理得干净清透。

同暗部相比较，地面之间
影色可以画得更加清透，
以淡蓝紫色为主，其中夹
插一些与周围环境相关的
颜色。

图 3-3-10 温暖阳光下的阁楼

在古建筑风格的民居，应具备白色瓦砾
梁瓦结构，在色彩上应以青黄色为主。

远景建筑暗部的颜色应
于学清透，此作品色彩略
显脏，颜色上有些闷。

楼梯作为建筑的重要元素，一定要
保证形体的规整和明度关系的对比。

作为前景，除了塑造和丰富的颜色，
对于冷暖色彩关系的把握也很重要，
同一物体冷暖色也要有色彩关联。

色彩反映地砖纹路，无论前后景处理
如何，都要处理得清楚明确。

图 3-3-11 胡同里

图 3-3-12 楼上楼下

中景物体依据体块穿合
透视关系。用固有色加分
式让画面色彩更加丰富。

窗外的景色采用大胆的天蓝,
降低明度后表现一种夜晚
的氛围。

在大的固有色中融入了环境色
或整体色调有关的小变化,可
以让画面更加整体。

天论构图多么洒
脱大胆也不能忽
视中心物体的
塑造。

用色大胆,敢于用
大的冷暖关系,
抓人眼球。

图 3-3-13 夜晚的餐厅

天空的色彩基色以群青或者天蓝为主。
干净平整，不要有太明显的色彩变化。

远景的桥或船和背景冷暖时也。
过于强烈的冷暖时也会让其
跳出所在层次。

建筑物以水中的倒影为主。可将
木体颜色均匀度降低，并穿插
水的颜色在其中达到真实的效果。

位于中景的船只，暗部的颜色变化
随远近逐渐变弱。

码头的锚石，作为前景在
塑造真实质感的同时增加
了颜色的变化。

图 3-3-14 码头

倾斜的视角加上强烈的透视效果让画面
富有很强的冲击力，远景的曲线和前面
的大直线也在构成上进行了互补。

彩虹可算是神来之笔，
让本来有些过大过空
的天空充满小情趣。

新牌处于中景，建筑本身的
结构体块表达也很重要。

建筑色彩最重要的就是光影的表达，
清晰的光影可以让建筑更加立体，
暗部的结构也会相对清晰。

近景城墙砖上的质感处理得很到位，
颜色变化也很丰富，在建筑色彩中，质
体的塑造上要达到这样的体字据。

图3-3-15 长城印象

图 3-3-16 行驶中的火车 色彩搭配优美和谐, 凸显了画面氛围

图 3-3-17 行驶中的火车 颜色纯度的良好运用使画面更富于美感

图 3-3-18 行驶中的火车 冷暖色调的搭配完美、和谐。

图 3-3-19 行驶中的火车 暗红色调的大面积使用凸显了画面的艺术感。

图 3-3-20 行驶中的火车 明艳的色彩表现了欢愉的气氛。

图 3-3-21 行驶中的火车 相似的色调使景物融为一体。作为主体物的车身有些细节的冷暖变化。

图 3-3-22 心中最美丽的建筑 远近比例大小适中，色彩搭配合理

图 3-3-23 心中最美丽的建筑 浓艳的色彩使用凸显了水乡的唯美意境。

图 3-3-24 心中最美丽的建筑 虚实关系把握恰当。

图 3-3-25 心中最美丽的建筑　色彩对比强烈，凸显了风物景色。

图 3-3-26 心中最美丽的建筑　冷色调的恰当运用使人身临其境。

图 3-3-27 心中最美丽的建筑　远近关系处理得当，色彩搭配和谐。

图3-3-28 心中最美丽的建筑 虚实关系处理得当，色彩搭配合理。

图3-3-29 心中最美丽的建筑 建筑描摹细致，色彩使用得当。

图3-3-30 我心中最美丽的建筑 色彩浓淡比例适中。

图3-3-31 远近关系处理得当。

图 3-3-32 心中最美丽的建筑

图 3-3-33 心中最美丽的建筑

图 3-3-34 关于建筑的回忆 冷暖色彩的强烈对比更有真实感

图 3-3-35 关于建筑的回忆 远近关系处理得当

图 3-3-36 关于建筑的回忆 冷暖色彩的搭配使画面更显干净整洁。

图 3-3-37 古建情怀 画面虚实关系处理得当。

图 3-3-38 古建情怀 建筑比例适中,色彩层次感强。

图 3-3-39　古建情怀

图 3-3-40　古建情怀

图 3-3-41　古建情怀

图 3-3-42　古建情怀

图 3-3-43 *我的老家* 色彩搭配合理，虚实处理得当。

图 3-3-44 *我的老家* 远近虚实关系处理得当。

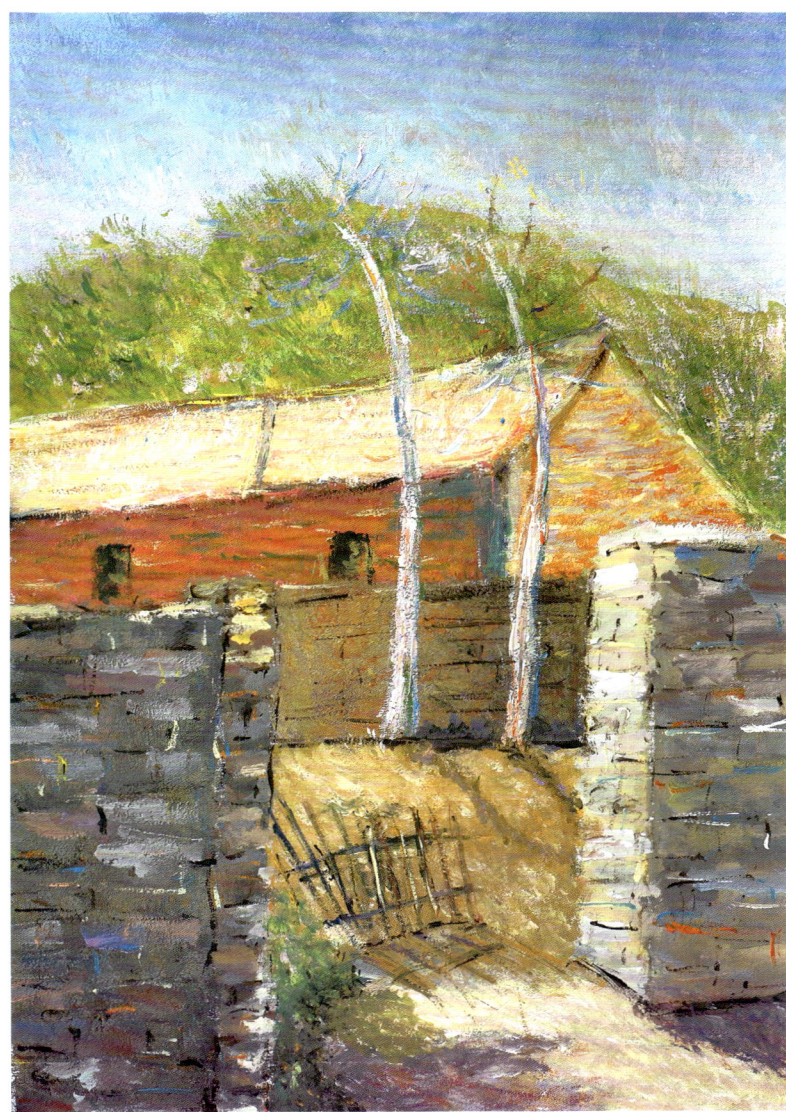

图 3-3-45 *我的老家* 色彩运用柔和，搭配和谐。

图 3-3-46 老家

图 3-3-47 记忆中最美丽的桥

图 3-3-48 都市印象 远近比例大小适中，色彩运用得当

图 3-3-49 都市印象 浓烈的色彩容易更凸显时空和情境

图 3-3-50 *都市印象* 虚实关系处理得当，远近比例适中。

图 3-3-51 *都市的角落* 浓艳的色彩使画面真实立体。

图 3-3-52 *都市印象* 远近虚实处理得当

图 3-3-53 连接室内外的光 暖色光线的合理运用使作品升华

图 3-3-54 我美丽的家 室内的冷色调凸显了家庭气氛

图 3-3-55 连接室内外的光 对光线的良好处理是作品的亮点。

图 3-3-56 我美丽的家 亮部色彩的良好使用使室内光彩照人。

图 3-3-57 我美丽的家 物体刻画细致。

图 3-3-58　我美丽的家　色彩搭配合理，场景真实动人。

图 3-3-59　我美丽的家　色彩使用合理，场景真实感强。

图 3-3-60　我美丽的家　非常温暖的色调　在前景的暗部用冷色点缀起到了点睛效果

图 3-3-61　台子上……　典型讨巧的仰视构图，用光影处理空间，黑白灰的调子把握到位

图 3-3-62 带楼梯的房间 光影是建筑色彩最本质的东西。色块冷暖对比，既要有区别也要有联系。

图 3-3-63 带楼梯的房间 类似于油画技法的处理方式加上有些微变形的构图形式，让画面整体。

图 3-3-64 带楼梯的房间 强烈的色彩仿佛体现了作者的情感，补色的浓烈对比

图 3-3-65 夜晚的餐厅

图 3-3-66　城市的角落　补色关系的色调重要的是二者之间颜色的元素联系。

图 3-3-67　城市的角落　前景和远景的颜色纯度应有变化，但是要控制在合理的色调范围内。

图 3-3-68　都市印象　近景与远景的色彩结合让建筑的空间虚实得当

图 3-3-69　都市印象　丰富的固有色很和谐的组成了画面

图 3-3-70 码头的颜色　颜色沉稳，对于亮部色彩与暗部色彩相互融合，有着自己独特的处理方式。

图 3-3-71 自行车　主体物的自行车重点突出，画面真实干净，没有过多的杂乱元素。

图 3-3-72 码头的色彩　色彩对比强烈，画面真实感强。

图 3-3-73 花与色彩

图3-3-74 窗外的风景

图3-3-75 窗外的景色

图3-3-76 窗外的景色 色彩搭配合理，场景雅致真实，对于前后景深处理也很得当。

图3-3-77 窗外的景色 建筑处理真实细腻，室内外对比强烈。

图 3-3-78 拐角处 明媚的阳光使人心生愉悦之感。

图 3-3-79 拐角处 色彩的合理搭配使建筑更显真实。

图 3-3-80 建筑与雪 在柔和的色调中寻找颜色变化。应注意细节颜色与主体色调的区别。

图 3-3-81 建筑与雪 长处在于建筑的透视关系与景深关系。

图 3-3-82 我心中最美丽的长城

图 3-3-83 我心中最美丽的长城

图 3-3-84 我心中最美丽的长城

图 3-3-85 我心中最美丽的长城

图 3-3-86 杂货铺

图 3-3-87 水边的建筑

3.3.6 同构色彩

（图 3-3-88）

图 3-3-88

3.3.7 分色调色彩

（图 3-3-89 ～ 图 3-3-98 ）

图 3-3-89

图 3-3-90

图 3-3-91

图 3-3-92

图 3-3-93

图 3-3-94

图 3-3-95

图 3-3-96

图 3-3-97

图 3-3-98

4.1 初步认知

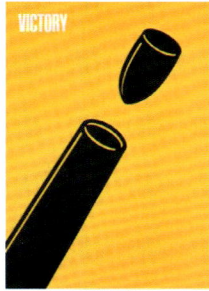

4.2 应试

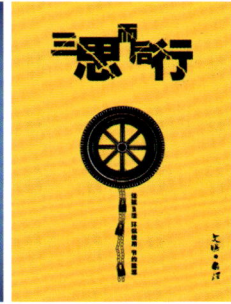

第4章
平面设计

了解平面创意考察方式与题目类型。
掌握题目思考模式与套路。
常用色彩搭配方法和图形处理技巧。
学习优秀案例的表达方式与经典手法。

4.1
初步认知

4.1.1 概述

平面构成一词作为艺术设计基础课程的引进，的确是中国高等艺术院校艺术设计专业的一个里程碑。平面构成是具有共性的设计语言，已为当今社会各个艺术、设计门类所应用。平面构成与其他应用设计的学科一样，都是为了完善与创造更富于现代感的设计理论和表现形式。平面设计是将不同的基本图形，按照一定的规则在平面上组合成图案的，主要在二度空间范围之内以轮廓线划分图与地之间的界限，描绘形象。而平面设计所表现的立体空间感，并非实在的三度空间，而仅仅是图形对人的视觉引导而形成的幻觉空间。（图4-1-1）

图 4-1-1

4.1.2 特点

好的平面设计来自于好的创意，但好的作品并不是凭空捏造出来的，它需要一个思维过程。一个好点子会以惊人的力量，改变人们的习惯或看法。创意的形成始终有一个核心点来支持，由这个核心创意点切入，引出创意的表现手法，但这一切都要受到日常生活、思维方式、表现手法三个层面的制约。创意中的"点"或称创意的概念，是平面创意设计成功的关键。

4.1.3 考点

现在越来越多的学校将平面创意设计列入入学考查的科目。有的是注重想法的表现，抽离了颜色这一大视觉元素，单独用黑白表现出想法即可，也就是大家知道的创意速写。但是更多的还是注重对想法和色彩的全面表现，例如中央美术学院创意考试。但无论以上哪种考试，都是为了考查学生的创造性思维。

4.2

应试

4.2.1 考试分类

类别	题目示例	题目解析
状态动词	包裹、交织	状态类动词的题目首先在于对动词状态的理解,如何通过画面或者图形语言表现这种状态是关键。
单音动词	隔、开、分	这类题目首先要理解动词本身的含义,理解动词的特点,然后进行相应的联想。我们可以首先思考这种词在什么语句中经常出现,然后对其进行联想。
主题动词	环保、关爱、保护	这类题目在 2010 年前出现的频率非常高。在于对词汇本身内容与意义的表现,注重表达一种对待事物的态度。
形容词	喜、难	这类题目我们可以尽量用一些符号语言的方式进行表达,在处理画面上尽量简洁,让符号语言与题目本身具有很强的关联性。并且要注意画面做工。

图 4-2-1

4.2.2 考点解析

1. 完整表达题目

题目表达的准确与否是考试是否合格的基础，这要求考生须认真审题，仔细分析题目，不落下题目上的任何要求。进行思维发散的时候，每一步都要紧扣题目，不要发散思维后就将题目扔至一旁，最后跑题，得不偿失。

2. 创意中融入设计

考试中会出现相似创意，相似的原因是有很多元素重复或相似使用。而设计考查的就是学生的创意能力。所以我们应该在日常生活中注意观察，多思考，找到新的创意载体。关注时事，尽量采用新的主题，新的思考角度。设计源于生活，创意源自观察生活并提炼生活。

3. 漂亮的画面效果

漂亮的画面效果是一张画的门面，也是给考官的第一印象。简洁明了的表现是平面设计的宗旨。打个比方，就是"能用一句话说明白的事情不要说两句"，对主题表达没有作用的东西只会成为累赘。（图 4-2-1）

4.2.3 技巧与方法

1. 爆炸图法

在平面设计的过程中，我们要善于运用爆炸图的方式去发散思维。从题目开始，在保证不跑题的前提下如思维爆炸一样向不同的几个方向发散，从中选择我们需要的元素去进行组合画面。爆炸图中的元素大体可以分为四类：

（1）概念元素

所谓概念元素是那些不实际存在的，不可见的，但人们的意识又能感觉到的东西。例如我们看到尖角的图形，感到上面有点，物体的轮廓上有边缘线。概念元素包括：点、线、面。

（2）视觉元素

概念元素通常是通过视觉元素体现的，视觉元素包括图形的大小、形状、色彩等。

（3）关系元素

视觉元素在画面上如何组织、排列，是由关系元素来决定的。包括：方向、位置、空间、重心等。

（4）实用元素

实用元素指设计所表达的含义、内容，设计的目的及功能。（图 4-2-2 ～图 4-2-5）

图 4-2-2　创意融入设计

图 4-2-3　完整的题目表达

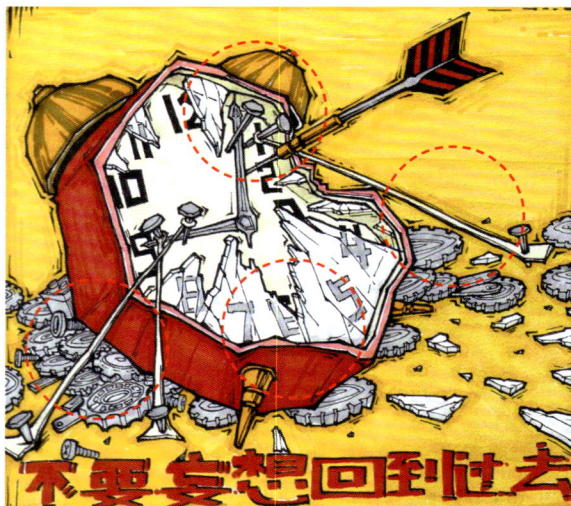

图 4-2-4　漂亮的画面效果

2. 发散思维法

（1）拿到题目之后首先要运用发散思维去思考分析题目，要尽可能地多想，用联想的方式打开思路。追求联想的数量是这个阶段的主要目标。

比如：书的联想——

性质：纸张—树木

方向：好书—净化心灵

方向：坏书—对人的不良影响—心灵上的，最后造成不良后果

时空：古代书籍的样子—现在的样子—信息时代与书的关系—竹简—古书—电脑—信息—手机

延伸：书是一种载体

结构：纸张与文字的关系

形状：方形—长方形

（2）发散完之后，找到一个比较新颖的点进行深入思考，确定一个主题，也就是自己造个句子，如"书是人类进步的阶梯"，"书到用时方恨少"，"书是人的精神食粮"，"书中是另一个世界"，"书是一扇窗"，然后找到一个物品与书进行结合，这样创意就产生了。

（3）设计的手法主要有拟人、重组、比喻、投影等，这些手法可以单独使用，也可以交叉使用，以得到更好的效果。

拟人，也就是把物件赋予人的感情或者行为的设计手法。

重组，就是把两种或者多种物件根据它们形态的相似点，进行局部的置换的设计手法。

比喻，就像写文章一样，把一种物件比喻成另外一种物件。

投影，也就是把物件的投影置换成另一种物件，达到表达主题的目的。

除此之外，大家平时应该多看好的广告招贴，开阔自己的思路和眼界。"读书破万卷，下笔如有神"，设计也是一样的，一定要多看，多思考，把别人的优点学过来转化为自己的东西。

3. 思维表现法

（1）和谐：从狭义上理解，和谐的平面设计是对比而又统一的，不是乏味单调或杂乱无章的。广义上理解，是在判断两种以上的要素，或部分与部分的相互关系时，各部分给我们的感觉和意识是一种整体协调的关系。

（2）对比：把质或量反差很大的两个要素成功地配列在一起，使人感觉鲜明强烈而又具有统一感，使主体更加鲜明，作品更加活跃。

（3）对称：假定在一个图形的中央设定一条垂直线，将其左右两个部分的图形完全相等，这就是对称图。

（4）平衡：从在平面设计中指的是根据图像的体量、大小、轻重、色彩和材质的分布在视觉判断上的平衡。

（5）比例：是指部分与部分，或部分与全体之间的数量关系。

（6）重心：画面的中心点，就是视觉的重心点。画面图像的轮廓的变化，图形的聚散，色彩或明暗的分布都可对视觉中心产生影响。

（7）节奏："节奏"这个具有时间感的词用在构成设计上，指以同一要素连续重复时所产生的运动感。

（8）韵律：平面构成中单纯的单元组合重复易于单调，由有规律变化的形象或色群间以数比、等比处理排列，使之产生音乐的旋律感，称为韵律。

（图 4-2-5 ～图 4-2-8）

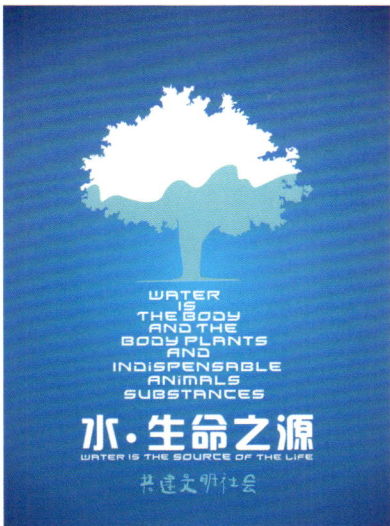

图 4-2-5　文字图形表现法

图 4-2-6　对比颜色表现法

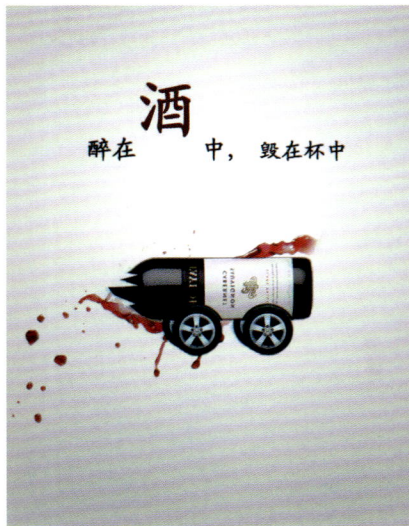

图 4-2-7　画面冲击力表现法

图 4-2-8　图形元素表现法

4. 画面表现法

（1）试卷的主题确定之后就是表现了。平面创意类的试卷讲究的是画面的表现力和强烈的视觉冲击力，因此颜色要简洁、协调、干净、醒目，切忌色彩杂乱。同时也要注意到色彩面积大小对比的问题。

（2）平面设计一般需要用比较概括的图形来表达创意，要学会提炼概括物象的形态，用图形化的视觉语言而不是类似于速写的形式去表现。

（3）要一下抓住观者的眼球，就需要强烈的视觉冲击力，构图饱满大气就是很重要的一点。画得太小，阅卷老师第一眼都看不清，怎么能拿到高分呢？

（4）设计最重要的还是创意，一切表现的东西只是为了先把老师的目光吸引过来，让拿高分有个前提的保障。因此，不能一味为了表现，增加过多繁复的装饰或者与主题无关的元素，这样反而喧宾夺主，对拿高分是不利的。

（图 4-2-9 ～图 4-2-12）

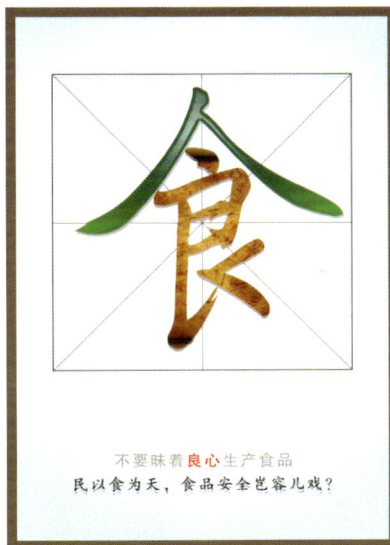

图 4-2-9　结构替换思维

图 4-2-10　元素结合思维

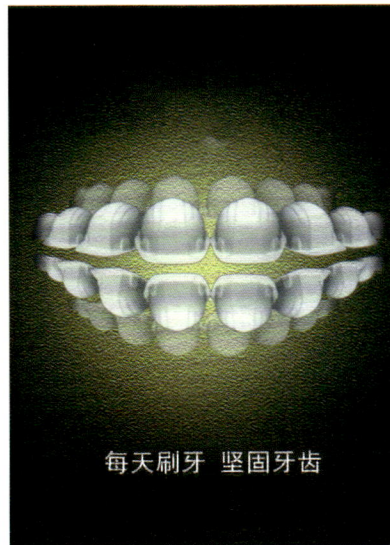

图 4-2-11　元素替换思维

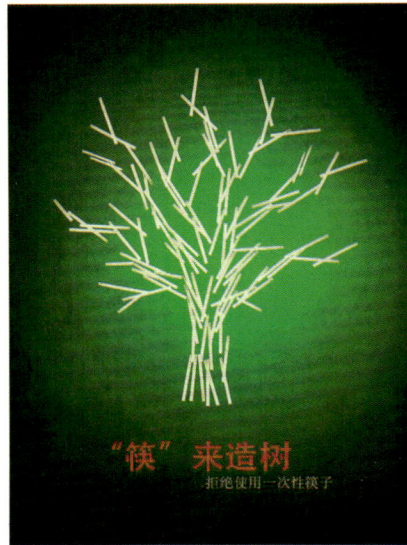

图 4-1-13　图 4-3-12

4.2.4 历年试题剖析

中央美术学院

高分试卷具有新颖创意和优秀精细的表现这两大优点，现在让我们来分析一下高分的试卷到底是什么样的。

【2007 年】

考题内容：距离

考试要求：1. 以图形的方式表现创意画面一个；2. 竖式构图，画面尺寸 20cm×30cm；3. 画面须含有主题文字；4. 色彩不限，使用色笔、水彩、水粉、油画棒均可；5. 画面统一加黑色线条外框，画面之外不得有任何符号，标记任何线条。

解析：此题拿高分的关键在于表现时要以小见大，发散性地思考，使作品主题超越空间上的距离，或赋予空间距离更加深刻的含义。它考验了学生在生活中的积累和捕捉。所以，是否创意新颖成为了这个题目最重要的一点，能脱颖而出的试卷一定是最有独到之处的！

【2008 年】

考题内容：game（游戏）

用图形表现，画面构图横竖不限，画面尺寸 20cm×30cm，画面须含有主题文字，色彩不限，使用色笔、水彩、油画棒均可，不得使用立体材质或拼贴材料。画面统一加黑色单线外框。

解析：这是一个字体题目，它既是名词又是动词，所以在考虑题目时可以从这两个方向去发散思维。因为题目会导致考生的画面效果千差万别，所以，保证一个好看的色调和简练精妙的画面感就十分重要了。考题有很多硬性要求，这些是一定要遵循的。另外这次的考题也考验了对英文字体的书写和运用。

【2009 年】

考题内容：手机

考题要求：1. 根据命题进行创意设计；2. 限创意稿一幅；3. 表现手法不限；4. 不能出现命题要求以外的文字；5. 不能出现现有商标；6. 不能破坏纸面；7. 不能附加其他材料。

解析：这年的考题是一个很具体的名词，这也是同时告知了大家这个物件的属性。聪明的同学应该学会从"手机"的属性、功能、用途等方面着手去思考。而且在画面上的造型也基本有了方向，所以也同样要注意画面的重点形象的出现，不要跑题。在考题要求中也出现了几个不能，一定不要冒犯。

【2010 年】

考题内容：喜

考试要求：1. 根据命题进行创意设计；2. 画出三张小稿，选择出其中一幅完成大稿；3. 表现手法不限；4. 不能破坏纸面；5. 不能附加其他材料。

解析："喜"这个字可以说很传统也很直接，这也就需要考生有发散的思维，运用头脑风暴的方式找到个人的观点，来"解释"这个"喜"。如果创意直白传统，就失去了创意"喜"的意义了。3+1 的题目虽然大稿最重要，但是不要忽视小稿，小稿的创意和色调直接影响大稿的效果！

【2011 年】

考题内容：颠倒

考试要求：根据命题进行创意设计。

解析：这年的考题很有意思，题目似乎是提出一种设计方法，同时，这个题目也是一个动作或者一种状态！这就给了考生一些思考的方向，可以从动作和状态上做文章，考验的也是考生对生活中一些观念、现象的个人看法。这就看谁在生活中眼光敏锐，能发掘一些巧妙新颖的点。

【2012 年】

设计：以钥匙为主体，与其他物体结合进行设计，主题自定。两个设计方案，尺寸为 15cm×15cm。

解析：钥匙是人们的日常生活用品，同时又有引申义。我们在绘画前首先确定自己要表达什么样的内容，然后利用思维迁移将其与钥匙联系在一起，进行细节的图案推敲形成画面感。这个过程中我们可以往钥匙与思想之间找到一个词，通过它将两者联系起来。

【2013 年】

题目：线的两端

考试要求：根据命题进行创意设计。

解析：我们可以将题目分成两个点：第一个点是线，如何利用线这个物品，首先要想到它的用途特点，线是连接的一种工具，是捆绑的一种工具，也可以是拴的一种工具；其次是怎么利用线的用途。第二点便是两端，我们这时要思考的便是两端分别是什么。然后回到第一点的用途上，将两者结合在一起，便可以很好地将创意表达出来。

【2014 年】

题目：浮

解析：以动词作为题目的方式在平面考试中非常常见。我们可以从多个方面理解浮这个词。从词的本身属性上，抓住浮的动词特点，画面一定要能体现浮的感觉。选择特定的表现形式，套入自己要表达的意思，例如社会上突出的房价过高问题或者是人口老龄化问题等。也可以从思想层面出发，例如引申到浮华、浮躁等含义，然后联系社会现实中人们对于物质的生活浮华追求，对于精神层面的忽视，或者人们对待工作的浮躁情绪等等。

4.2.5 命题作品剖析

学习技巧：

请把历年考题分析归类，找到考题的出题思路，明确平面设计的考点是什么。然后自己擅长的表现语言去处理题目创意。解题的每一个步骤都很重要。拿到题目后，首先是对题目的分解与联想。可以明确的是一个题目不管如何变化，其考察要点与解题思路是相通的，题目不是要考倒你，是测试你设计思维能力在哪个层面上。你的设计定位决定了你的最终结果。换句话说，就是你知识结构的问题。眼界、情怀、观察、阅读、积累、记忆等这些设计关键词就是你要注意的地方。

其次就是设计思维的考查。要切实理解"异质同构"与"同构异质"，前一个是发散思维把不同性质的东西找到一些共同点组合在一起，构成创意画面，例如 2012 年、2013 年的考题；后一个是聚合思维，把相同类型的东西找到细微区别地方组合在一起，构成创意画面，例如 2009 年、2014 年考题。

再就是技法上的造型问题、色彩问题、构图问题。最后是考试时间的分配问题。（图 4-2-13 ～图 4-2-97）

时光流逝 一去不复返

记叙整个人生

图 4-2-13

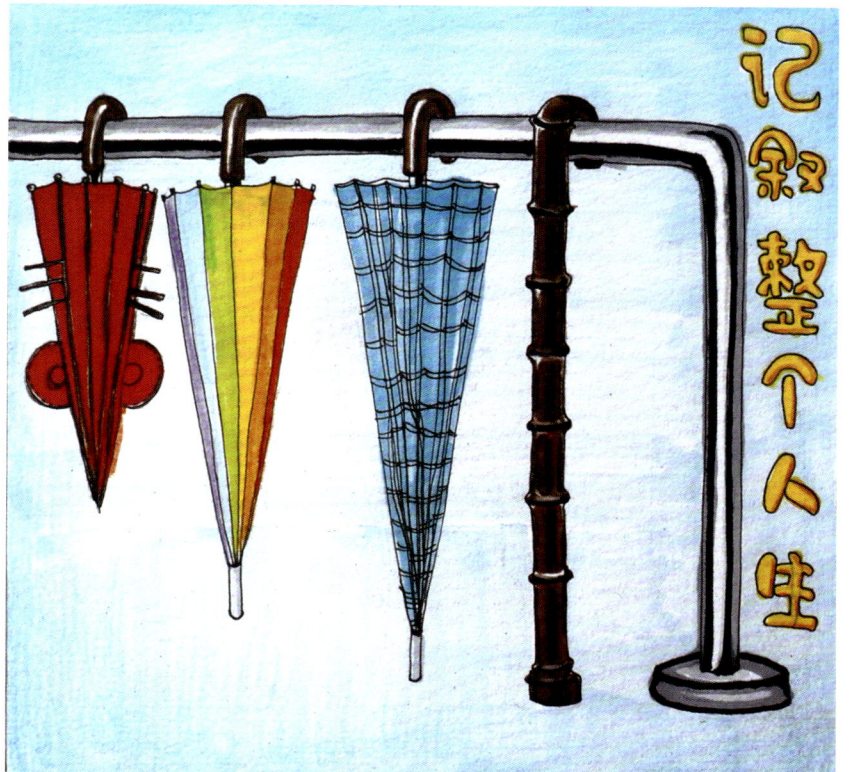

图 4-2-14 统一元素在不同时段的对比

交通 规则，为生命 撑伞。

与自然和谐相处是给
人类最好的礼物。

图 4-2-15 两种元素在形式上的同构结合

图 4-2-16 礼物包装与双向元素的结合

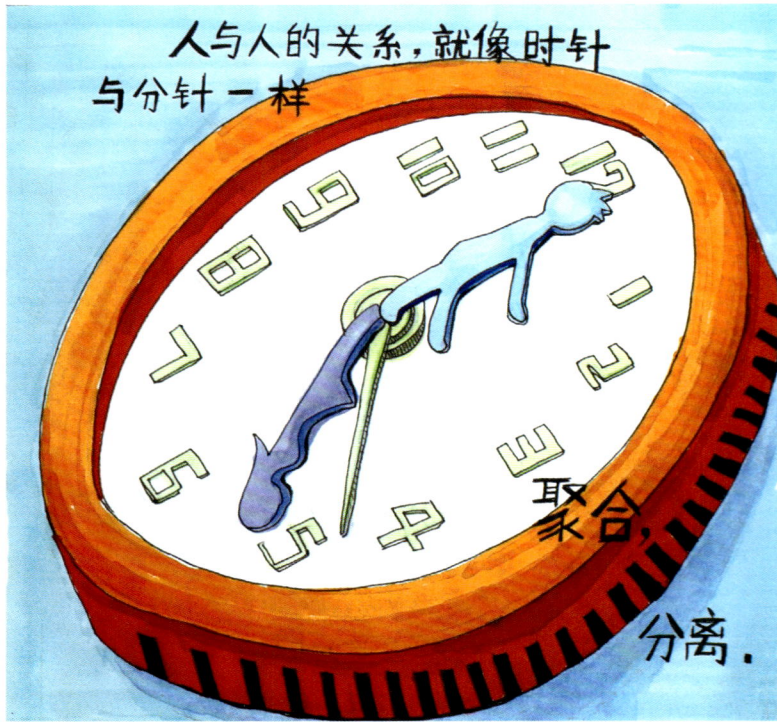

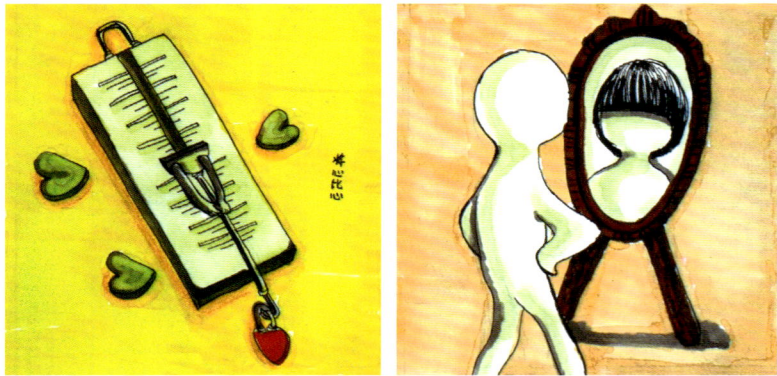

图 4-2-17

图 4-2-19

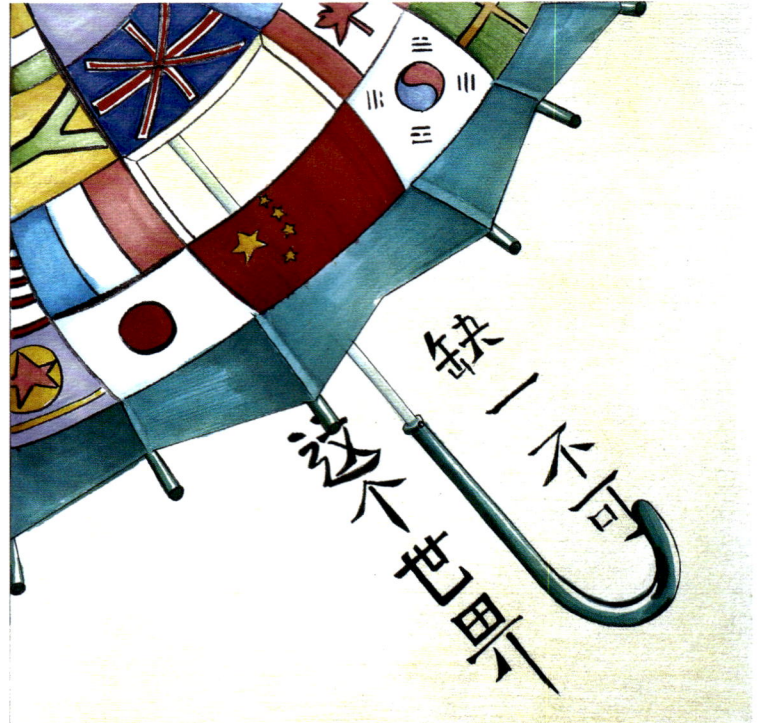

图 4-2-18 将元素结合后替换。通过元素的自身功能和特点交代主题。

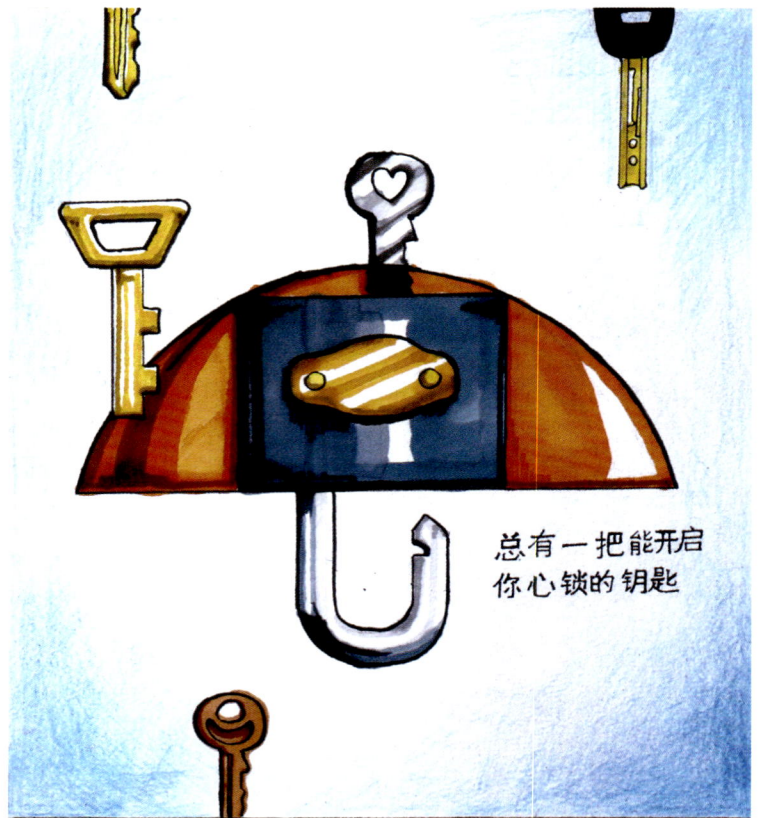

总有一把能开启
你心锁的钥匙

图 4-2-20

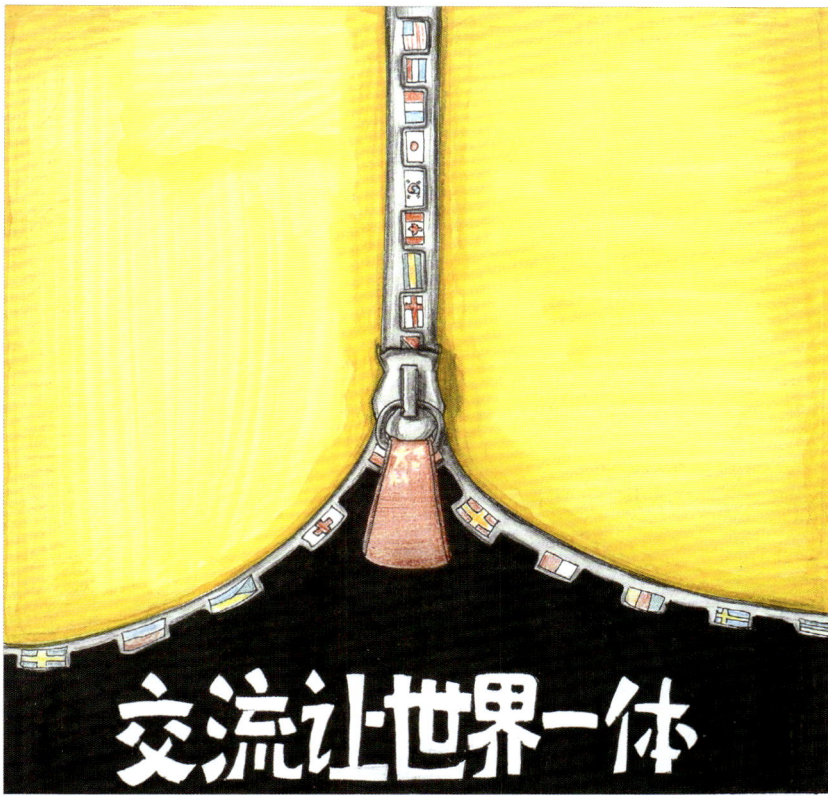

图 4-2-21

图 4-2-22

图 4-2-23

图 4-2-24

图 4-2-25

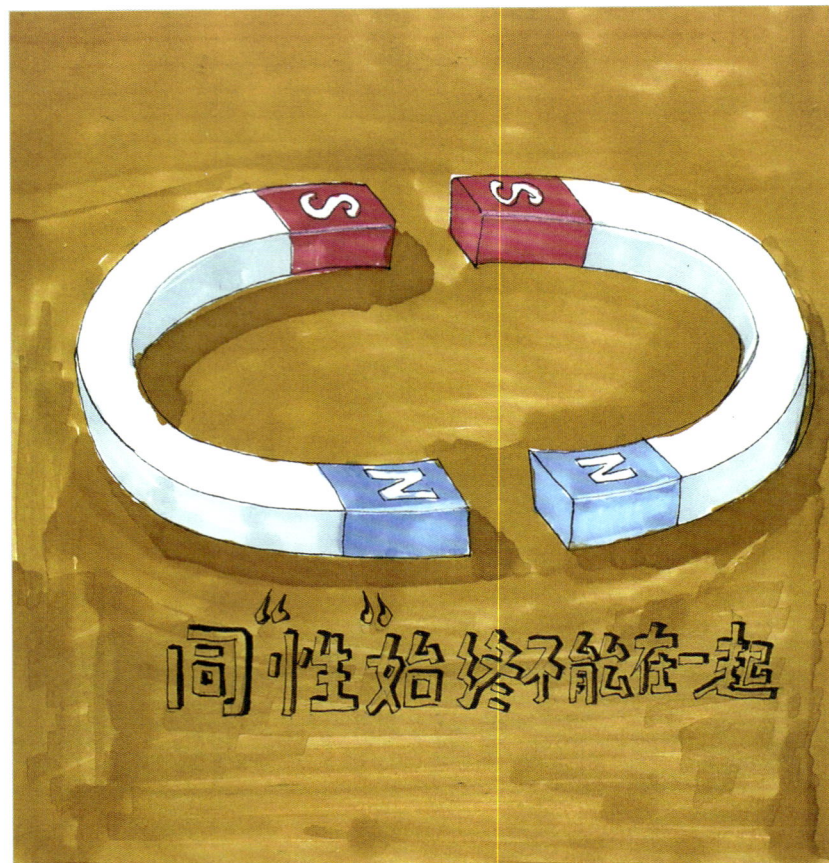

图 4-2-26

图 4-2-27

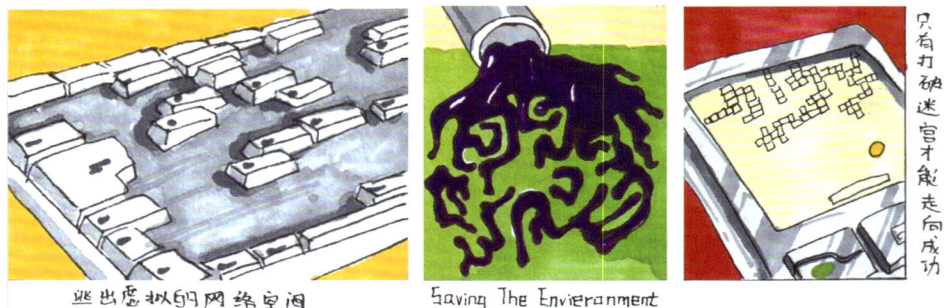

图 4-2-28　用键盘的形式感与迷宫的形式感进行相似的结合，进而交代主题

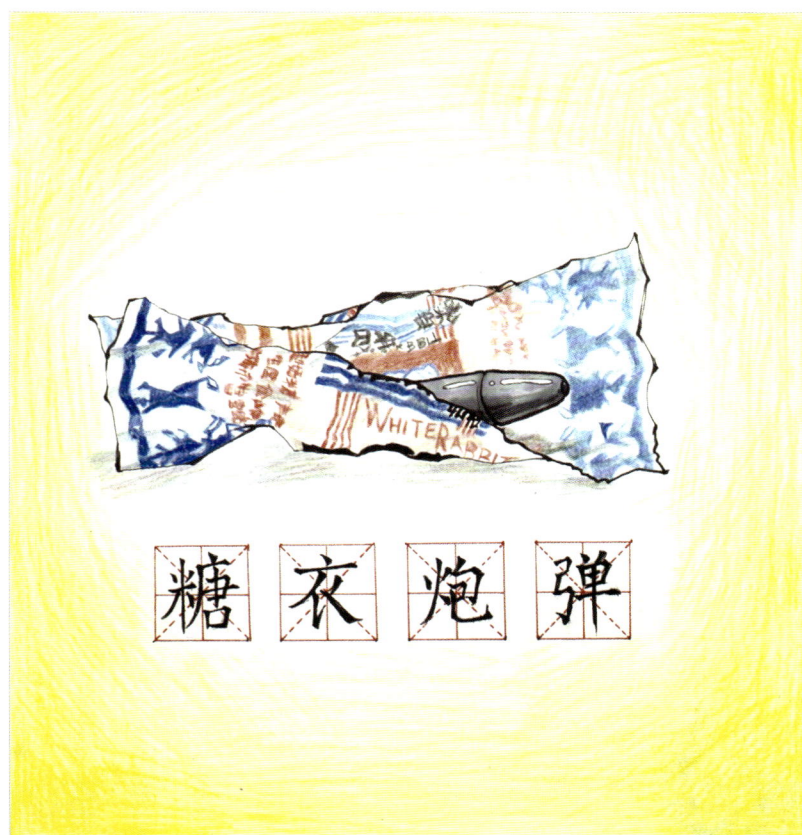

图 4-2-29

图 4-2-30

图 4-2-31 元素表达干净、整洁、清晰，元素的替换方式也很得当

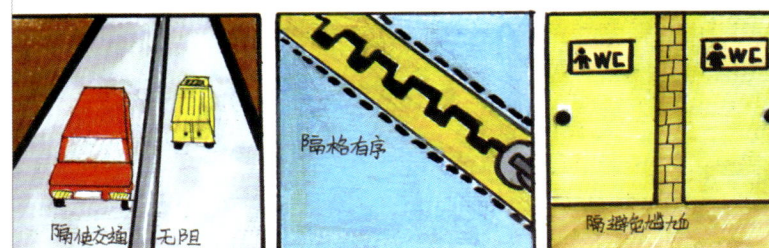

图 4-2-32

图 4-2-33 细致的刻画让主题表现的非常干脆

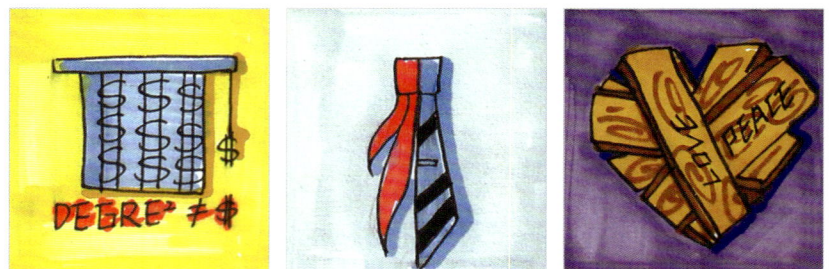

图 4-2-34

图 4-2-35

图 4-2-36 注重画面的形式表达 表现非常充实

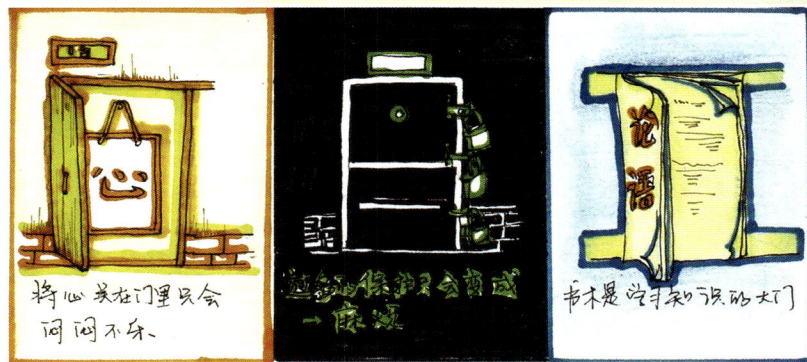

图 4-2-37

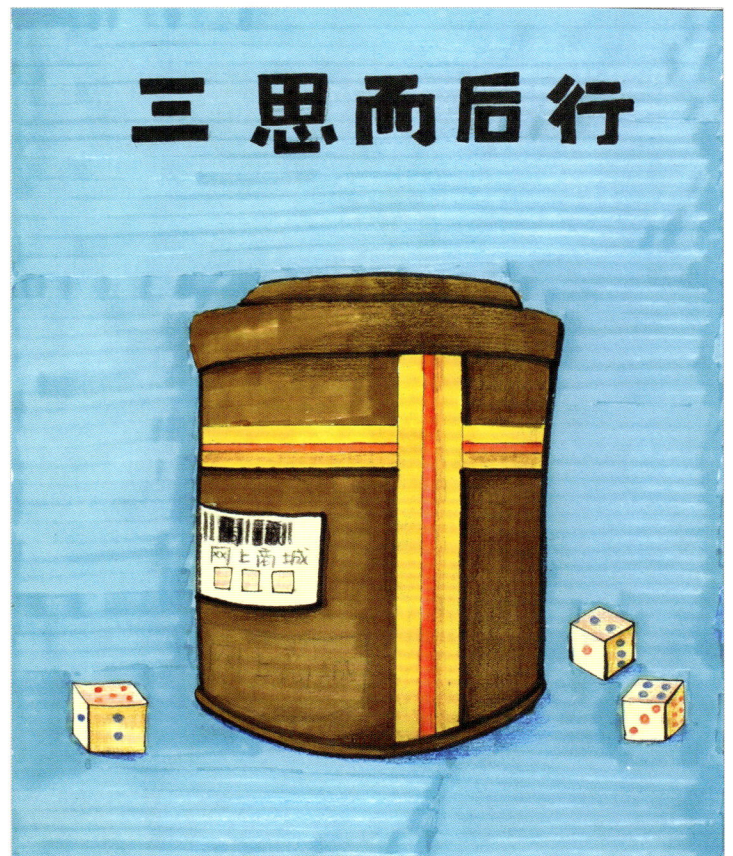

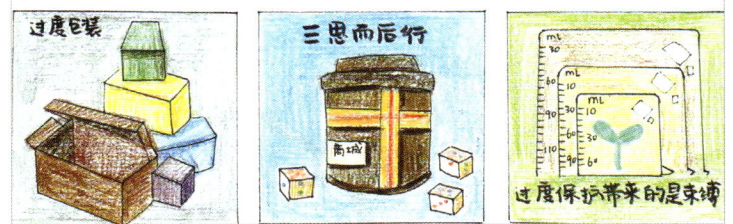

图 4-2-38

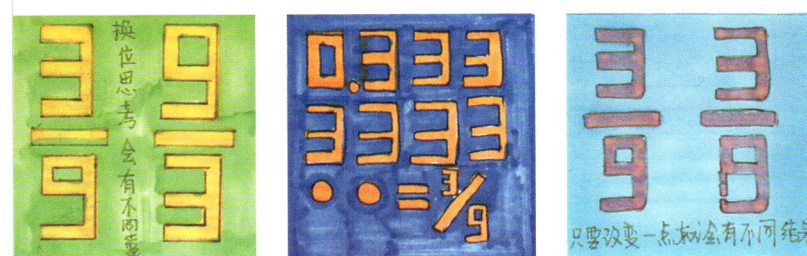

图 4-2-39

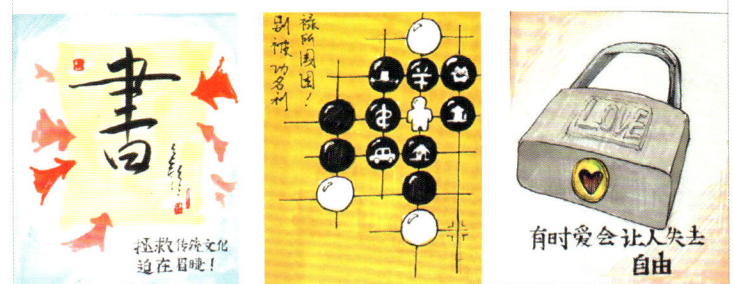

图 4-2-40

图 4-2-41 细致的刻画让主题表现的非常干脆

图 4-2-42

图 4-2-43

图 4-2-44

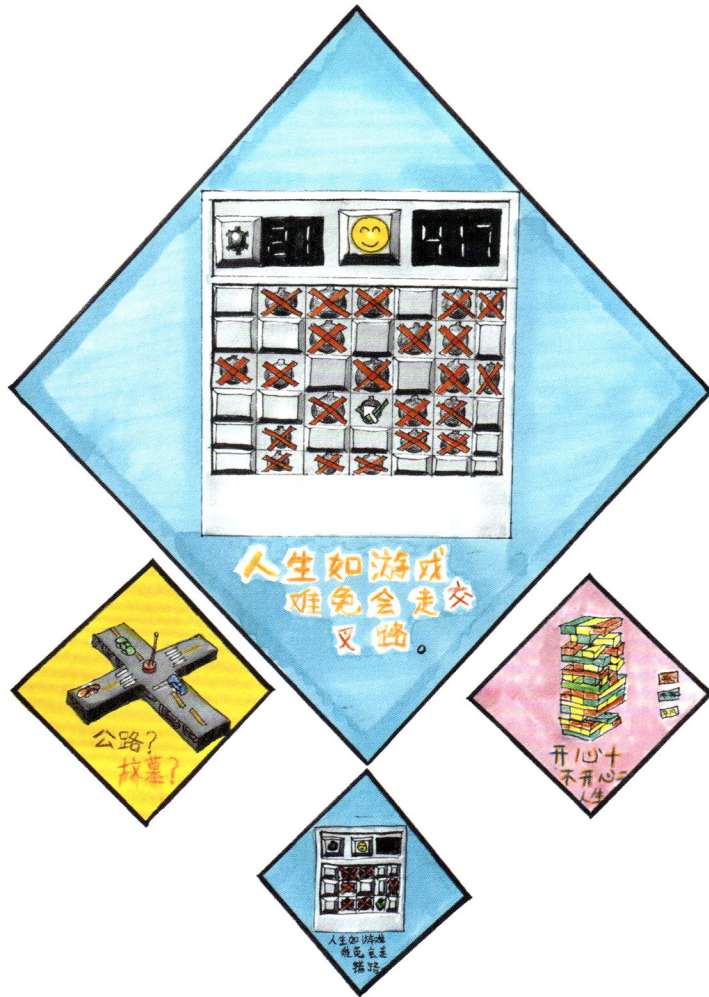

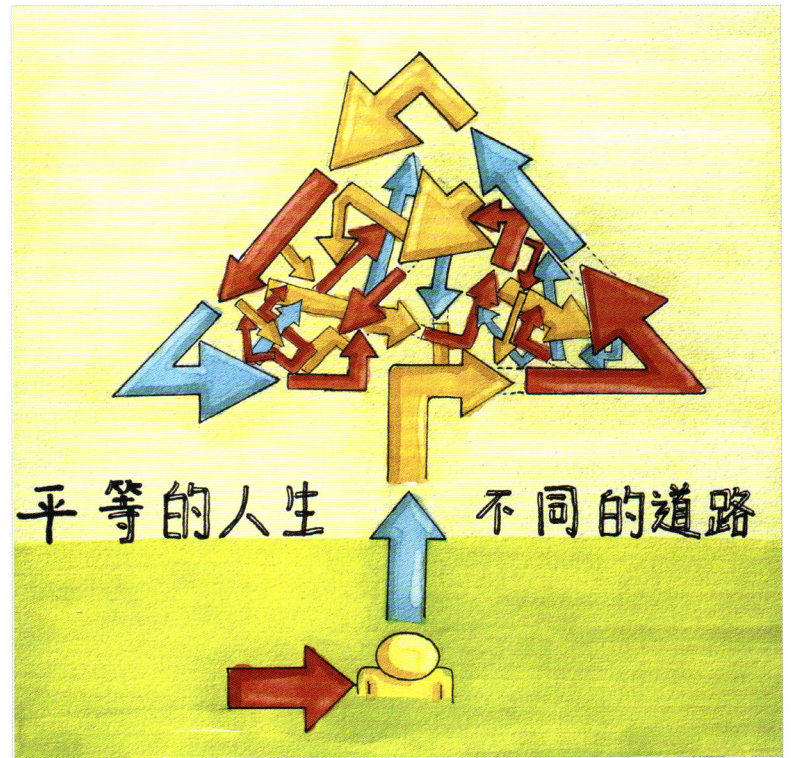

图 4-2-45

图 4-2-46

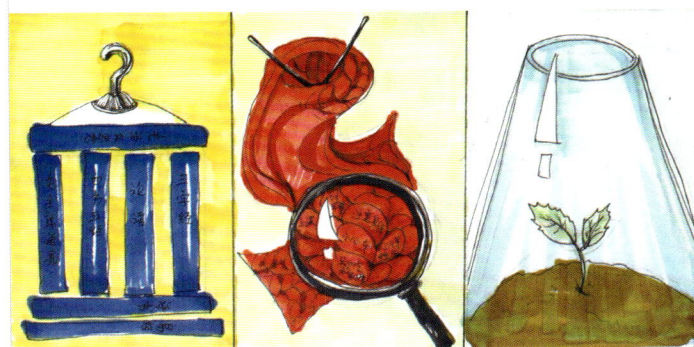

图 4-2-47

图 4-2-48

图 4-2-49

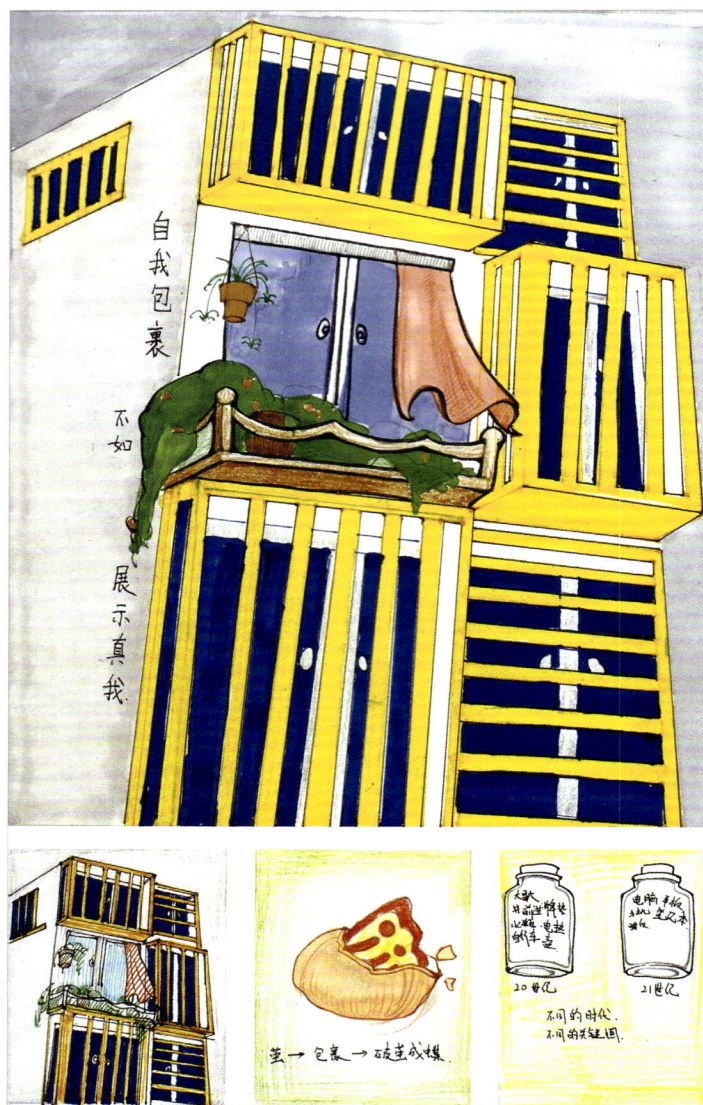

图 4-2-50

图 4-2-51　将物理学原理与含义相结合，巧妙表达了主题并且很好理解。

图 4-2-52　物极必反的表达方式是平面构成中非常常用的手段。

图 4-2-53

图 4-2-54

图 4-2-55

图 4-2-56

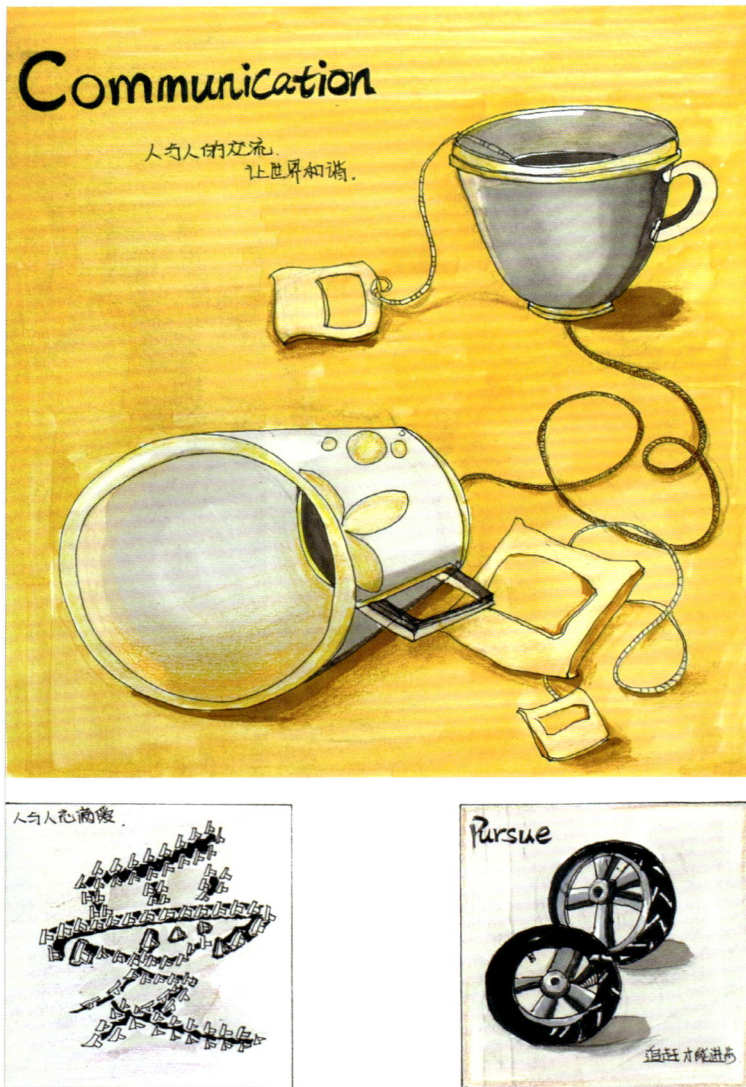

图 4-2-57 元素与元素的同构处理

图 4-2-58 不同的颜色与不同的内容融合，并以同等形式进行对比。

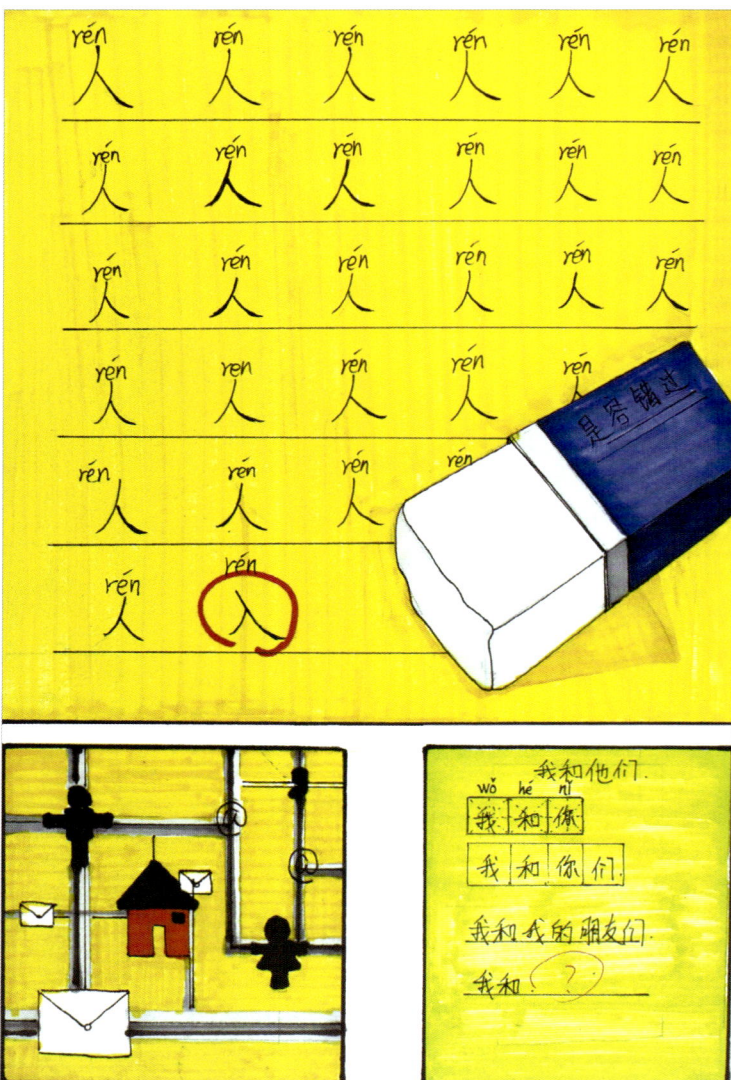

图 4-2-59

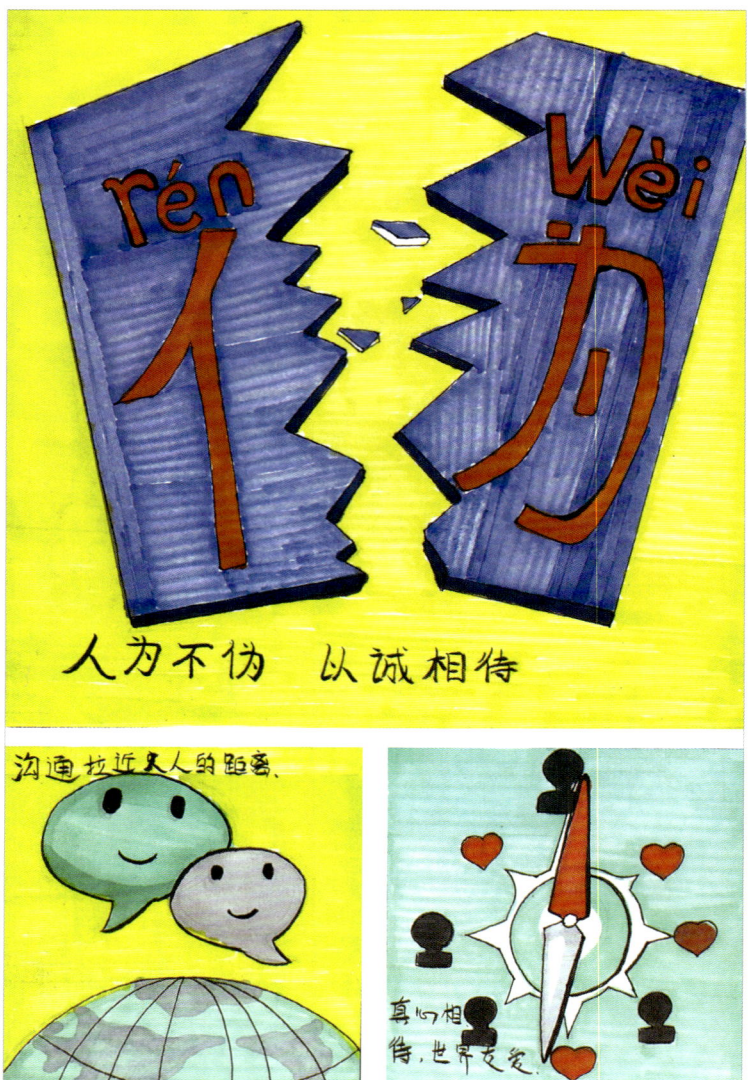

图 4-2-60

与其恢复，
不如回味。

回家，是最好的
礼物。

他们的回家，需要帮助

图 4-2-61

4 + 4 = 8
4 × 4 = 16
有时候，换个角度就能事半功倍。

囚 ← 合

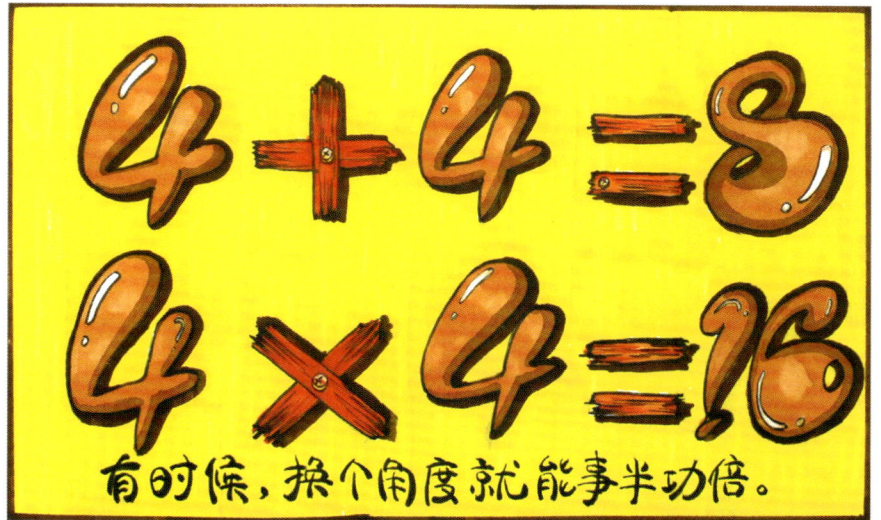

图 4-2-62 善于运用生活中常见的元素。

正 — 负
能否颠倒？

图 4-2-63 用干净的黑白色彩表现正负，恰当的运用了色彩

科 技
将世界连在一起

图 4-2-64

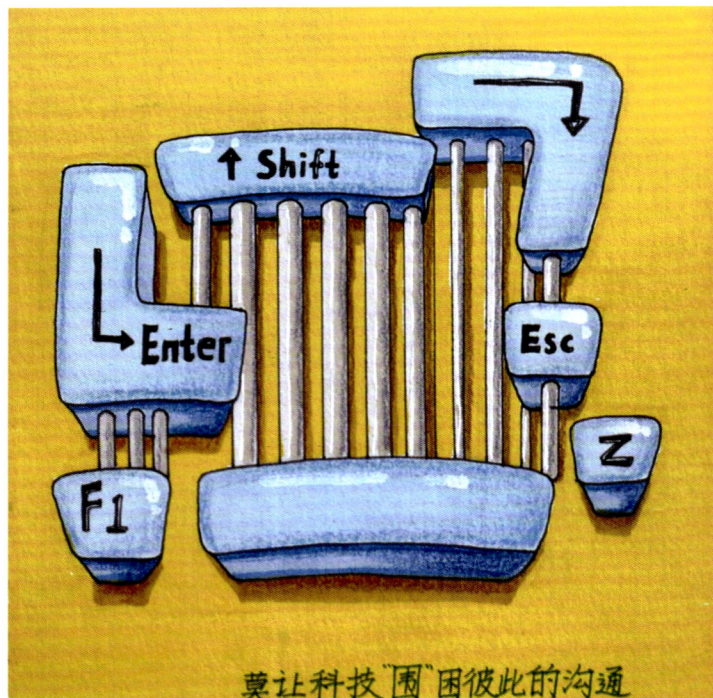

莫让科技"围"困彼此的沟通

图 4-2-65

生命的圈套

图 4-2-66

图 4-2-67

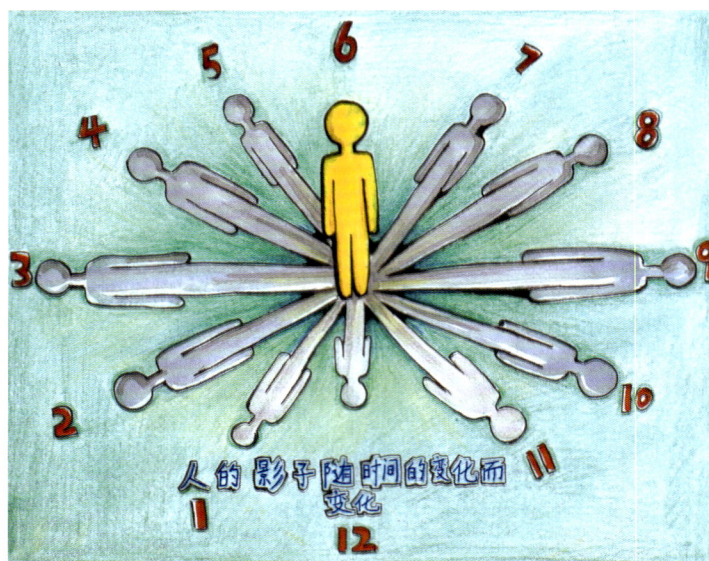

人的影子随时间的变化而变化

图 4-2-68

图 4-2-69

时间能带走一切

图 4-2-70

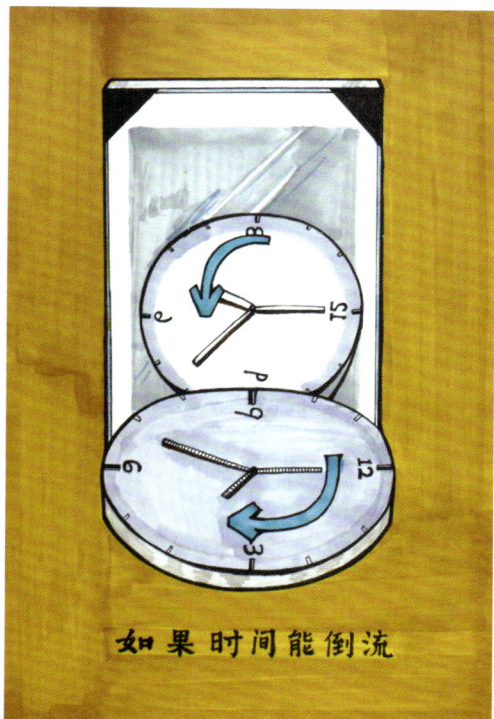

如果时间能倒流

图 4-2-71

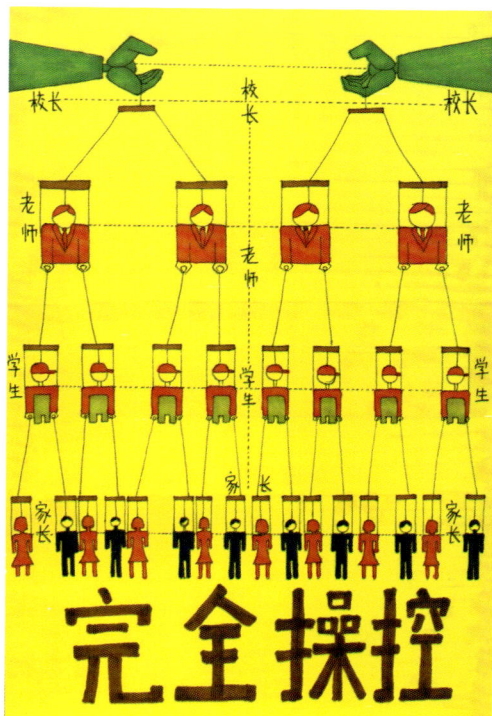

完全操控

图 4-2-73

物以类聚
人以群分

图 4-2-73

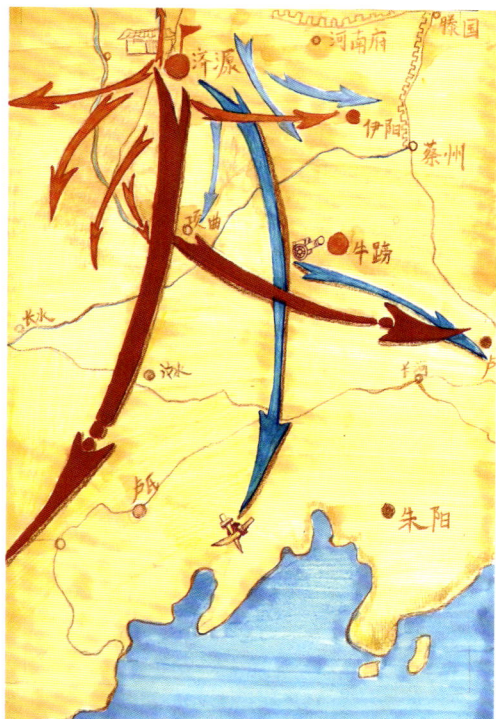

图 4-2-74

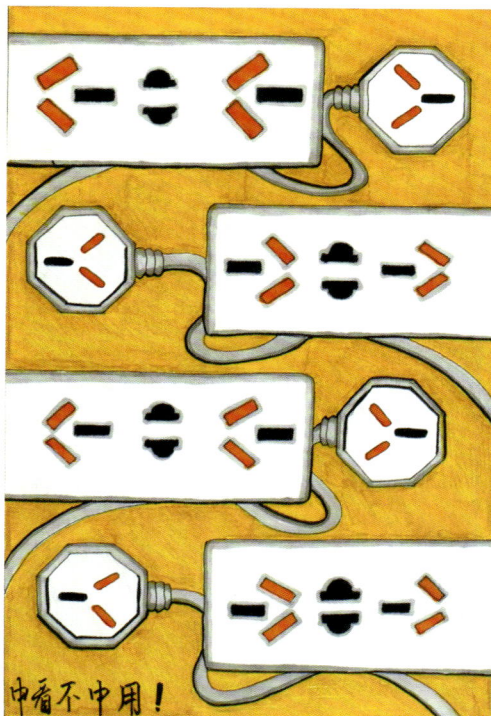

中看不中用！

图 4-2-75

这就是我们和大自然

图 4-2-76

图 4-2-77

图 4-2-78

图 4-2-79

图 4-2-80

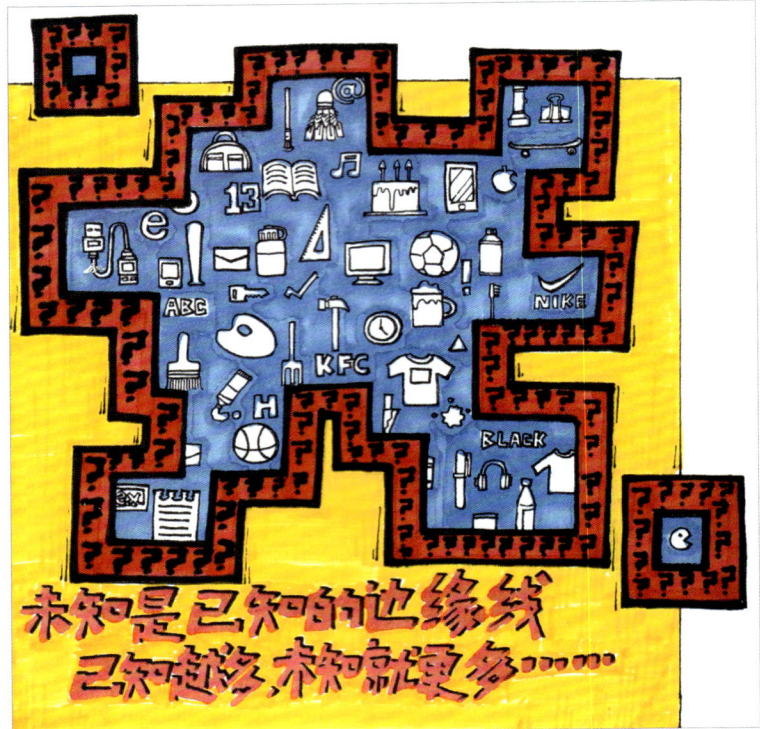

图 4-2-81

图 4-2-82

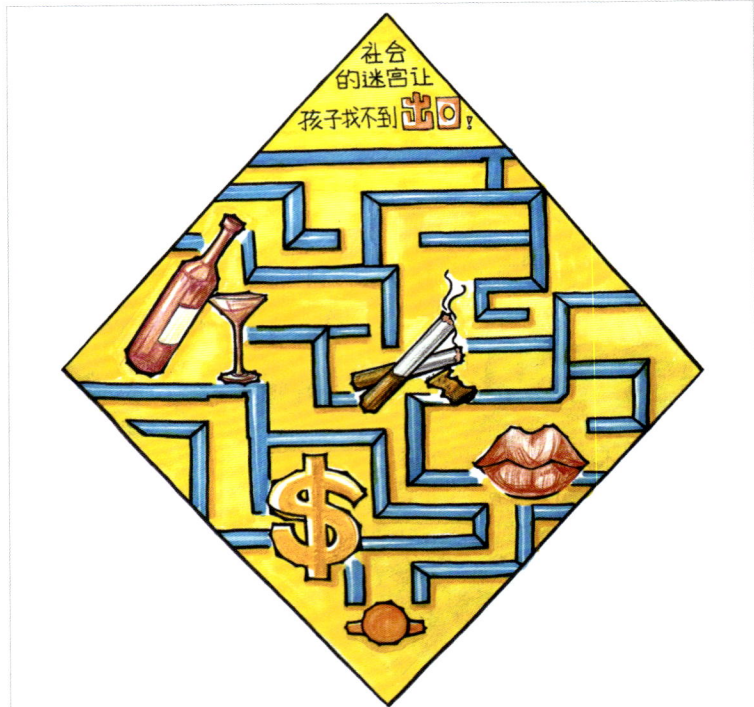

图 4-2-83

图 4-2-84

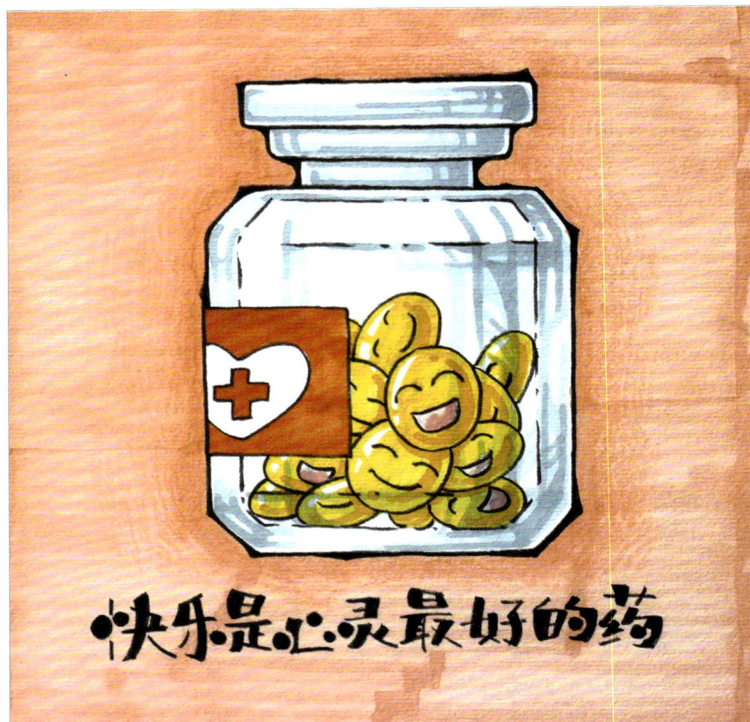

图 4-2-85

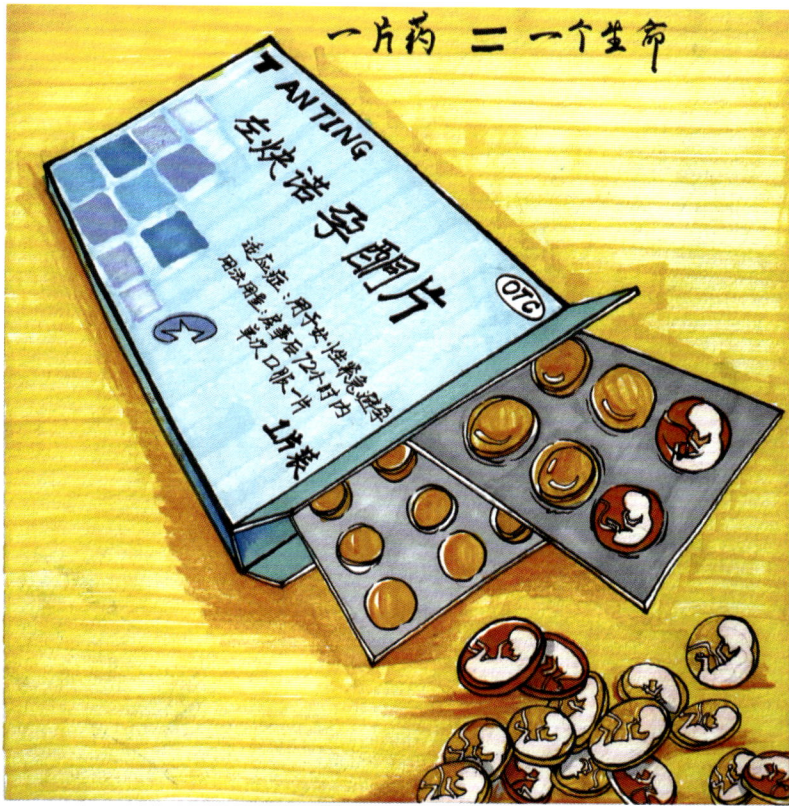

一片药 二 一个生命

TANTING
左炔诺孕酮片

OTC

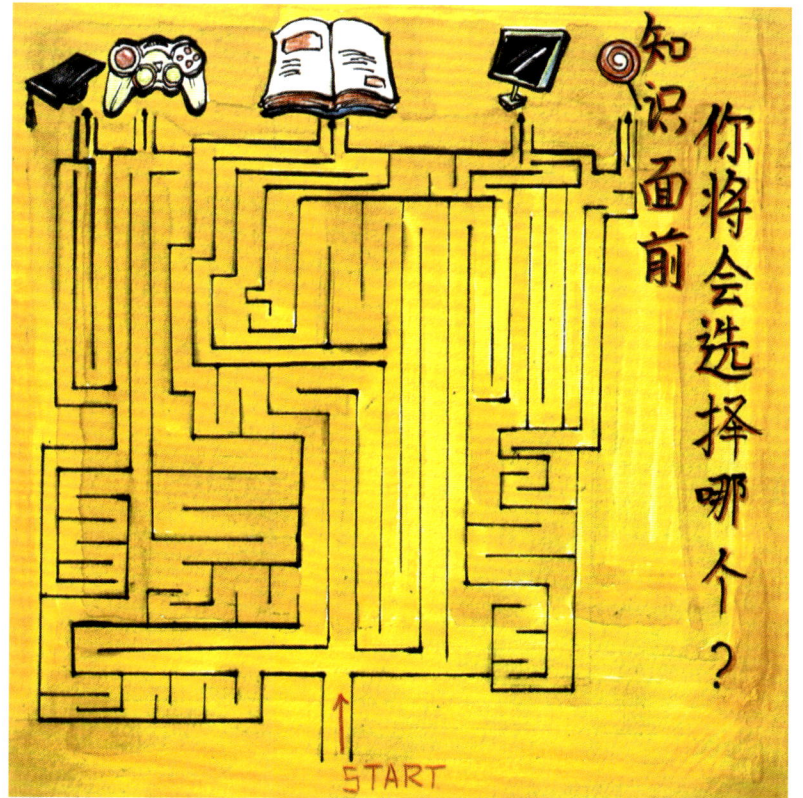

知识面前 你将会选择哪个？

START

图 4-2-86　药片的本身形状与其功能的联系，加上药片形体图案的处理。

图 4-2-87　迷宫的出口与不同物体所指代事物的联系。

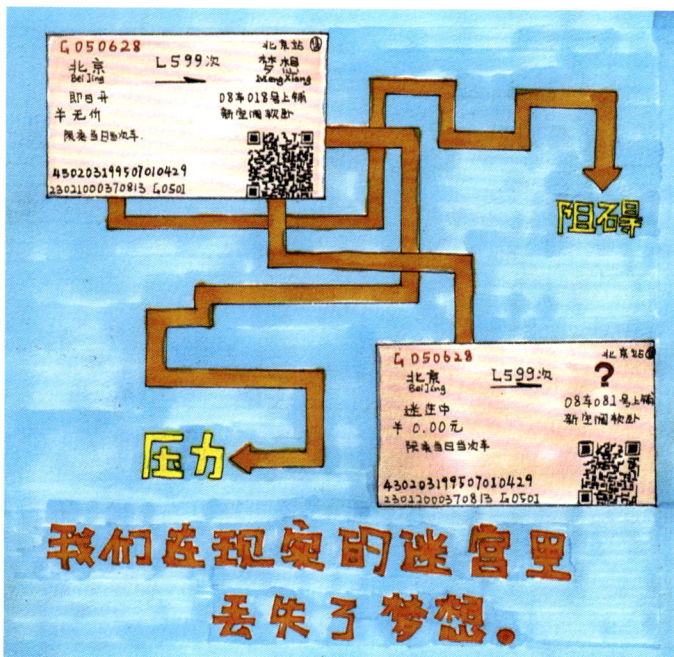

我们在现实的迷宫里
丢失了梦想。

图 4-2-88

似是而非

图 4-2-89

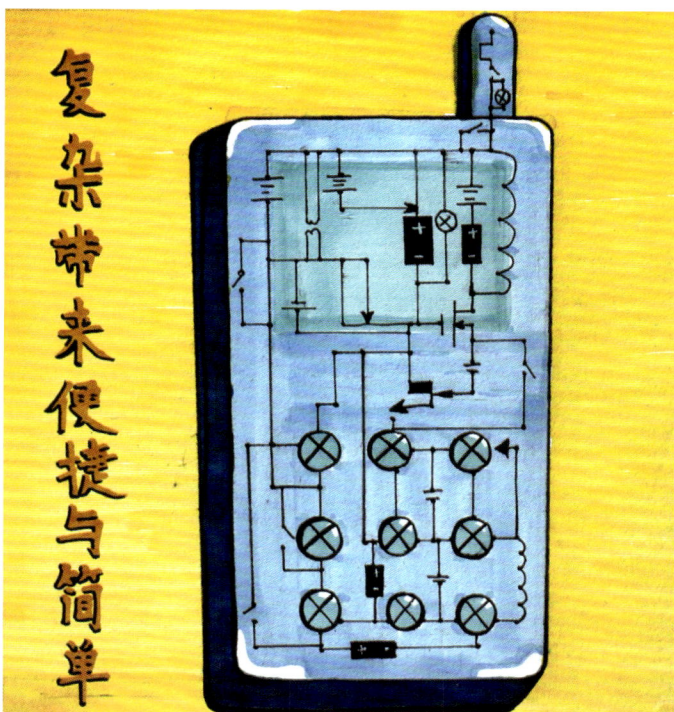

复杂带来便捷与简单

图 4-2-90

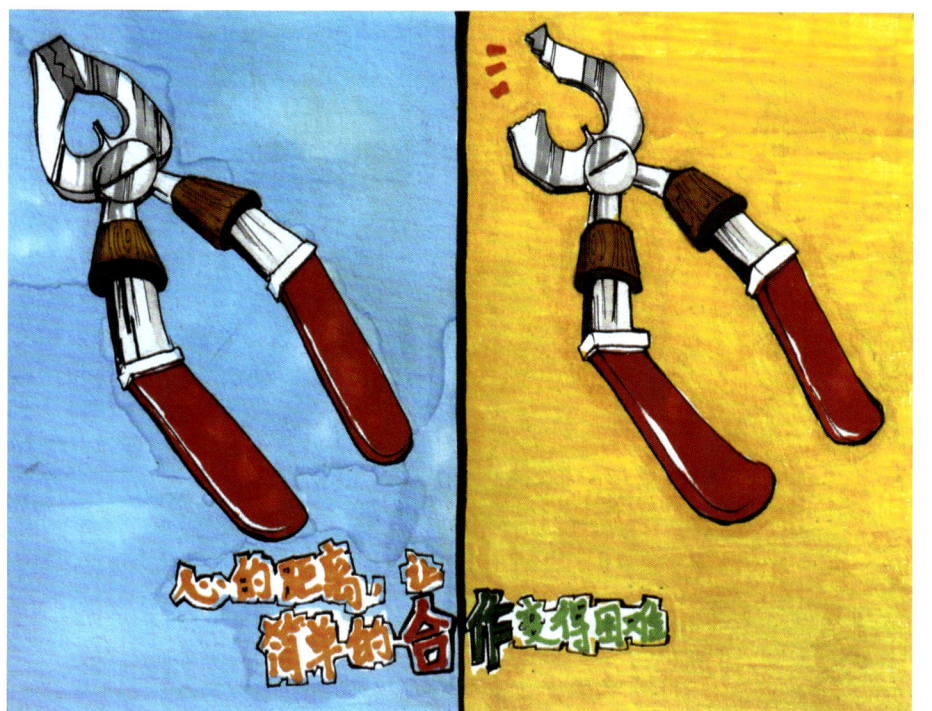

心的距离 远 许多的合作

图 4-2-91

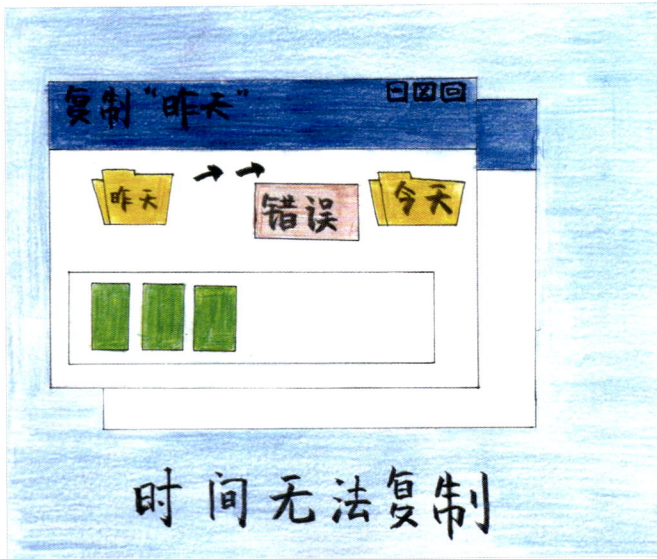

时间无法复制

图 4-2-92

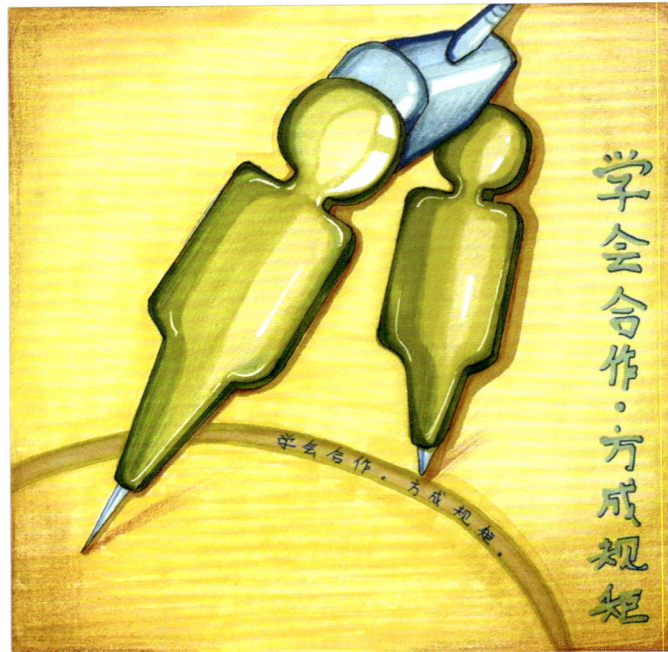

学会合作·方成规矩

图 4-2-93

时间
是最好的调味品

图 4-2-94

我们的家在融化

图 4-2-95

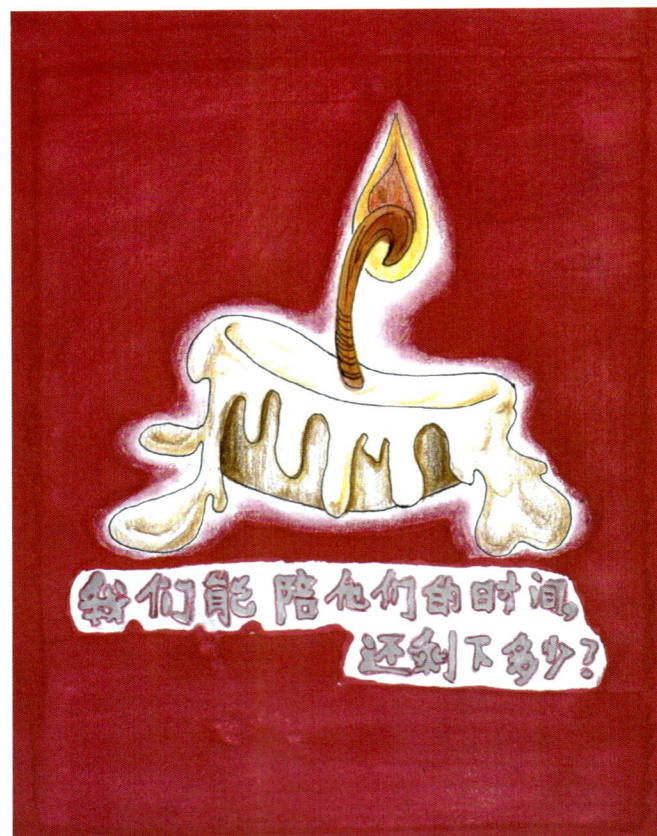

我们能陪他们的时间，
还剩下多少？

图 4-2-96

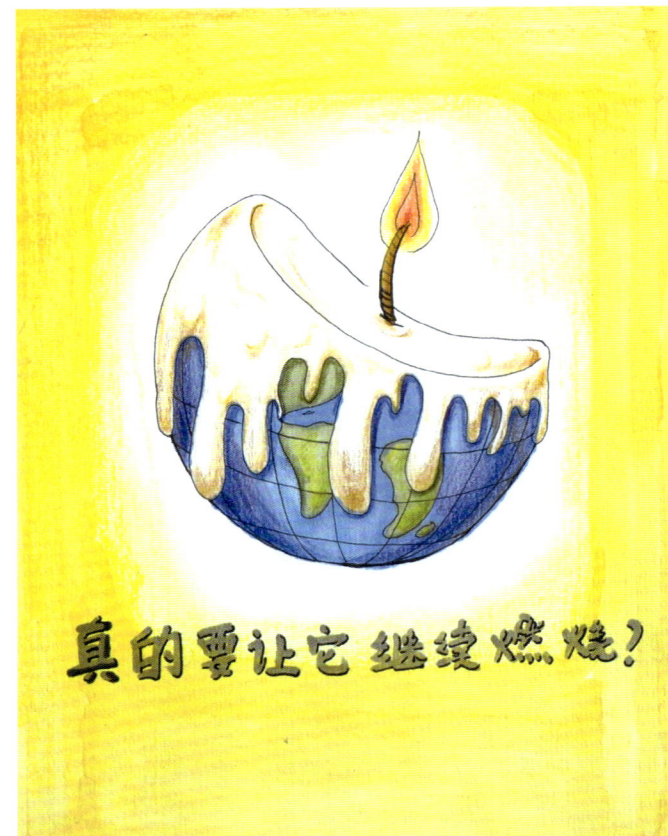

真的要让它 继续燃烧！

图 4-2-97

5.1 初步认知

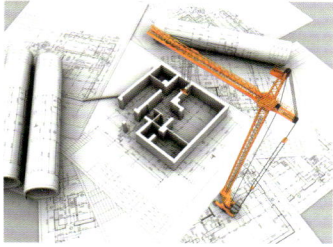

5.2 应试

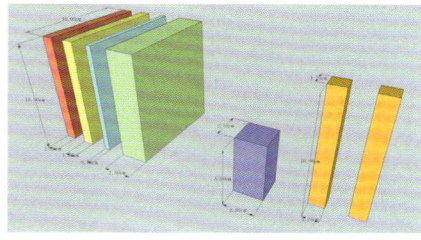

第5章
立体构成

学习立体构成的概念建立自身的空间意识。
按照书本程序逐步系统的学习立体构成。
弄清考题解答方式与做题思路。
掌握空间常用处理方式与处理技巧。

5.1
初步认知

5.1.1　概述

　　立体构成是以点、线、面、对称、肌理来研究空间立体形态的学科，研究立体造型各元素的构成法则。其任务是，揭开立体造型的基本规律，阐明立体设计的基本原理。

　　立体构成是现代艺术设计的基础构成之一。但是"构成主义"中的"构成"一词与我们要谈的"构成"有很大区别。"构成"的源头，首先是来自20世纪初在苏联的构成主义运动。"包豪斯"（Bauhaus），20世纪著名的设计学院，从成立到被迫关闭只有短短的13年时间，却培养出了一批在各个设计领域中领先的人才。崭新的设计理论和设计教育思想使包豪斯成为现代设计的发源地。包豪斯的艺术教育家们提出了"艺术与技术相结合"的教育理念。构成教育自20世纪80年代初开始引入我国，成为我国所有艺术院校共用的基础课程。日本的大学不仅把构成教育作为基础课程，而且使之成为一门专业，取得了突出的成绩。（图5-1-1）

图 5-1-1

5.1.2　特点

　　立体构成是一门研究在三维空间中如何将立体造型要素按照一定的原则组合成富于个性美的立体形态的学科。（图5-1-2）

　　整个立体构成的过程是一个分割与组合的过程。任何形态可以还原到点、线、面，而点、线、面又可以组合成任何形态。

　　立体构成的探求包括对材料形、色、质等心理效能的探求和材料强度、加工工艺等物理效能的探求这样几个方面。

　　立体构成是对实际的空间和形体之间的关系进行研究和探讨的过程。空间的范围决定了人类活动和生存的世界，而空间却又受占据空间的形体的限制。艺术家要在空间里表述自己的设想，自然要创造空间里的形体。

　　立体构成中形态与形状有着本质的区别，物体中的某个形状仅是形态无数个面中的一个，而形态是由无数形状构成的一个综合体。

图 5-1-2

5.1.3 考点

*考试要求

完整的立体构成试卷要包括轴测图、三视图，图面表达一定要完整，在制图方面力求准确，空间形象表达清晰无误，效果干净利落。色彩运用上要统一简洁。（图5-1-3）

*空间整体

空间整体是对立体空间的基本要求，要求合理组织空间形态，将个人的理解融入空间形态当中去，空间关系丰富，层次关系明显，有体块感和质量感。物体合理穿插，空间形态完整，画面构图有设计。

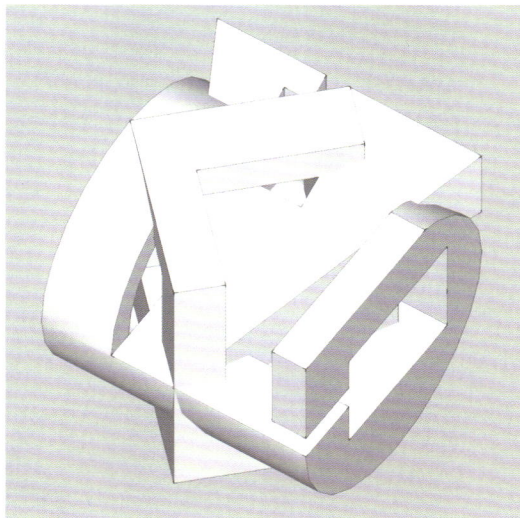

轴测图

顶视图

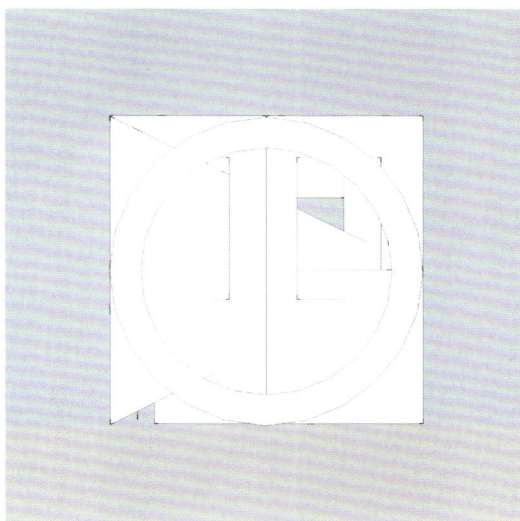

左视图

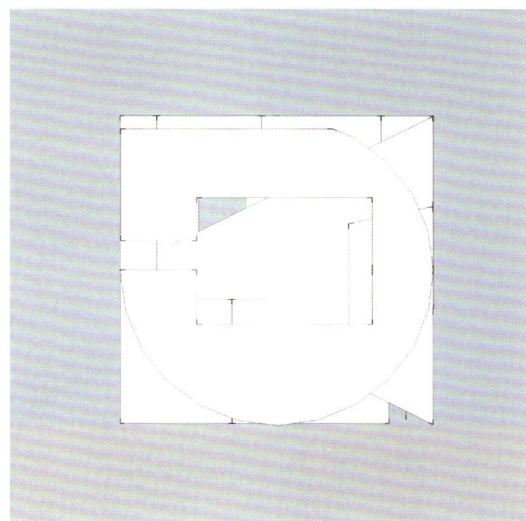

右视图

图5-1-3

*空间形态的想象力、组织力

立体空间形态的想象力，就是说空间构成不能是像建筑、产品或者室内装饰等可见的某种具象事物，而是运用平面立体互相转化的空间思维能力，对造型的几个不同视角作全方位的构想，

和抽象而异常的空间构思。组织能力，是指对立体空间元素的组织能力，要有清晰的思路来组织你的空间元素，如正方体、圆锥体和点线面等，组成丰富的空间后还要具有一定的秩序感。首先，优秀的空间造型不是堆砌出来的，如果整个造型

形态呆板，它必然缺少生气；其次，空间中形态语言也不能过于繁复，这样会造成立体体块丧失整体感而变得零碎。（图5-1-4～图5-1-6）

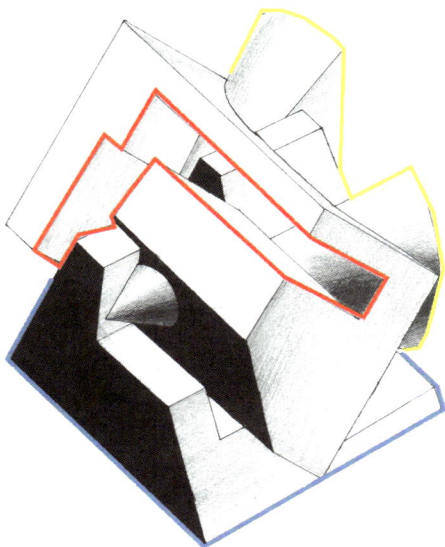

图5-1-4

图5-1-5

图5-1-6

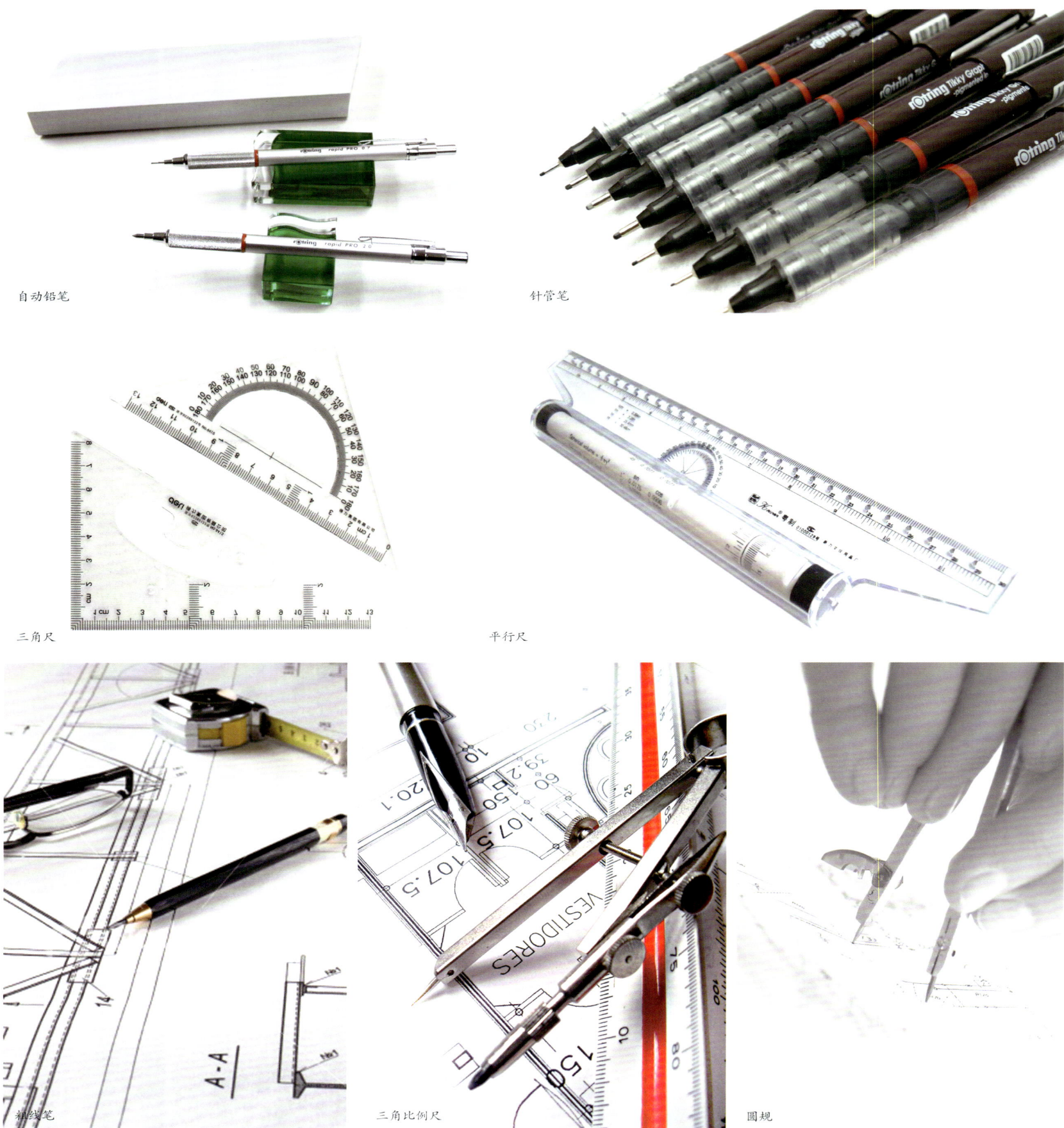

5.1.4　工具

＊立体构成的制图需要用到以下工具

　　立体构成主要是训练学生的空间理解能力和对体量的感知能力，两种能力是进行建筑学习所必备的。换一种说法，就是立体构成也是为建筑设计服务的一门学科，属于建筑设计学习的范畴。正因为这样，立体构成在绘制方面也要严格地按照建筑制图的标准去做，不能马虎，要求严谨。（图5-1-7）

自动铅笔

针管笔

三角尺

平行尺

描线笔

三角比例尺

圆规

图 5-1-7

5.1.5　制图

用平行投影法将物体连同确定该物体的直角坐标系一起沿不平行于任一坐标平面的方向投射到一个投影面上，所得到的图形，称作轴测图。

轴测图是一种单面投影图，在一个投影面上能同时反映出物体三个坐标面的形状，并接近于人们的视觉习惯，形象、逼真、富有立体感。应试轴测图最大的特点就是无透视，同方向边长相等。（图 5-1-8、图 5-1-9）

在立体构成考试中，题目中一般对轴测图的夹角度数是有要求的，可以分成三类，分别是夹角为 30°/60°、45°/45°、30°/45°。（图 5-1-10 ~ 图 5-1-12）

图 5-1-8

图 5-1-9

轴测图绘制方法

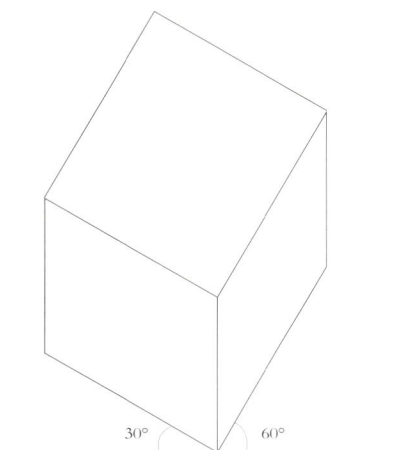

30°　　60°

图 5-1-10

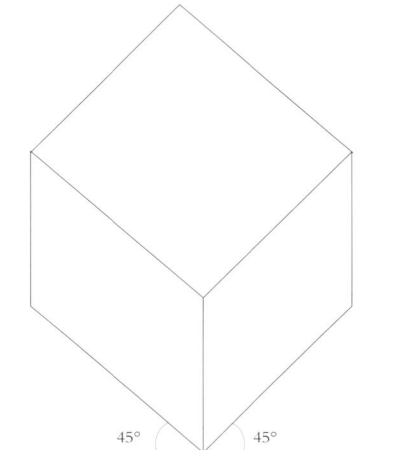

45°　　45°

图 5-1-11

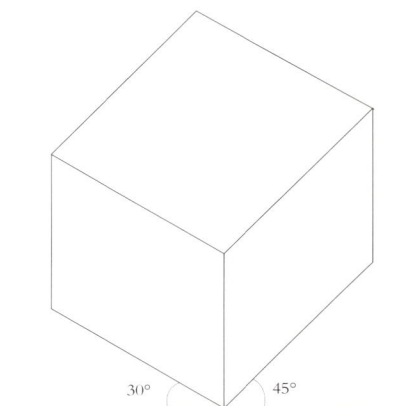

30°　　45°

图 5-1-12

5.1.6 立体构成学习步骤

立体构成的学习就像数学题一样，用逻辑思维的方式进行训练。

将每一步理解后进行练习，并且在上一步的基础上学习下一步的训练。目的是培养自己良好的立体空间感。首先我们可以进行一些准备工作，先进行立体形体的思维推导训练。在特定的正方体体块内，用不同的切割穿插组合方式进行处理。培养自己对空间构成的兴趣。

准备工作：先进行立体形体的思维推导训练 （图 5-1-13、图 5-1-14）

图 5-1-13

图 5-1-14

第1步：减法练习

立体构成学习第一步，是要锻炼大家的立体构成感觉。这阶段的练习大家针对一个简单的体去进行切割，开始可以切下一个体块。完成后大家就会找到切割后形成面的规律。然后可以适当地增加难度，一次性切掉三个体块，切的过程中就要注意立构形体的整体性。不要一直在一个地方切割，每切一块体下来都有它的用处，是与空间呼应还是调节平衡。忌讳切得小气，切成奶酪状、蜂窝状。切割过程应整体而大气，这样形成的虚实空间才会"整"，不会有破碎感。（图5-1-15 ~ 图5-1-17）

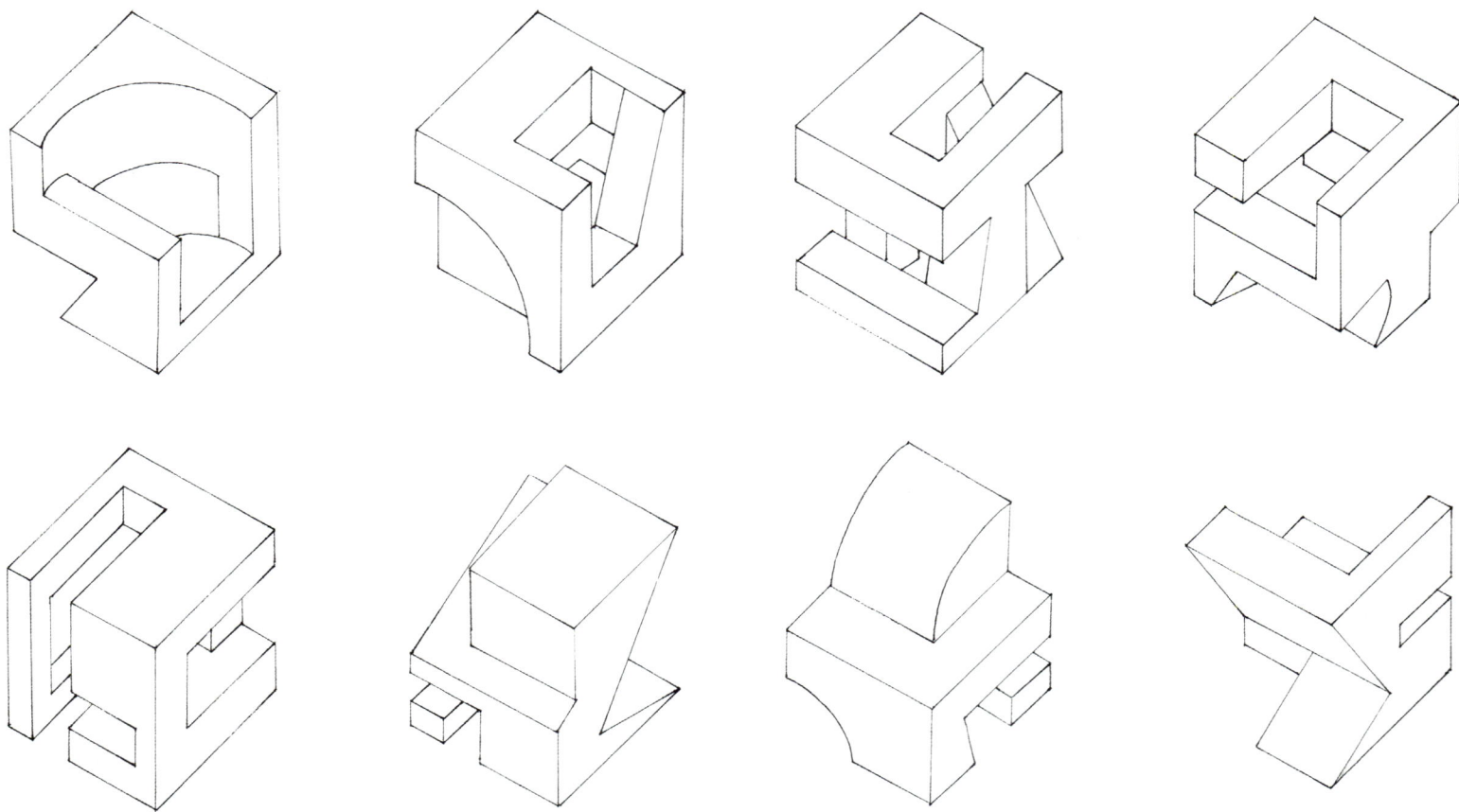

图 5-1-15

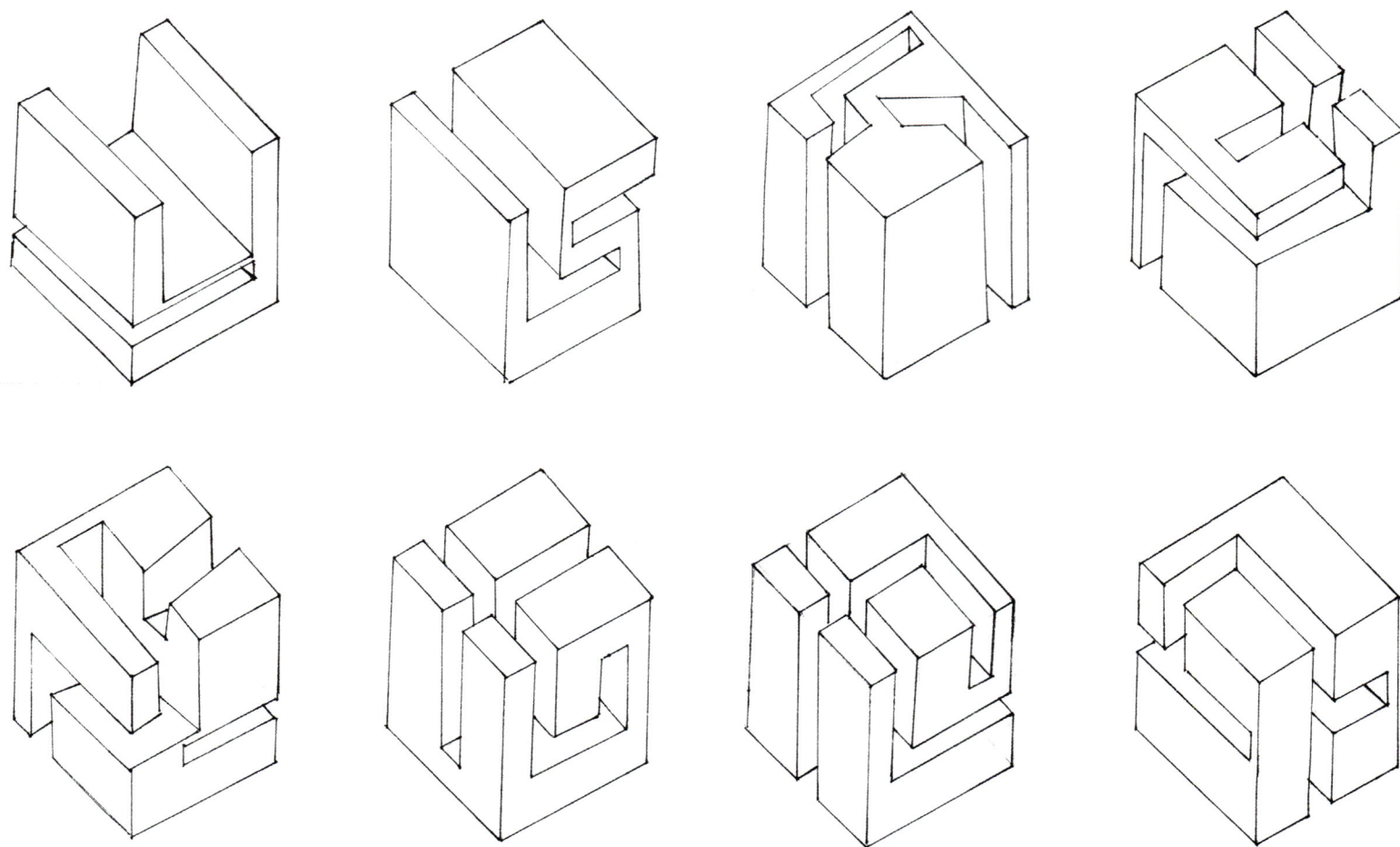

图 5-1-16

图 5-1-17

第2步：九宫格立构入门法

　　九宫格练习法是进入立体构成练习的必经步骤。题目是以九宫格为顶视图，将其立方体划分成27个小立方体，然后将小立方体进行挪动消除，最后形成立方体。这个题目要求大家注意消除小立方体后形成的虚空间和实空间的对比关系，注意整个立体重量的平衡感。每做完一步都要观察是否符合九宫格的顶视图。（图5-1-18）

图5-1-18

第3步：加法练习

在之前减法的基础上，大家已经了解了如何切割单个，但是在立体构成中，还有一种方式叫做穿插组合，这要求大家很好地将两个物体进行相加，形成一个组合体。加法练习要求我们在组合的过程中学习穿插的方式，学习体与体之间的交线规律。

开始大家可以用两个正方体进行无旋转相交，在完成这个步骤以后可以尝试着单方向去旋转其中的一个体，然后进行穿插，观察交线的变化方式。逐步去做，最后做到三方向旋转。（图5-1-19 ～图5-1-21）

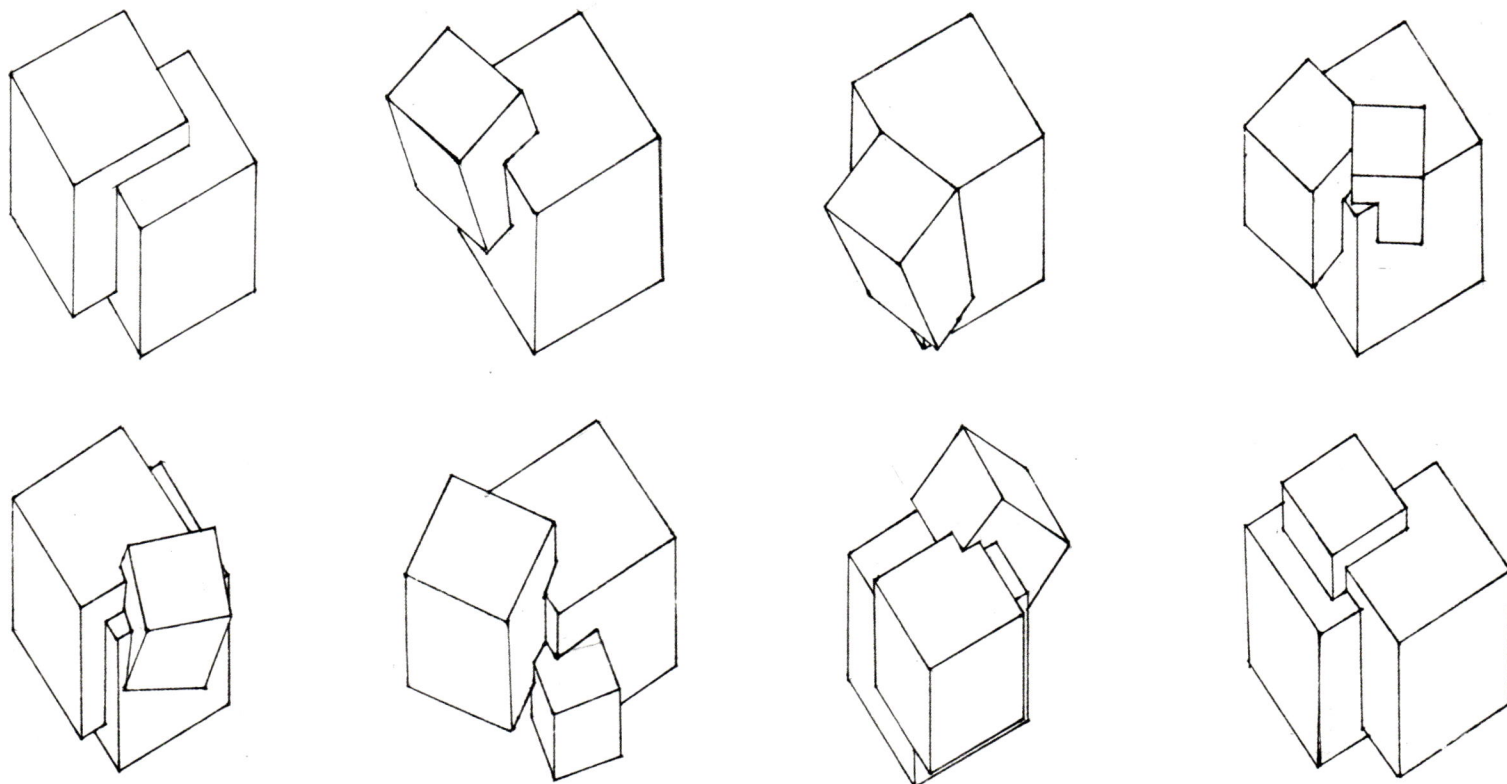

图 5-1-19

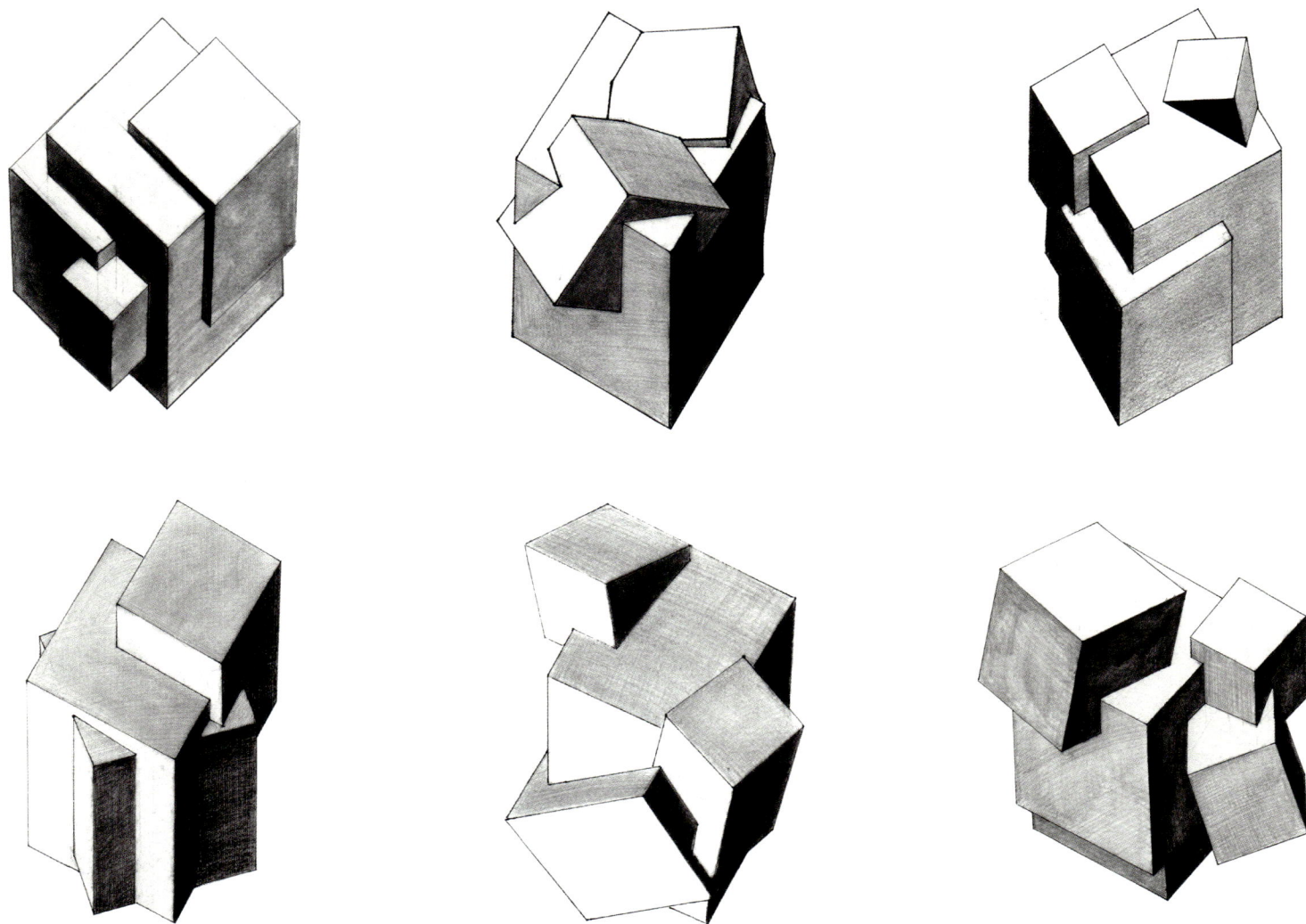

图 5-1-20

图 5-1-21

第 **4** 步：正负形练习

　　正负形切割的空间训练形式是为了锻炼考生对于实体空间与虚体空间的掌控能力。初学立构，最容易犯的错误就是仅仅追求切割后剩余的实体空间美感与体块，忽略了对于虚体空间的研究，将两者完全地脱离开来。（图 5-1-22、图 5-1-23 ）

　　在立体构成中，虚实空间是相互联系、密不可分的，我们在切割一方的同时一定要注意相对体块的形体变化，好的正负形表达最后应该呈现两个相似但又不同的立体构成，同样具备美感，同样具备良好的虚实空间关系，虚体空间的形体和空间形式的好坏直接影响着实体空间的效果。好的立构，正负形都应该具备体块完整、空间感通透的特点。

　　例如我们在切割实体时，如果只是局部切割，不将虚空间进行贯通，那么虚空间实体化后，就会出现有小体块脱离整体漂浮在空中的状态。这就说明了实虚空间相互关联的重要性。

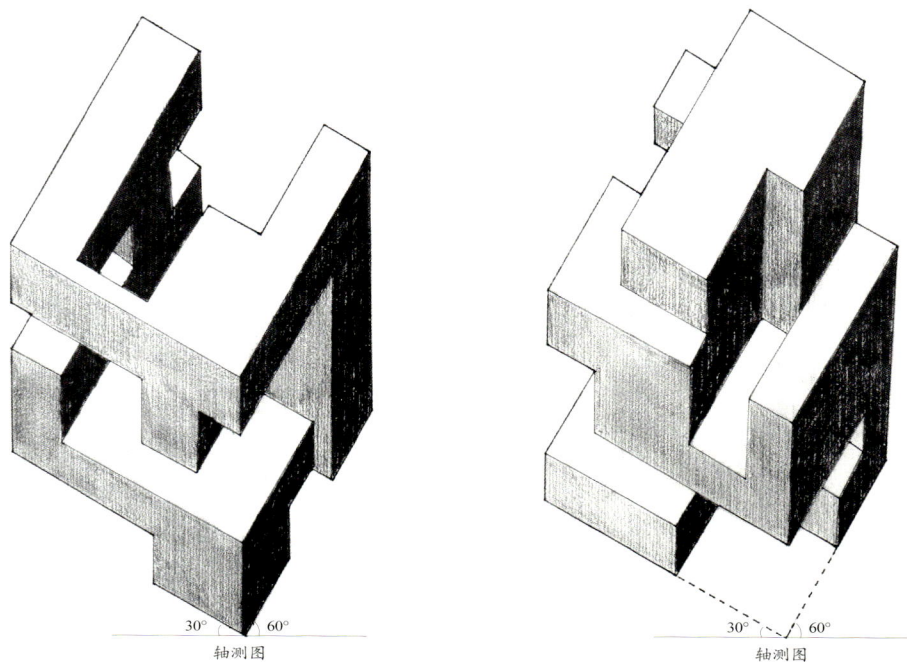

图 5-1-22

图 5-1-23

第5步：三个或四个 L 形穿插

多个 L 形的几何形体穿插，是在九宫格练习法的基础上深化的立构题型。题目中一般会限制 L 形侧面的边长，在 L 形的个数和厚度上由考生自己定，这样的命题方式考查了学生虚空间与实空间的立体取舍能力。L 形的体具有不平衡性，即体的相对位置重量感不等，考生可以利用这个特性在穿插组合过程中调整立构的整体平衡。在穿插过程中，注意尽量避免同方向平行摆放的呆板组合方式，尽量有前后空间关系。这样才能形成更加丰富的空间。（图 5-1-24）

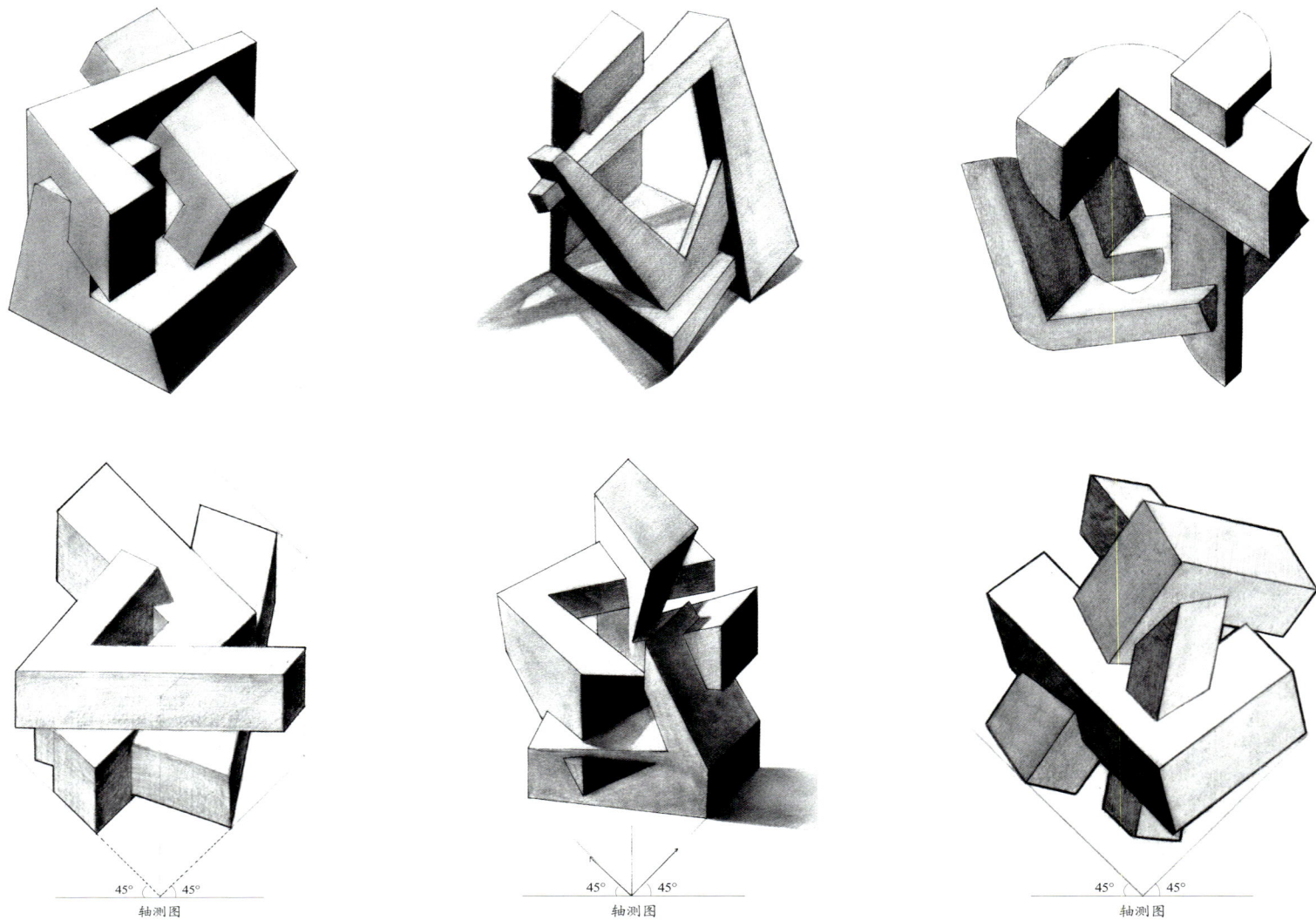

轴测图

轴测图

轴测图

图 5-1-24

第6步：几何形体穿插

几何形体互相穿插是立体构成考查的经典题型。以立方体和圆锥为例，训练考生对曲线体与平行面的交叉关系的理解。不同穿插方向，圆锥会与立方体形成不同的交线。在交线的形成过程中寻找规律，形成交线内外凹与圆锥的插接关系。在表现上也要注意圆锥这一特殊形体的特定表现方式。（图 5-1-25～图 5-1-28）

图 5-1-25

图 5-1-26

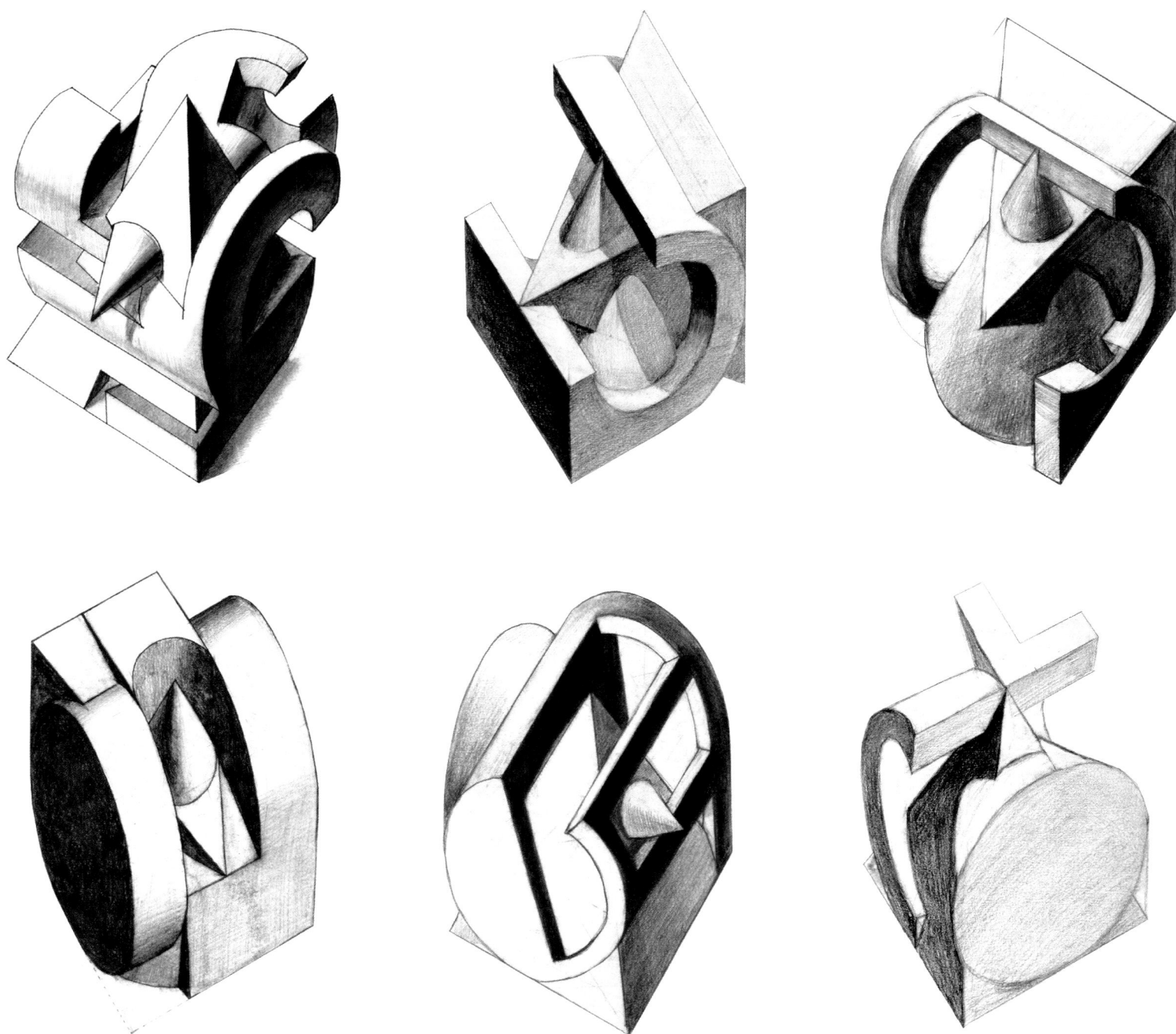

图 5-1-27

图 5-1-28

第7步：几何物体搭接

作为 2011 年新型题目，主要目的在于考查几何体组合过程中的主次安排。在组合过程中，考生要明确自己创造的立体构成中什么才是主体物，然后按照发散的方式，以主体几何形体为中心进行组合，用次要体来调节平衡，有步骤地进行，最后完成题目。（图 5-1-29）

图 5-1-29

5.2 应试

5.2.1 考点解析

1. "整"的定义

"整"字可以说是贯穿整个艺术类学科的每一个环节，它是衡量画面好坏的主要因素。在立体构成中，"整"的概念也是同样适用的。立体构成考查的是对空间概念的理解和对空间关系的组织能力，但很多考生初期往往错误地认为所谓空间关系就是空间越复杂越好，导致做出来的立构千疮百孔，到处都是无用的空间，最后立构就如镂空的马蜂窝一样零零碎碎，完全丧失了整体性。（图 5-2-1）

正确的立构应该是在大关系完整的情况下，做出丰富的空间，而这里的空间并不是指空间数量的多少而是指空间的细微变化。在整个立构中，应该始终有几个大的体量作为支撑，架起立构的整体感。

2. 空间关系的理解

空间关系是每个人对不同空间的理解。不同的空间给人不同的感觉，封闭的空间给人安全感，也给人压抑感；完全开放的空间让人感到不安全。要处理好空间关系，应坚持从整体到局部的原则，追求细腻的空间变化。不同的位置的空间处理手法也是不同的。要有空间大小的对比，并且和整个体量的平衡感相结合。（图 5-2-2）

图 5-2-1 整的理解

图 5-2-2 空间关系的理解

3. 对于空间尺度的理解

物体要有变化才能漂亮。就像音乐要有节奏才会好听，立构也是有节奏的。在处理立构的空间变化时，要注意对空间尺度的处理，真正理解空间变化的规律，做到整中有变，保持大体量完整的情况下，在细微处要有区别，有呼应关系。这个变化不仅仅是实体的变化，也包括虚空间的变化。（图 5-2-3）

4. 体块感的理解

传统立构是对一块整体进行切割而成的，但反过来也可以认为是由很多小的体块组合而成，这样可以让我们更好地理解立构的体块感。好的立构设计由几块大的体块组成，然后在大的体块上进行小体块的变化，由此形成丰富的空间，这要求我们很好地去运用体块之间的组合关系，由大到小、由整体到局部。（图 5-2-4）

图 5-2-3 尺度感的理解

图 5-2-4 体快感理解

5.2.2　历年试题剖析

中央美术学院

【2007 年】

题目：一个正方体内包含了最大面积的三棱柱体、四棱锥、圆锥各一个，它们互相穿插，底面和顶面（顶点）分别位于正方体的六个不同的侧面上。

以上述四个几何体组成的空间结构为基础，通过分别对这些几何体的部分切除，创作一个立体造型，该造型应该充分表达出这四种几何体的实体或空间存在，及其相互间的组合关系。

考题要求：1. 用单线画出四个几何体所组成的空间关系示意图。大小 10cm×10cm。2. 用素描表达新创作立体造型的直观效果，画出立体效果图一张，要求与空间关系示意图角度相同，用黑白色表达。

解析：立体构成的考题首先要做的事情就是读题，分析题目的要求和重点。对一些关键词，如"最大面积""互相穿插""不同侧面"等等，要在脑海中先想象一下这几个几何体在空间中的位置关系，并选择好哪些形式放在效果示意图的正面比较好看，然后再手打草稿。只有先画对了基座，才有继续深入的可能。本题目大体结构与 2006 年相似，变化不大，做过练习基本都能掌握到题目的要点。在三个小时的做题过程中，分配好时间也是很重要的。

【2008 年】

题目：在正方体内包含了最大体积的圆锥和三棱柱各一个，以及一个边长是此正方体边长的一半的小正方体，其中小正方体的中心与大正方体的中心重合，小正方体的六个面与大正方体的六个面分别平行且等距，并用一个平面将大正方体划分为体积和形状一致的两半，划分平面不能与三棱柱的任何一个面重合，但可穿插，圆柱和三棱柱的底面和顶面（顶点）分别位于正方体的不同的侧面上。以上述四个基本几何体及划分平面所组成的空间结构为基础，在正方体的框架内，通过这些几何体间的互相穿插，和对部分几何体切割，创造一个立体造型。该立体造型要能充分体现上述所有几何体的空间存在和相互的组合关系。

考题要求：1. 用单线画出四个几何体所组成的空间关系和划分平面位置的示意图一张；2. 用素描表达新创造立体造型的立体效果图一张，其角度要求与空间关系示意图角度一致，用黑白色表达。

解析：就是一个平面像一把刀子一样，切割你这个实体（看你怎么切合适，比如长方体，切很多刀，能切出中央电视台的形）。现在是只让你切一刀，它是让你画出一个圆锥和三棱柱，以及一个小正方体，中心首先重合，怎么摆怎么转

动就按你的审美来，但是要在这个正方体内（这个正方体是不存在的，只是界限，不能画出来）。"其面积和体积相等"，你可以理解为用一刀（必须切过整个正方体）切掉的不要，剩下的东西形成了全新的空间，怎么样才好看，关键看你怎么摆放，从哪切。"不能与圆锥相接"，就是你切的这刀（这个面）不能和圆锥（这个圆）相接，必须呈相交或者其他（轨迹整理）关系。

【2009 年】

题目：在一个正方体内，含有最大体积的三棱柱、正四棱锥、正圆锥各一个，它们的底面相互垂直。在此基础上，又将正四棱锥和正圆锥以各自垂直于其底面的中心线为轴旋转 45 度，形成最终立体造型。

考题要求：1. 用单线画出最终立体造型中的四个几何体的穿插关系示意图；2. 用素描的手法，画一张对最终立体造型的几何体穿插关系有充分表达的立体效果图，必要时对几何体可以做切面处理；3. 立体透视图角度与上述示意图一致，禁止使用色彩。

解析：题目与前几年的考题类型相同，几何体有些简单的变化。有很多学生在看到题目后不管三七二十一低头就画，认为题目与前几年差不多，没仔细看就赶着时间下手了，这是不少人犯过的毛病。但是仔细读题后发现其中有一个小考点，题目中那一句"正四棱锥和正圆锥以各自垂直于其底面的中心线为轴旋转 45 度"，有的人觉得很轻松，有的人甚至被这个脑筋急转弯给难住了，想不出正圆锥旋转后的结果。虽然大家反应过来会发笑，但是真在考场上的时候任何事情都有可能发生。所以在考试时，认真冷静地分析题目是很重要的。

【2010 年】

题目：将两个相同的正方体进行部分重合，使两者结合成一个组合形体。该组合形体不能是 2 个正方体全部重合而成的单个正方体，也不能是单个的长方体。以组合后的形体为基础，用若干个面（至少包含一个曲面）适当切除部分体积，创作一个最终立体造型。

考题要求：1. 用单线画出切除部分体积前的组合形体的立体关系示意图一张；2. 用素描画出最终的造型效果图一张。要求与立体关系示意图角度一致，禁用色彩。

解析：相较前几年的考题，今年有了较大的变化，但终究还是简单几何形体相互穿插切割造型的题型。分析题目重点，就是穿插两个正方体，但不能使它们并列或者重合，其他各种情况的相交都可以。在穿插正方体时，虽然形式不限，但

是脑海中首先要想好自己所要创作的方向，在设计底座时不要以复杂为目的而创新，否则会给后期的剖切带来难度。综合时间和其他情况，在自己能把握住整体的情况下进行创作。

【2011 年】

题目：两个长方体，两个平面，八个柱子组合

考题要求：1. 符合题目要求；2. 用素描画出最终的造型效果图一张。要求与立体关系示意图角度一致。禁用色彩。

解析：2011 年的立体构成考试题目发生了非常大的变化，从原来的几何形体穿插组合直接转向搭接类型的题目，题目的变化让当年的很多考生在考场措手不及。

其实对于搭接类型的题目，重要的是对其形式感和整体感的把握，首先应该从二维效果出发，研究其搭接后呈现的平面画面效果是什么样的，尽量整体协调，在二维效果良好的情况下再回到三维空间上去进行空间的推敲。如果考生直接进入三维，会很容易让自己变得糊涂，所以做题的顺序是非常重要的。搭接过程中注意应首先从占地面积大、空间大的形体入手，而体积小的物品则用来进行重量的调配。

【2012 年】

题目：1. 将直径和高分别为 6 厘米的圆柱，边长和高分别为 6 厘米的四棱锥分别拆分为四部分。并且用透视图和轴测线条图绘制这四个单体。2. 从以上四个形体中选择三个进行空间组合，创造一个新的空间形态。空间组合的最长和最高均不可超过 12 厘米，将此形态图用轴测图的形式绘制出来并且用黑白方式表现。

考题要求：1. 符合题目要求；2. 用素描画出最终的造型效果图一张。要求与立体关系示意图角度一致。禁用色彩。

解析：2012 年的立体构成考试题目量非常大，表面一看好像考查很多东西，但是如果考生仔细分析，就会发现其实考查的还是几何形体互相穿插组合的形式，只不过换了一种方式，将原来几何形体组合后切割的部分挪到在组合之前进行。这样其实变相地降低了难度，考生只需要将切割好的形体穿插到一起，不用在形体上过多地考虑其空间整体性，只要将交线问题准确地解决即可。在答卷过程中，一定要看清题目，合理安排完成各个部分的时间。千万不要出现时间安排混乱，导致完不成的现象。

【2013 年】

题目：用两个圆柱，两个三棱柱和四个长方

体随机组合。

　　要求：两圆柱的顶面在空间上要互相垂直，但不能相交，两三棱柱要有相交的关系，四个长方体中，两个大小比例要相同，另外两个也要相同。

　　解析：属于搭接类型的题目，但是题目中有几个点需要我们特别注意：首先圆柱要相互垂直但是不能相交，也就是要画成相接关系；其次是三棱柱为相交关系，但是应该注意题目并没有要求为十字正对称相交；最后便是长方体成比例关系，我们既可以让两者一样大成为 1:1 关系，也可以是 1：x 的关系。整体组合的时候注意怎样

将圆柱体曲线和三棱锥、长方体等直线结合。注意以上几点的特性，按照搭接类型题目的处理方式，注意给考官的画面第一印象，从二维平面角度出发进行整理，然后进行三维空间的调整即可。

【2014 年】

题目：

　　1. 假设正方体边长为 a，从第一个正方体中垂直地面相隔切出一个 1/4 体及 2 个 1/8 体来，原正方体中需剩下 4 个长方体，此 4 个长方体其中一边的边长及高度均为 a；

　　2. 从相同第二个正方体中正交切除 3 个正

四棱柱，其中边长为 1/4a 的正四棱柱 1 个，此高度为 1/2a，边长为 1/8a 的正四棱柱 2 个，高度均为 a；

　　3. 只能用第一个正方体中剩下的 4 个长方体和第二个正方体中切出的 3 个正四棱柱设计一个空间组合模型，可组合及穿插，但体之间不能相叠；

　　4. 作画要求：画出最终立体空间组合模型的轴测图，用素描方式表现，同时用线条小轴测图图解表示以上 3 个步骤。

题目解析：

　　（图 5-2-5）

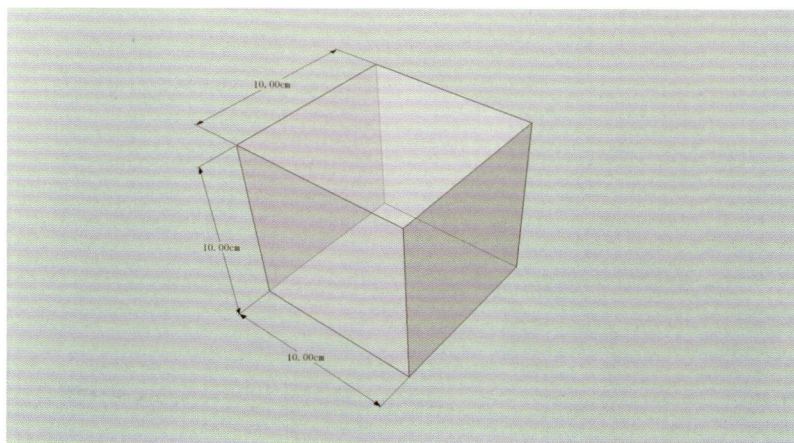

1. 假设正方体边长 a=10cm，先画出 10cm×10cm×10cm 的立方体；

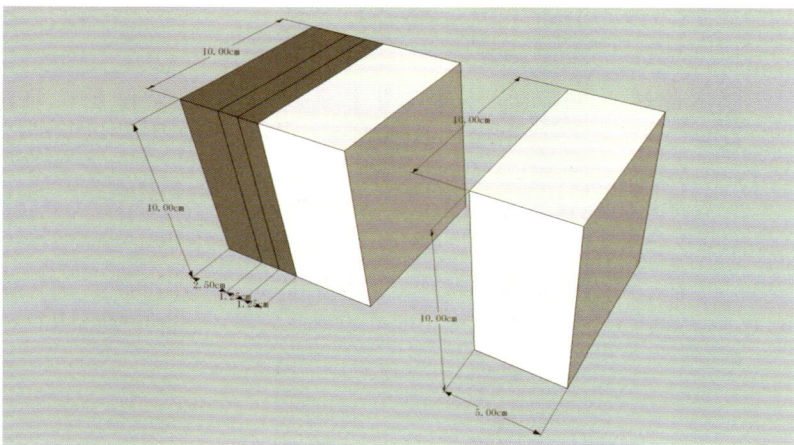

2. 将题目要求的正方体去掉（白色部分为剩下的）

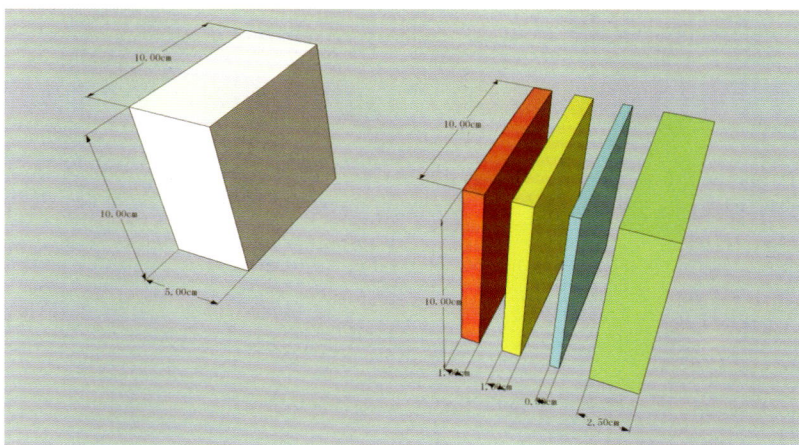

3. 将剩下的白色部分在满足条件的情况下任意分为 4 部分：（彩色为任意分好的 4 部分）

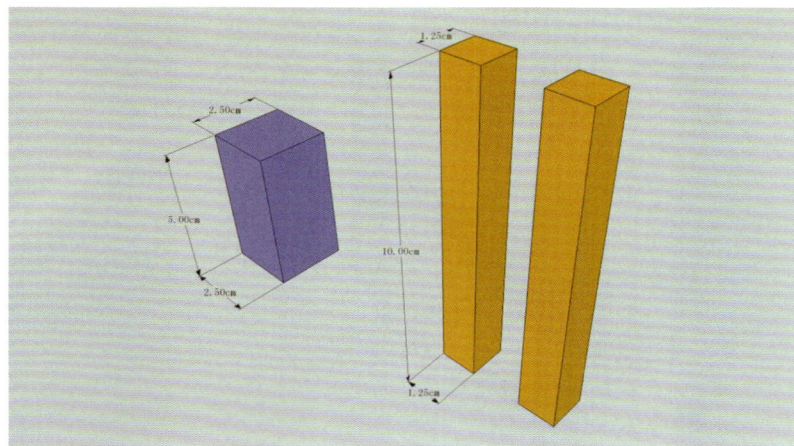

4. 因为：a=10cm 1/4a=2.5cm 1/2a=5cm 1/8a=1.25cm 所以：得到三个正四棱柱分别为

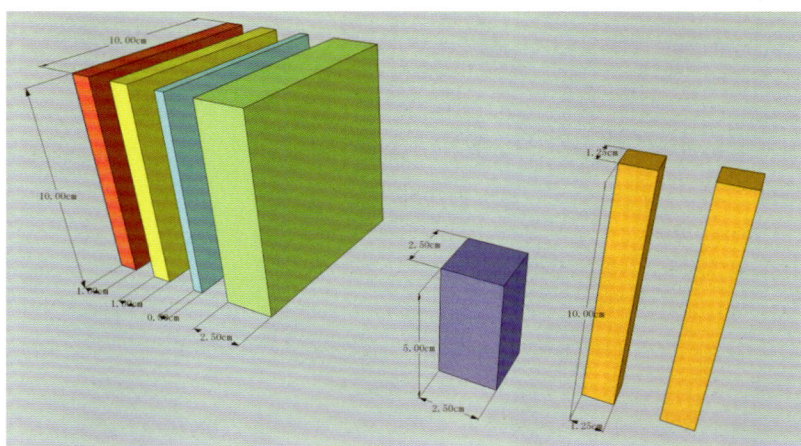

5. 将剩下的 4 部分方体与 3 个正四棱柱相互穿插组合，画出过程图与空间关系示意图即可。

图 5-2-5

5.2.3 命题作品剖析

（图 5-2-6 ~图 5-2-16 ）

顶视图

左视图

右视图

顶视图

30°　45°

顶视图

30°　45°

顶视图

45°　30°

顶视图

左视图

右视图

顶视图

顶视图

图 5-2-6

顶视图

右视图

左视图

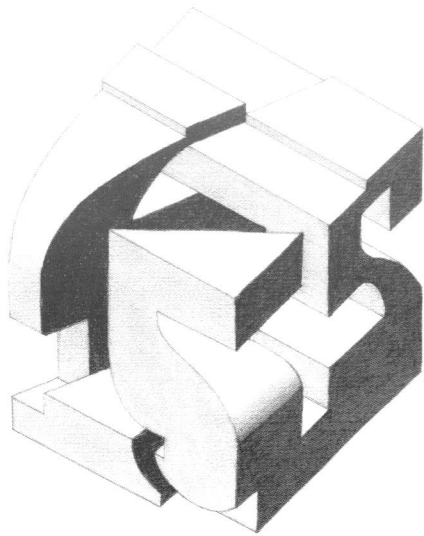

顶视图

顶视图

右视图

左视图

顶视图

顶视图

右视图

右视图

顶视图

图 5-2-7

空间关系图

45° 45°
轴测图

空间关系图

空间关系图

45° 45°
轴测图

空间关系图

空间关系图

45° 30°
轴测图

空间关系图

30° 45°
轴测图

空间关系图

30° 45°
轴测图

图 5-2-8

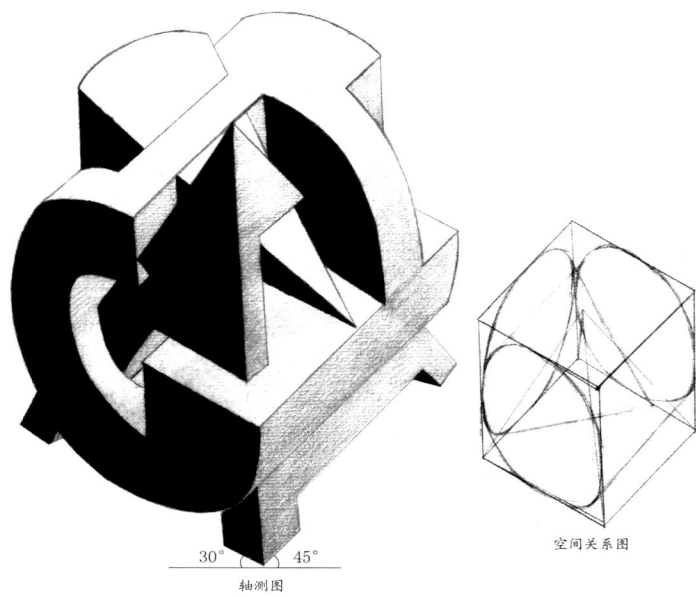

30° 45°
轴测图

空间关系图

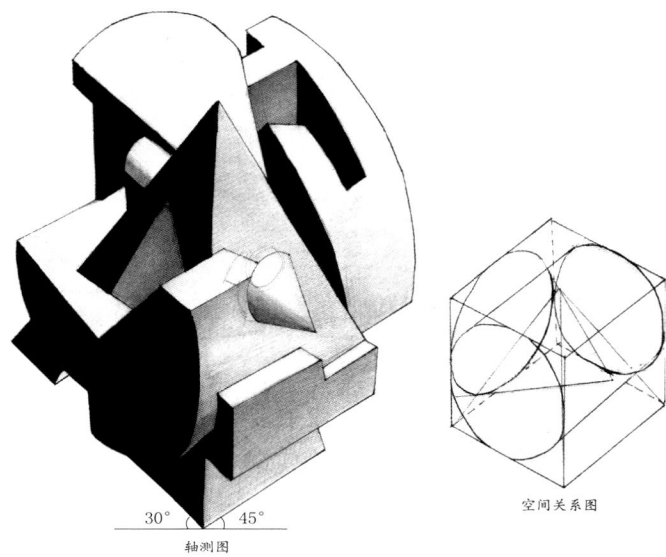

30° 45°
轴测图

空间关系图

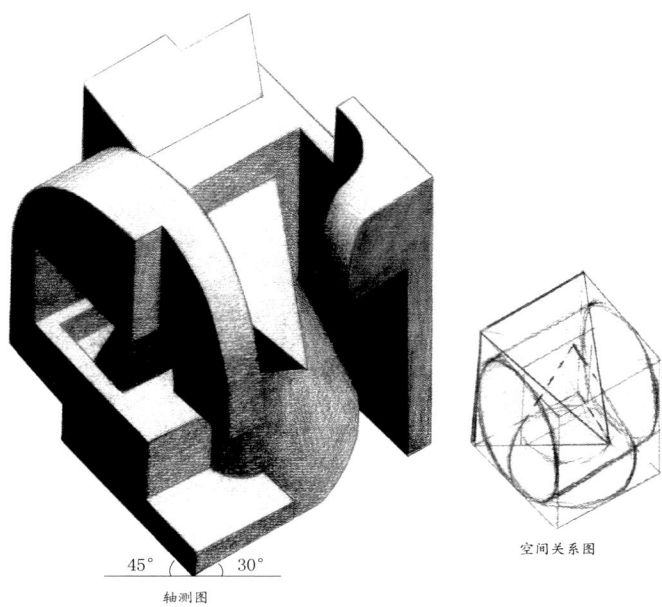

45° 30°
轴测图

空间关系图

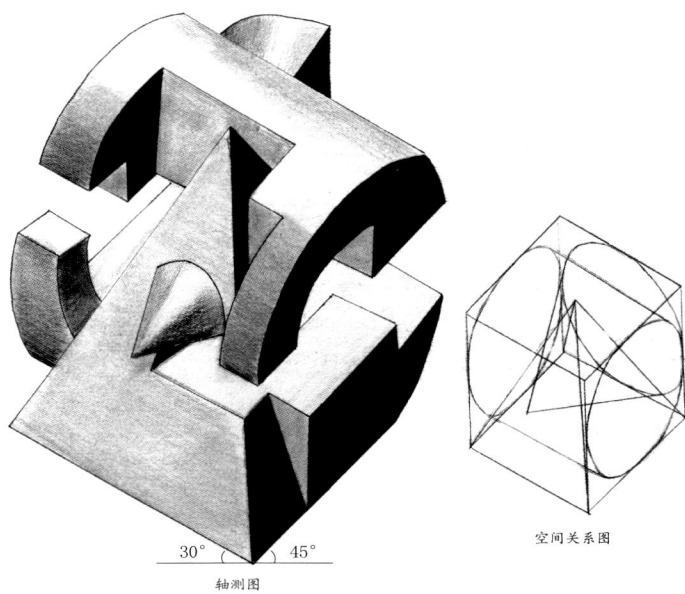

30° 45°
轴测图

空间关系图

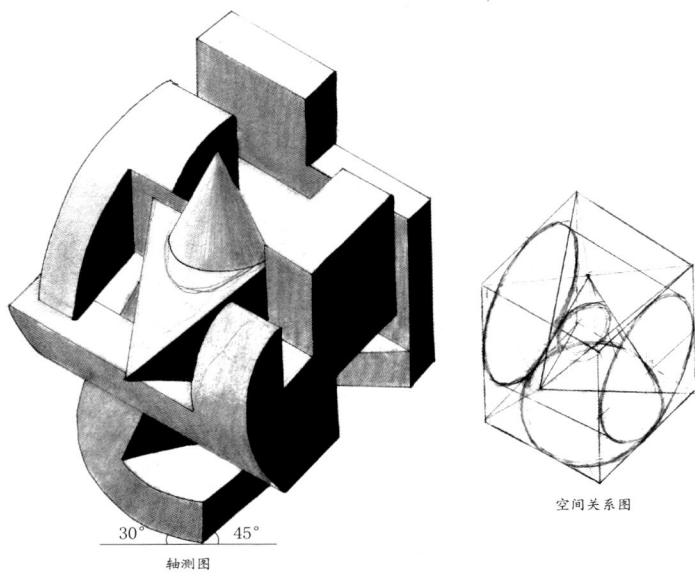

30° 45°
轴测图

空间关系图

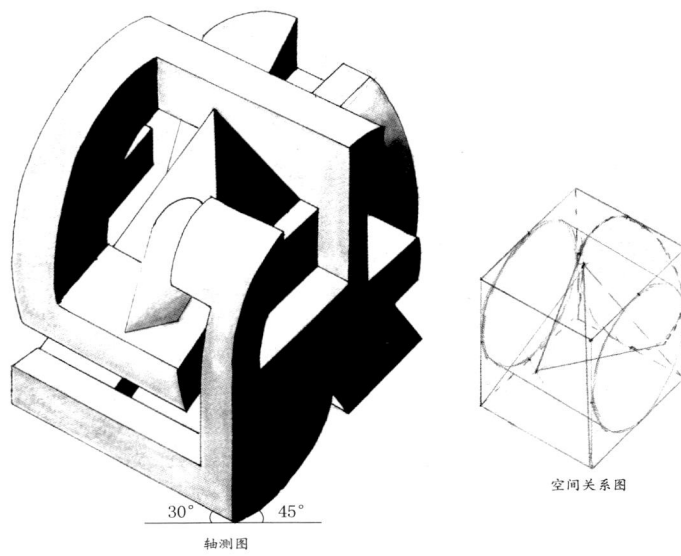

30° 45°
轴测图

空间关系图

图 5-2-9

30° 45°

轴测图

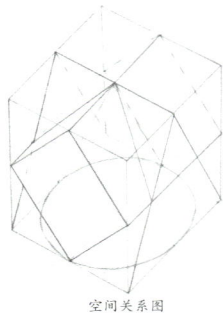

空间关系图

轴测图

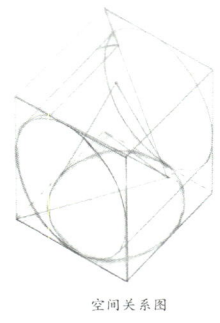

空间关系图

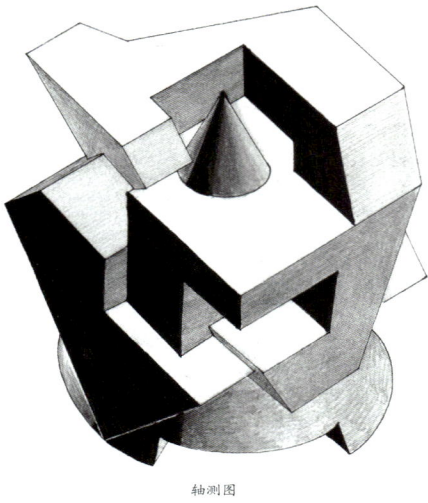

轴测图

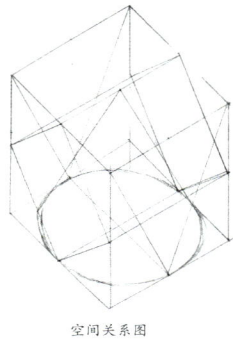

空间关系图

轴测图

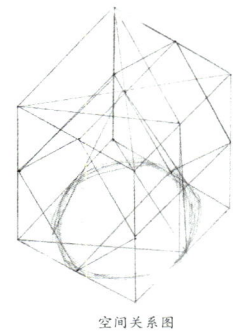

空间关系图

轴测图

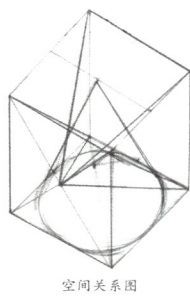

空间关系图

轴测图

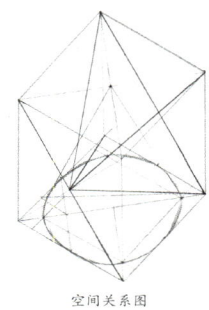

空间关系图

图 5-2-10

45° 30°
轴测图

空间关系图

30° 45°
轴测图

空间关系图

45° 30°
轴测图

空间关系图

30° 45°
轴测图

空间关系图

45° 30°
轴测图

空间关系图

轴测图

空间关系图

图 5-2-11

30° 45°
轴测图

空间关系图

30° 45°
轴测图

空间关系图

轴测图

空间关系图

轴测图

空间关系图

轴测图

空间关系图

30° 45°
轴测图

空间关系图

图 5-2-12

任意几何形体穿插

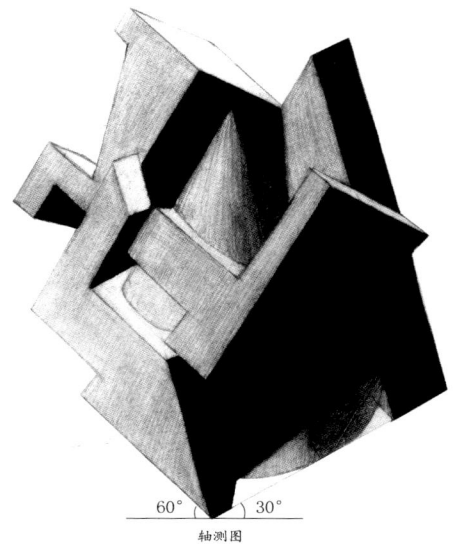

30°　45°
轴测图

30°　45°
轴测图

30°　45°
轴测图

30°　45°
轴测图

30°　45°
轴测图

30°　45°
轴测图

30°　45°
轴测图

30°　60°
轴测图

60°　30°
轴测图

图 5-2-13

正方体任意切割

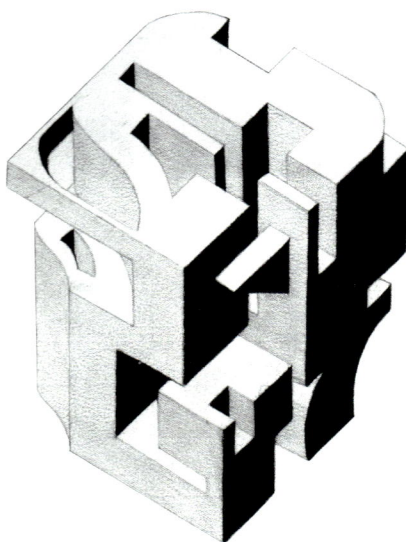
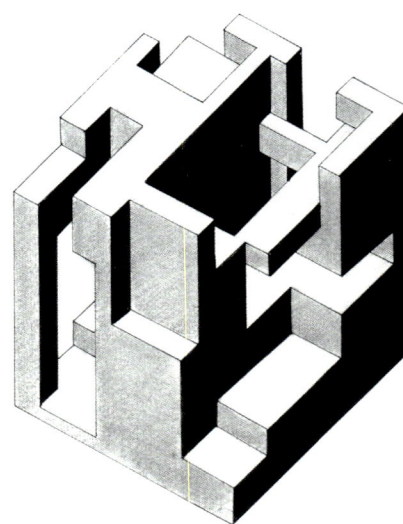

图 5-2-14

图 5-2-15

图 5-2-16

6.1　初步认知

6.2　应试

第6章
场景速写

分清设计考试场景速写与普通场景速写的区别。

针对性学习不同院校场景速写考试风格。

掌握基础构图技巧与画面表达方式。

总结得分点与高分关键点。

6.1
初步认知

6.1.1 概述

这几年各大设计高校为了强调基本功的重要性，让考生加大对基本功的重视程度，都在设计考试的科目中增加了场景速写的内容，时间从15分钟到45分钟不等。

画生活场景速写，首先应具有对生活的观察意识。场景速写的内容不再是单一物体的表现，而是多物体、多种类的组合。场景速写对构图安排、画面结构组织、中心主题突出提出了新的要求，增加了情节发展和动态呼应等新内容。场景速写是指以人物活动场面为主体或以景物为主体而又有人物活动的速写，可以说是人物速写和景物速写的综合。

6.1.2 考点

1. 构图

场景速写要在动手下笔之前，心中有一个大体的轮廓，即构图。场景速写的构图可以分为S形、对称式、对角线式、三角形等形式。在速写进行中，将对象逐一安排在预想的框架中，以后可以根据画面的需要进行适当调整。场景速写往往是将对象依主次关系先后画出，再根据构图的要求和情节的说明添加物体或安排细节，以达到构图丰满完整、节奏强烈有趣的目的。（图6-1-1）

2. 透视

在场景速写中，需要运用透视的原理来表现空间关系，常见的透视法有一点透视、两点透视、仰视、俯视等。其中主要是视平线的定位，视平线是指在自然界与人类眼睛等高的位置形成的一条线，它可以称作是我们画面的分割线。我们在定整个画面视平线的位置时，首先要找到画面的主体人物，一般位于画幅中间偏上。（图6-1-2）

3. 气氛

场景速写整体而言，要有氛围的烘托。所谓氛围，是要营造出特定的气氛效果和情绪基调。氛围要靠场景的整体结构，黑白灰颜色关系，道具的设计等体现出来。尤其是道具的应用不仅可以体现人物的职业特点，也可以交代事情的发生地点，甚至时代关系。而在场景速写中人物生活空间环境、地域特点、时代特点、生活习惯、职业特点等需要我们在平时的体会中抽离出来。（图6-1-3）

4. 趣味

趣味可以说是整张画的核心。而"趣味中心"，就是场景速写必须首先明确的"画面中心"。场景的中心一般是某一个人或某一个景物，也就是场景中最能引起你兴趣的事物，使你产生绘画欲望的那一部分。场景中心一般置于画面中央并以它为起点下笔。选择人物的动作注意两个方面：第一应注意人物的动作要符合主题的需要。例如表现劳动场景要选择人物劳动的动作，避免选择劳动中休息的动作。第二应注意人物的动作要符合情节发展的需要。（图6-1-4）

图6-1-1 构图

图6-1-2 透视

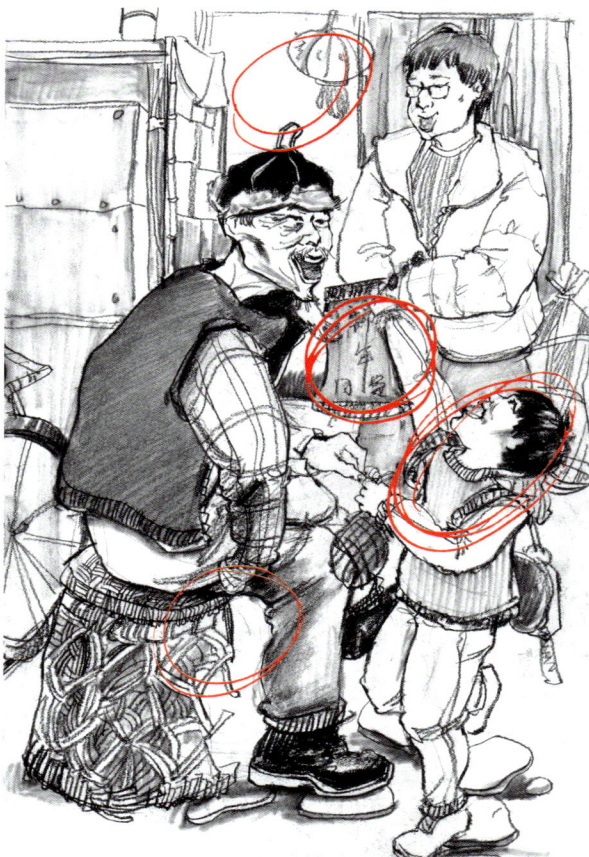
图6-1-3 气氛

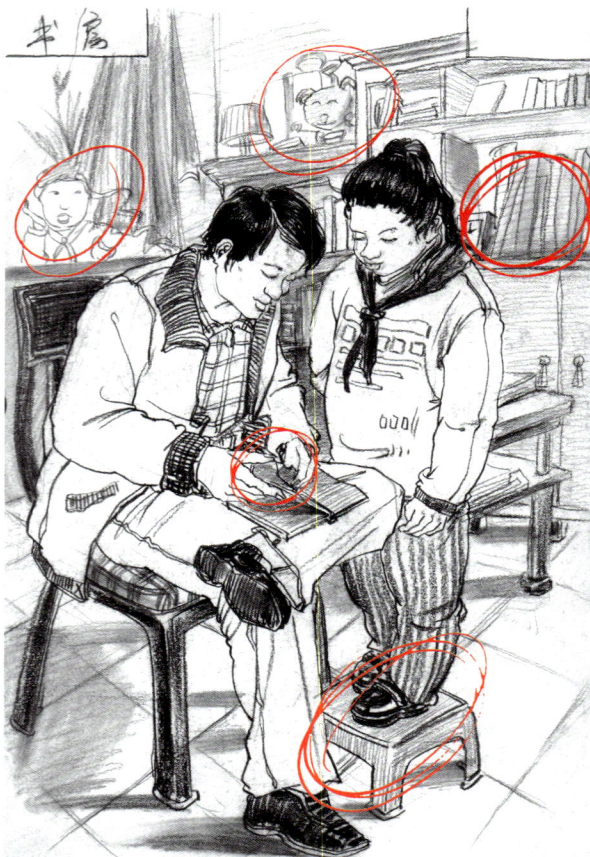
图6-1-4 趣味

6.2 应试

6.2.1 考试分类

类别	题目示例	题目解析
固定场景或状态	1. 清晨菜市场 2. 寝室 3. 野餐	这类试题会在题目中给予考生规定的场景，例如生活场景、工作场景等，人数的数量一般会有特定要求，我们所要做的就是尽可能地在画面中体现题目场景的特点，烘托场景应有的氛围。同时画面也应该具备所在环境应有的状态，只有人物和场景相协调，才能最好地表达考试所要求的画面感觉。
固定人物属性	1. 一个卖糖葫芦的爷爷和两个孩子 2. 考生	此类题目，人物属性是最重要的。首先在贴题上，从人物形象一定要符合其属性。例如售卖糖葫芦的老爷爷，那么老爷爷的年纪与身形穿着都是与常见的青年人不同。还要善于运用道具。当画面不能很好表达或者有些位置在考试过程中拿捏不准时，可以善用道具进行适当遮挡。在人物特点表达充实的前提下，对场景进行塑造。但要注意主次得当，场景渲染得再好也是人物的陪衬，不能过分描绘。我们可以选择比较熟悉的场景，例如上下学要经过的街道等。
全限定性	1. 候车厅内的看报纸的人 2. 超市内推车购物车的人	此类题目可以说是既简单又复杂，因为对题目有很多限制条件，要求我们平时对于生活场景要有足够的观察能力，并且要积累记忆一些富有画面感的场景。但同时为我们省下了去思考画面应该如何组合，人物状态怎样体现的时间。我们要努力回忆自己所经历的同类场景，人物形象如果不知道怎么画，可以默写自己的亲人或者朋友，不管如何一定要挑选自己最熟知的元素刻画。
无限定性	1. 做游戏 2. 人都藏哪去了 3. 便宜一点吧	这类题目没有固定的人物属性也没有固定的场景限定，唯一需要考生表达的是具备题目特点的画面效果，例如"做游戏"这个题目，需要考生首先选择游戏的方式，可以是和朋友同学一起的室外游戏，也可以是和家人一起的室内游戏，但不管如何，题目中的游戏二字必须在画面中有明确的表达。选定内容后便是人物关系的选择。不同的人物关系也同样关联着不一样的场景，我们需要同时去思考人物与场景的关系，双向烘托画面的气氛。

6.2.2　考点解析

1. 场景刻画

　　场景速写中的背景描写，在形式上要服从和强化主题。

　　场景速写中的背景描写、在形式上要服从和强化主题。一般来说，背景包括天空、土地和远景、除了具有说明作用外，它们还起到深化主题、统一整体的作用。例如在表现劳动的热烈场面时，可以采用斜线、弧线来描写背景中滚动的飞云、飞扬的尘烟和颤抖的地面等表现因素；在表现平静时，可以采用垂直线和平行线，描写对称的天空、笔直的树干等表现因素。在表现手法上，背景要注意区别于主题，主题繁，它就简；主题重，它就轻；主题圆，它就方……这样才能起到对画面节奏的既对立又统一的调整作用。

2. 内容组合

　　场景速写又称为记忆速写。

　　场景速写又称为记忆速写。由于场景速写主要对象是活动着的众多人物，众人的动作随时发生着不同的变化，这要求我们的画面是记忆式的绘画。在场景速写中，所指的动态则是画面中单个或组合人物的动作形态。将脑海中的定格画面默写般地呈现在纸上。所以如何在画面中安排好人的动作变化是场景速写中的一个重要问题。

3. 情节表现

　　情节表现是场景速写的新内容。

　　情节表现是场景速写的新内容。情节即事情的变化和经过，也就是各个部分围绕着画面主题内容产生的发展变化。例如，我们画一个开会的场景，画面主题是开会，画面中心是会议发言人，情节发展就是与会者对发言的反应和态度。在情节表现方面要注意，情节的发展不能呆板单调，也不能背离主题和中心，既要讲究前后左右的呼应，还要注意情节发展的合理性。比如主题是讽刺性的，可以向主题的反方向发展，例如画一些看报纸、吃零食的情节和内容；如果是褒扬性的，可以画一些记笔记、聚精会神听讲的情节内容。总之情节和内容是为主题服务的，所以在速写的过程中一定不要脱离题目的要求。

6.2.3　技巧与方法

1. 善于运用对比的手法

　　对比的手法在任何绘画形式中都有应用，在场景速写中也是一样。场景速写要学会对被画对象的"编组"和"挪动"。画面中的人或物可以编排成若干个组，形成组与组之间的对比和呼应。组的大小位置形成了富有变化的对比关系，让整个画面有跳跃感，不会显得过于单调乏味。为了编好组，就需要对现实场景中的人或物进行挪动，舍去无用、不美的因素，挪进有用、美的形象。这需要画者大胆地对现场题材进行取舍和组合。初学场景速写，应该由易到难，先选择人物少、动态稳和情节简单的场景进行训练，如室内两三人的组合，再到生活中的工地、车站、集市等较为复杂的场所进行练习，从日常生活中总结人们的成组规律和画面在自然条件下的对比规律，提炼后应用到自己的画面上。

2. 注意对细节的处理方式和刻画深度

　　场景速写的细节控制，重点在于两个方面。第一是场景速写的人物刻画程度：在人物刻画的细节上，所有的笔墨应该重点放在中心人物上，不仅要注意其服装外貌的刻画，还要注意其整体动势的微妙变化。第二是场景速写的细节配景：场景速写中的道具描写，不仅要起到点缀画面的作用，还能有说明的作用。场景中的道具包括各种工具、家具陈设、人物用品、前景杂物等等。道具可以说明人物身份、环境、时间、地点，还可以填补画面空白，连接、建立人物之间的关系，调节画面结构上主与次、前与后、轻与重的节奏变化。说明性的道具描写要完整、细致，点缀性的道具可以画得比较轻松随意，但是要控制道具的刻画比重，不要超过主体的分量。

　　注意构图模式：构图是作画的第一步，除了观察、体会之处，接下来就是构图了。有人说构图构好了，整幅画就完成了一半，这是有道理的，构图的好坏往往会对整个画面的效果影响较大。不管是现在高考还是将来自己创作，构图都很重要。构图分为两种，一种是求稳，稳中有动的构图。此构图一般较为规矩，像宁上勿下，脸部的朝向要多留点空白等规律都用的比较多，也是高考中常用的构图思路。另一种更注重于整个形式，往往取景特殊，视角也较为特殊，此构图要是运用的好，不仅能增强画面的形式感，而且可以增强画面的生动性和趣味性。但此方法适合对画面驾驭能力较强的人，要碰上考试，若不是心中很有底的话，尽量别去冒这个险。构图关键还是靠经验，练多了，构图问题自然就会解决。

　　在空间上做文章：需要我们把握整体的同时，对空间和虚实下功夫，不能平均对等，一定要有重点，这样才会有绘画味，整体一定要强，黑白灰层次要分明，效果才会强烈。有空间，才能把二维的纸转入三维立体空间，才不会平。

6.2.4 历年试题剖析

清华大学美术学院

【2013 年】

题目：野餐

解析：这是一道画面感十足的题目。此道题目出现后，考生不应该盲目地开始画，要先冷静地思考画面中所要出现的元素，如人物、场景等。在这里很多考生将野餐地点定于有花草树木的室外，但是大部分考生对于画植物与树并不熟练，针对这种题目我们应该选择扬长避短的方法，用人物和野餐器具充当前景，对于树和一些景色可以处理成远景，避免塑造和细节刻画，尽量向评卷老师展现自己最擅长的一面。

【2014 年】

题目：人物动态组合

内容：一个跑着的青年，一个跳跃的小孩，一个走路的老人（自由组合）

解析：动态速写是速写类型中很难的形式，需要考生对人体形态有很好的理解。题目中有三个人，分别为三个不同的年龄段：孩子、青年、老年。三种人动态的区别也是相当大的，动态的夸张程度由大到小，我们可以将三者互相穿插，打乱顺序，这样让画面更自然。对于三者所在的场景，应选择生活常见的、最为普通的地方，让

画面看起来合情合理。

由于人物数量不少，场景的刻画上不用过多着墨，将主要精力放在人物的动态细节刻画上。

中央美术学院

【2013 年】

题目：考场一角

解析："考场一角"算是一道很简单的题目，大部分考生不由自主地拿起画板开始写生。但是在设计考试当中，除了扎实的基本功，最重要的是与众不同的创意和想法，随波逐流地去刻画考场内的场景，就算是表现得再好也很难达到让考官眼前一亮的效果。我们称为考场的地点有很多，例如体育考试的考场，物理考试的考场，英语考试的考场和数学考试的考场等等。这些考场都具有自己的特点，选择自己最熟悉最擅长的考场进

行表达，做到与众不同才是制胜的关键。在人物表达上尽量不要画太多的人物。从构图上我们可以尽量避免过多人物的视角，选择有近景有空间的位置进行刻画。

【2014 年】

题目：人都藏哪去了

解析：十分有趣的题目，类似于造型学院的命题创作。"人都藏哪去了"我们可以理解为游戏躲猫猫或者捉迷藏，人物是必须出现的，最少可以两个，一躲一藏，或者多个。人物的游戏状

态一定要在画面中表达出来，包括所躲藏的位置，躲藏的姿势等。在构图上可以将躲藏的人作为前景，采用 S 形构图或者三角形构图。将躲藏的人物和寻找的人物平均分到画面上，主体人物比例适当大一些。其他人物按照远近关系出现最好。这样可以拉开画面的空间距离。对于躲藏地点的物品要适当进行摆放，不宜过多。有近景，有特写，远景带过，最主要的是撑开画面，强调气氛。只要将捉迷藏的画面感呈现出来即可，将细节刻画多放在人物的动态和表情表达上。

6.2.5 命题作品剖析

学习技巧：

设计院校考试的场景速写包括了人物速写、场景与道具速写、风景环境速写等诸多速写内容。场景速写的表现方法也综合了所有速写的表现技法，更强调画面组织能力。场景速写的作画内容根据考试题目的要求而定，一般是三个人物和谐有序地安排在一个画面空间里，道具可以灵活挪动空间位置，背景可以根据考题的需要变换。场景速写需要画面整体组织能力、人物的塑造表现能力和细节的观察刻画能力。画好人物比例、结

构、动态只算是具备初步速写技能。更进一步的是强调人物与人物、人物与景之间的画面关系。场景速写的训练包括视觉中心、构图组合、情节趣味、动态造型、道具烘托、背景介绍等方面题的综合表达。

场景速写是对被画对象的组合进行再创造的过程，不是死板地模仿照抄现实场景。这需要考生大胆地对现场题材进行取舍组合。场景速写备考，应该由易到难，先选择人物少、动态稳和情

节简单的场景进行训练，如室内两三人的组合；进而逐步走向室外，到广阔的建筑工地、火车站、菜场、商业卖场、餐厅等空间秩序较为复杂的环境画场景速写，培养自己的观察能力，体验生活关注社会，思考画面要表达的意义。收集积累生活中的形象单词和锻炼自己的艺术感受，为下一步进行相关校考做好准备。

图 6-2-1 大学宿舍 刻画精细生动。透视关系让空间得到很好地舒展

图 6-2-2　考试现场　用强烈的黑白颜色对比烘托出考试的紧张氛围。

图 6-2-3 考前的教室 适当的拉大虚实关系，对前景主体人物的细致刻画与后面人物形象的轻描淡写，巧妙的处理形成一种独特的画面感。

图6-2-4　我前面的一群人　线的表现方式应注重场景速写中人物头手脚的刻画，近景特写上注意对细节的生动表达

图 6-2-5　创作中　设计类场景速写，可以在构图上进行适当的构成处理，增加画面的设计感与构分割感。

图6-2-6 画室一角 对于线面式的场景速写，可以对人物的外轮廓边缘进行加粗，用笔的力度和颜色依次加深。

图6-2-7 赶集的早晨 主题人物的深入刻画紧紧的抓住了观者的眼球,尤其是细节处的纹路处理,得当又不抢夺主体。

图 6-2-8 候车的兄妹 人物组合型的画面。由于对人物的限制，处理上要适当的增加人物刻画的细节和画面中场景的刻画深度。

图 6-2-9

图 6-2-10

图 6-2-11

图 6-2-12

图 6-2-13

图 6-2-14

图 6-2-15

图 6-2-16

图 6-2-17

图 6-2-18

图 6-2-19

图 6-2-20

7.1　初步认知

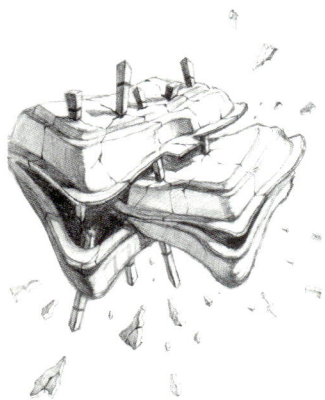

7.2　应试

第7章

创意速写

了解设计考试不同门类的刻画技法。
优秀案例学习通用技法与颜色搭配。
全面解析不同科目的绘画方法。

7.1 初步认知

7.1.1 概念

创意速写是速写的一种特殊形式，是在普通速写的基础上增添作者想象联想的成分，使画面具有一定的思想内容及独特的形式感和审美趣味的速写。（图7-1-1）

7.1.2 工具与制图

创意速写工具：

铅笔、签字笔、麦克笔。（注：不同学校考试要求不同，考前请注意要求。）

7.2 应试

7.2.1 考试分类

1. 同构类

把握主题，对物体的同一相似的图形加以深化、夸张或者变形，从而创造出新的形象，使自己的想法更好地通过视觉语言表达出来。

2. 拟人类

把物体人性化，使原本没有生命的物体有了人类的感情、形象，使画面的表达效果更生动、形象。

3. 对比联想类

把事物的两个方面放在一起作比较，让读者在比较中分清好坏、辨别是非，更好地表达主题。运用这种手法，有利于充分显示事物的矛盾，突出被表现事物的本质特征，加强画面的艺术效果和感染力。

7.2.2 考点解析

创意速写的重点在于速写部分，但是更加强调"创意"这一特性。

从造型方面来说，图形创意不必中规中矩地表现自然和生活状态，创作者可以大胆地将自己对生活的理解和想象加入设计元素。画面要强调形式美感，熟练地控制画面的黑白灰关系。具体地说可以通过控制线条的粗细、长短、疏密、软硬、虚实等因素，使画面具有节奏感和形式感。（图7-2-1）

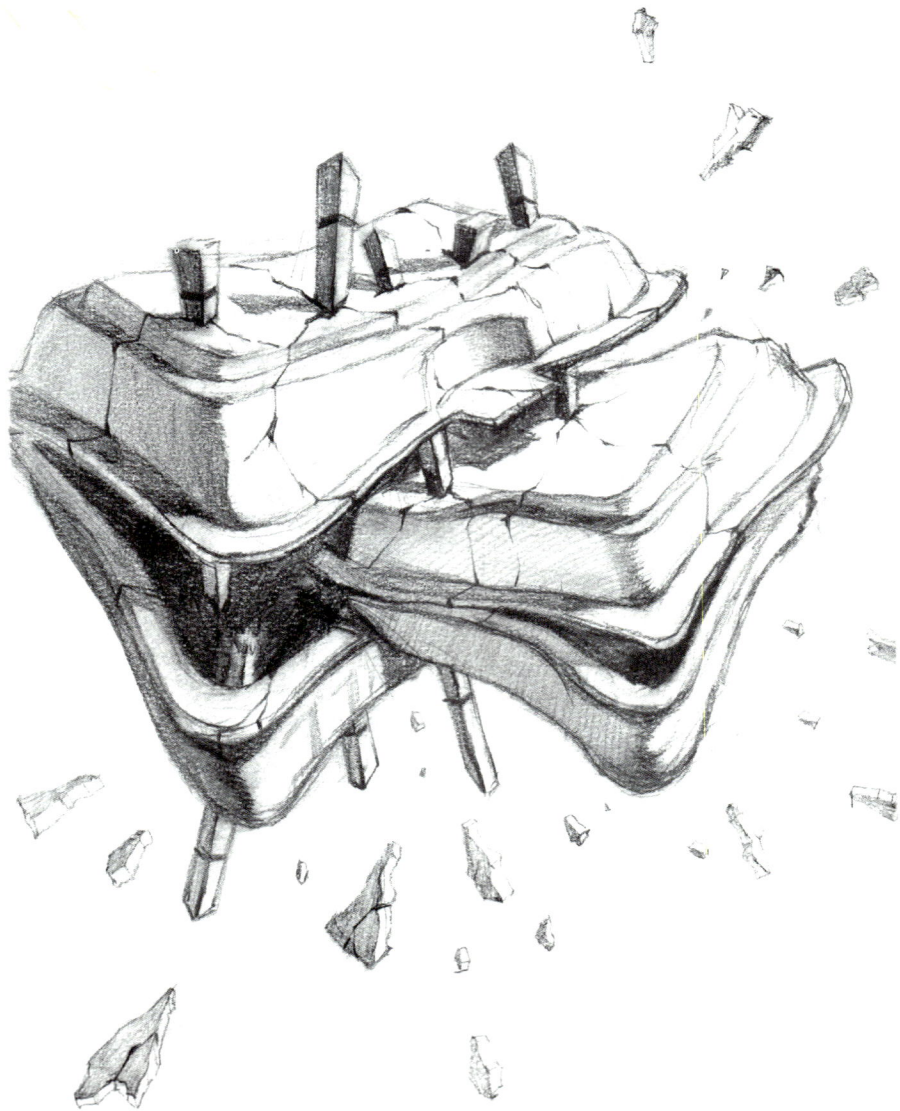

图 7-1-1

设计元素相容　　　　注意细节的区别于不同

元素嫁接　　　　黑白灰分布的均匀性　　　　线的应用

图 7-2-1

7.2.3　技巧与方法

1.　创意速写思考过程与方法

学习构思创意的方法，展开想象的翅膀，把形象元素进行组合、加工、提取，通过拟人夸张等手法对表现的主题进行创意。

注意有好的构图、创意。当然激发也很重要。注意画面黑白灰的布局，空白的填充，疏密变化做工也要精细。拟人的方法是比较常用的，记住一些好的卡通表情，和物品的外形，把二者结合，加些动势，运用一些特殊视角（大仰视、大俯视等）使画面效果更好地表现出来。（图 7-2-2）

2.　创意速写表现

创意速写的表现主要分为两点：线和装饰线，与创意图形的要求一致，注意线条粗细、弧度、虚实的变化。

装饰：通过填充装饰肌理。

3.　创意速写工具

铅笔、签字笔、麦克笔。

北京服装学院和北京工业大学的创意速写是要求黑白稿。

首先，软硬适中的 2B 铅笔起稿，在绘制过程中不能用力过猛，以免在针管笔勾勒时不能盖住铅笔的痕迹。

绘制时用不同型号的针管笔来表现线条的粗细。用小楷画出线条的层次和黑白灰关系，小楷的笔头兼顾毛笔的柔软和马克笔的浓厚的墨色，可以迅速地填充大面积的画面。

马克笔有粗头和细头之分，细头用于勾勒物体的边缘，粗头填充大面积的区域。

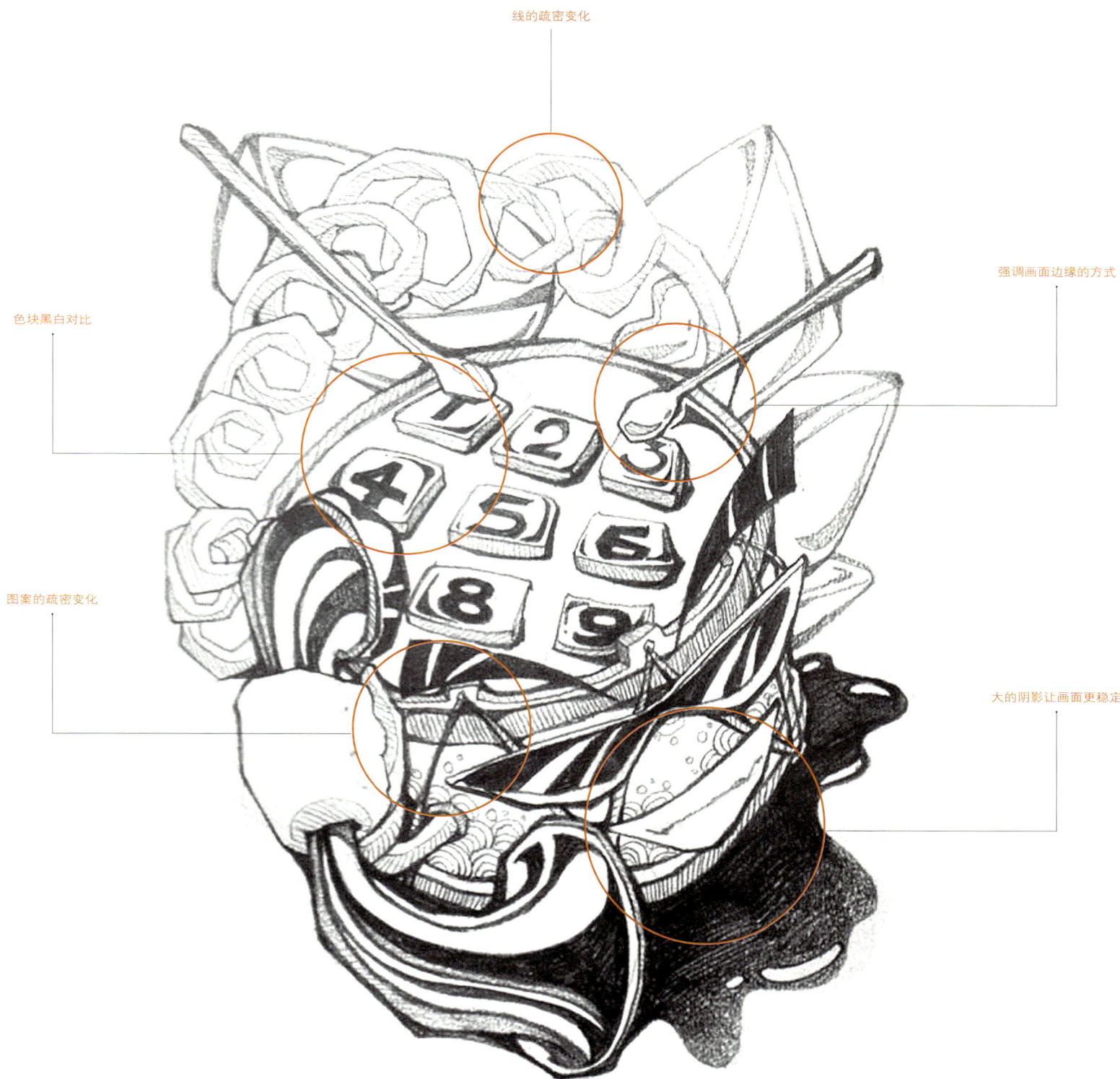

线的疏密变化

强调画面边缘的方式

色块黑白对比

图案的疏密变化

大的阴影让画面更稳定

图 7-2-2

7.2.4 历年试题剖析

当今美术高考中，考创意速写的学校主要有北京服装学院、北京工业大学、北京交通大学、中国地质大学等。

北京服装学院2013年创意速写考题内容：以风和树为主体物，描述激昂和沉静。

详解：

题目一般给的是两个元素（如：眼镜、手、大门、锁）表现一些概念（如："勤快"和"懒惰"、"开放"和"封闭"）等。

例：某年考题是"用鞋子表现松和紧"，把一只鞋绑得紧紧的，然后另一只鞋可以敞开着表达松，但是这个想法所有人都想得到，所以你可以想象用拟人的方法，把鞋做成两个脸，一个紧张，缩成一堆，另一个自在，表情舒展。或借用外物，或从自身做文章（一只包裹得很严实的靴子，一只自由灵活的舞鞋，就能表达出松、紧）。

视觉语言：创意速写中最重要的就是表现，有再好的创意，视觉语言表达得不好也无济于事。

考试时应把握主题，掌握图形处理的基本装饰方法和技巧，如点线面、黑白灰等。点的组合可以根据画面创作需要做多种处理，如单独、反复、大小、轻重，或自由排列，或重复排列等等。这些手段会使画面形象呈现出不同的明暗、层次、质地等效果。

创意速写：以"鼠标"和"邮筒"为设计元素，组合成两个创意图形，分别表达出"无限"和"局限"的概念，并写出50个字左右的创意说明。

要求：运用线描形式，突出创新和设计意识。

步骤：

1. 对主题有整体的把握，构思好画面的鼠标和邮筒元素、次要元素（元素之间要有某种联系），如鼠标线和信件等关联性元素，然后思考如何布置画面的黑白灰。构图方面要保证画面的饱满和完整性。（注意留下位置写创意说明）

2. 起稿一般用软硬适中的铅笔，在绘制过程中不能用力过猛，以免擦不干净留下痕迹。（一般控制在5分钟左右。）

3. 铅笔稿起好后，用较细的针管笔（0.3）把大的外轮廓初步勾勒出来，注意有些地方、细节别画死了，因为一旦画上去就改不了了。然后把铅笔稿擦干净（画面干净是卷面分之一）

4. 用小圭笔画出线条的层次和黑白灰关系，使大的黑白灰关系明确，小圭笔的笔头兼顾毛笔的柔软和马克笔的墨色，可以迅速的填充大面积的画面。马克笔有粗头和细头之分，细头用于勾勒物体的边缘，粗头填充大面积的区域。

5. 绘制时用不同型号的针管笔来表现线条的粗细，用线的粗细疏密区分各种灰面。从最粗的线条画起（0.5或0.8的笔），建议外轮廓线适当加粗，点线面结合。细节部分用0.05或0.1刻画，和粗线形成对比。

6. 最后一步很关键，就是调整。用细的针管笔把外轮廓线的粗糙毛边修理一下。这样的好处是细致，而且画面效果会更好，创意说明也要写好。

7.2.5 命题作品剖析

（图7-2-3、图7-2-15）

图7-2-3 钟表与任选元素表现勤奋
大块的黑白对比与拟人化的效果让画面生动形象

图7-2-4 钟表与任选元素表现悠闲

图 7-2-5　牙膏与任选元素表现欢乐

图 7-2-6　牙膏与任选元素表现悲伤
多个元素的处理与组合将画面表达的很透彻，对于质感的处理也很得当。

图 7-2-7　用元素表现敲打

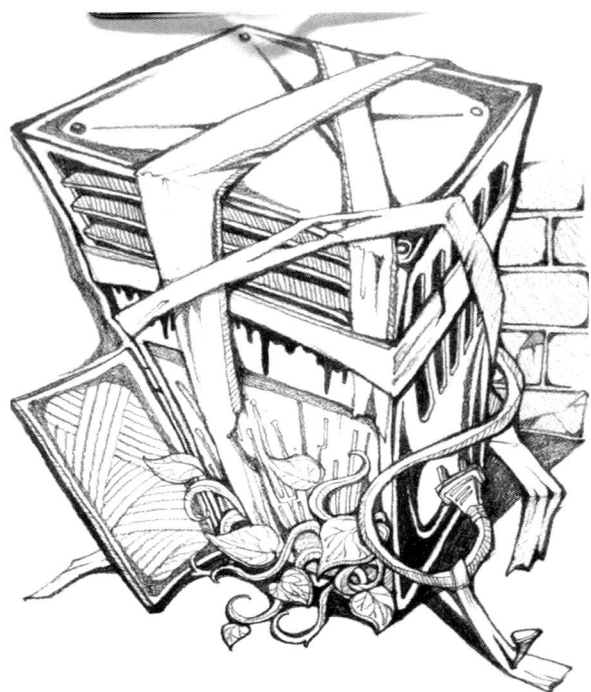

图 7-2-8　用元素表现捆绑

图 7-2-9　用元素表现阻塞
大块的颜色对比增加了画面的冲击力，形象感和表现手法做地到位，尤其是虚实之间的转换手法。

图 7-2-10 以梯子为元素表现进步

图 7-2-11 以梯子为元素表现后退

图 7-2-12 以鞋子和轮子为元素表现勤奋

图 7-2-13 以鞋子和轮子为元素表现懒惰

图 7-2-14 以电子元素来表现飞翔

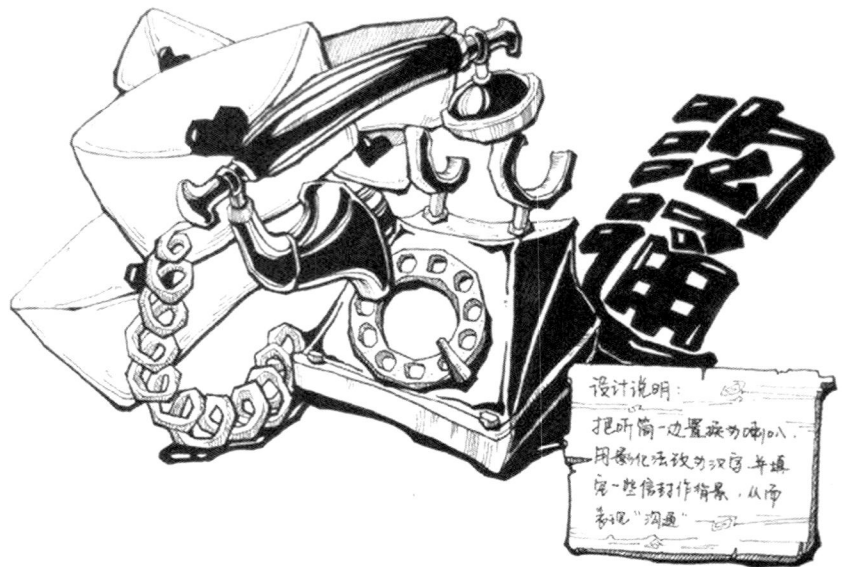

图 7-2-15 以不同元素表现沟通

8.1　初步认知

8.2　应试

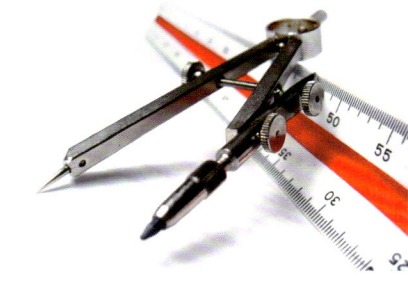

第8章
插画设计

了解设计考试不同门类的刻画技法。
通过优秀案例学习技法与色彩搭配。
全面解析不同科目的绘画方法。

8.1
初步认知

8.1.1 概述

在现代设计领域中，插画设计可以说是最具有表现意味的，它与绘画艺术有着亲近的血缘关系。插画艺术的许多表现技法都是借鉴了绘画艺术的表现技法。插画艺术与绘画艺术的联姻使得前者无论是在表现技法多样性的探求，还是在设计主题表现的深度和广度方面，都有着长足的进展，展示出更加独特的艺术魅力，从而更具表现力。从某种意义上讲，绘画艺术成了基础学科，插画成了应用学科。纵观插画发展的历史，其应用范围在不断扩大。特别是在信息高速发达的今天，人们的日常生活中充满了各式各样的商业信息，插画设计已成为现实社会不可替代的艺术形式。（图 8-1-1）

图 8-1-1

8.1.2 工具与绘图

插画的工具没有限制，什么工具都是可以用来手绘插画的，不同的工具能画出不同的效果。在考前阶段我们主要用到的是彩铅、水溶性彩铅、水彩、色粉、油画棒、水粉、铅笔等等。（图 8-1-2 ~ 图 8-1-8）

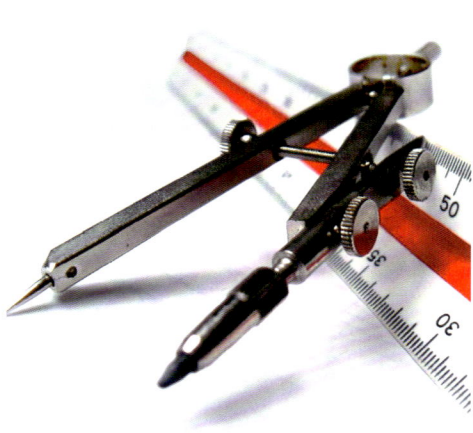

图 8-1-2 圆规、比例尺

图 8-1-3 针管笔

图 8-1-4 麦克笔

图 8-1-5 彩铅

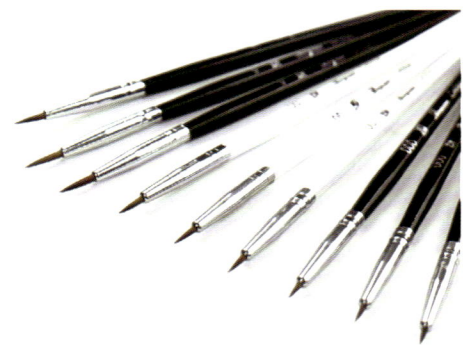

图 8-1-6 毛笔

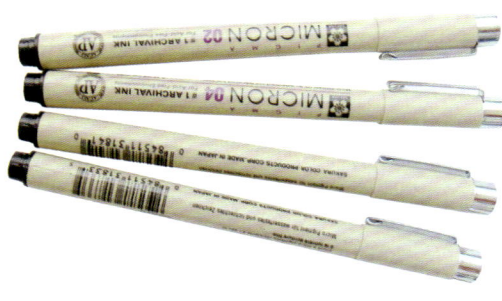

图 8-1-7 签字笔

图 8-1-8 蜡笔

8.2
应试

8.2.1　考点

插图(画)是运用图案表现的形象,本着审美与实用相统一的原则,尽量使线条、形态清晰明快,制作方便。插图是世界都能通用的语言,其设计在商业应用上通常分为人物、动物、商品形象。

8.2.2　考点解析

线条:"线条"是绘画最基本的表现手法,作者往往利用线条的勾勒来创作出心里想要表达的画面,而这常是呈现出画者个性与画风的最基本要素之一。线条的使用不只可以变换光影的明暗、物体的立体感、动态的显现,也可以营造观赏者对画面空间的知觉,如水平与垂直线给人稳定感,斜线给人不平衡感等等。在线条的应用上我们要注意其粗细的变化,让线本身具有一定的区别,让整个画面更加生动。(图8-2-1)

色彩:色彩的表达是建立在工具的选择上的,我们通常可以选择马克笔的渲染表现,在线描图形上加上单色的黑白渲染效果后再增加画面的彩色渲染,注意色彩的搭配,统一纯度的颜色切记互补色的相撞。利用颜色表达抽象效果;平面表现,运用分割、直线与色彩的反复创造出平面与单纯化效果。(图8-2-2)

8.2.3　技巧与方法

插画形象拟人化:是动物或者物品拟人化在商品领域中的扩展,经过拟人化的物品给人以亲切感,个性化的造型,有令人耳目一新的感觉,从而加深人们对物品的直接印象。以物品拟人化的构思来说,大致分为两类:第一类为完全拟人化,即夸张商品,运用商品本身特征和造型结构作拟人化的表现。第二类为半拟人化,即在商品上另加上与商品无关的手、足、头等作为拟人化的特征元素。以上两种拟人化塑造手法,使物品富有人情味和个性化。通过动画形式,强调商品特征,其动作、言语与商品直接联系起来,宣传效果较为明显。(图8-2-3、图8-2-4)

插画元素的熟悉化:我们可以在上考场之前准备好自己非常熟练和擅长的一些插画元素,这些元素最好涵盖广泛的范围,可以按照衣、食、住、行为基本点进行准备,将这些元素熟记于心,考试时顺应题目选择主体物,而画面中的配景只要利用自己准备的元素即可完成。(图8-2-5、图8-2-6)

图 8-2-1　线条

图 8-2-2　色彩

图 8-2-3　插画形象拟人化

图 8-2-4　插画形象拟人化

图 8-2-5　插画元素的熟悉化

图 8-2-6　插画元素的熟悉化

8.2.4　插画作品剖析

越南设计师 MrSithZam 平面插画设计:

华丽的线工加上作者融入于画面中不同的绘画元素,让整个画面显得精致用心。对于色彩的处理上力求简约,但在颜色的选择上却十分谨慎。画面充盈富有活力。(图8-2-7)

图 8-2-7

美国设计师 jacob livengood 插画设计作品：

　　Jacob Livengood 是一个来自于美国的时尚插画家和图形设计师，他喜欢圆点、条纹等有序的图纹。这一组是他的点点插画，用那些形状各异的点点圈圈们，构成了看上去非常有趣可爱的造型。（图 8-2-8）

图 8-2-8

DOU 插画作品：

对女孩脸部的表达在作者笔下展现出各式各样的感觉，这也告诉我们，同样的元素只要用不同的处理手法，也会呈现不同的画面状态和感觉。（图 8-2-9）

图 8-2-9

9.2　各专业特点
与就业发展方向

9.1　报考技巧

9.3　艺术考试注意事项

第9章

考试报考方法

对考前准备工作进行了解。
了解各专业未来发展方向。
明确考试期间的衣食住行安排。
突发情况的一般应对措施。
合理安排自己考试前后学习计划。

9.1
报考技巧

选自己喜欢的

　　每个美术生都有各自的兴趣和特长，有的擅长造型，有的喜欢设计类；有的在动画方面有特长，有的则是书法方面的小专家。考生和家长应重点考虑考生的兴趣和专长所在，量身选择专业。目前美术类专业主要可以分为纯艺术类、设计类、传媒类、其他类。其中纯艺术类主要有：雕塑（雕塑艺术、景观雕塑、公共艺术、陶瓷艺术等）、绘画（中国画、油画、版画、壁画、综合绘画、水彩、公共艺术、插画、漆画等）、美术学（美术馆管理、美术理论与批评、艺术品经营与拍卖、鉴定与修复、书法与篆刻、美术教育、市场管理等）等；设计类：艺术设计学、艺术设计（环境艺术设计、视觉传达设计、服装设计、平面设计、景观设计、家具产品设计、装潢艺术设计、染织设计、珠宝首饰设计、鞋靴设计、玩具设计、现代手工艺设计、印刷包装设计、网络多媒体设计、陶瓷艺术设计、数码媒体艺术设计等）、戏剧影视美术设计（电影美术、电视美术、人物造型、舞台设计、灯光设计、服装与化妆设计等）、工业设计（工业产品设计、展示设计、信息交流设计等）、建筑学（或建筑设计）、服装设计与工程、会展艺术与技术。（图 9-1-1）

图 9-1-1

扬长避短

　　很多成绩很好的考生，参加十几场校考为何一个都没过？主要是没有根据自身的优势和劣势来选择校考，所以考生应学会扬长避短。例如速写较差的考生在选择校考时，尽量避免有速写校考科目的院校和专业；没有学过设计的考生，尽量避免参加需考查设计基础科目的院校和专业；擅长默写的考生就多参加些只考默写科目的院校和专业；头像画得好的考生可选择头像科目考试的院校和专业；一般地，在报名现场，考生可询问报名的老师今年的考试范围和内容。此外，考生报考的时候一定要拉开梯度，各个层次选择2-3所，共9所比较合适。

　　所谓的层次，因人而异，如果是非常拔尖的考生，第一个层次当然是九大美院及一些著名的艺术院校；如果是成绩一般的考生，二本院校就是第一个层次。一般地，选择稍微比自己专业水平高一些的院校，例如联考成绩能考上重点大学的，那么校考就应该冲刺那些著名美院、艺术学院。（图 9-1-2）

图 9-1-2

选择城市

　　如今中国城市发展不均衡已经是众所周知，大部分的教育资源、就业资源都集中在大中城市，从某种程度上对于考生（特别是农村和偏远地区）来说，读大学就是选择城市，虽然大中城市消费高、房价高，但是机遇多、待遇高同样还是吸引广大考生的一个强大优势。

　　目前中国的大中城市主要分为：一线城市：北京市（首都、中国政治中心、华北区域中心）、上海市（中国经济金融中心）；准一线城市：广州市（华南区域中心）、深圳市（经济特区）；二线城市：南京（华东区域中心）、武汉（华中区域中心）、西安（西北区域中心）、成都（西南区域中心）、重庆（直辖市）、天津（直辖市）、大连、青岛、杭州、厦门，以及其他省会城市等。此外，很怕冷的考生尽量不要选择东北地区，怕热的就别去武汉、南昌、重庆、南京、福州、广州等城市，吃不了米饭的，就别到南方，等等。（图 9-1-3）

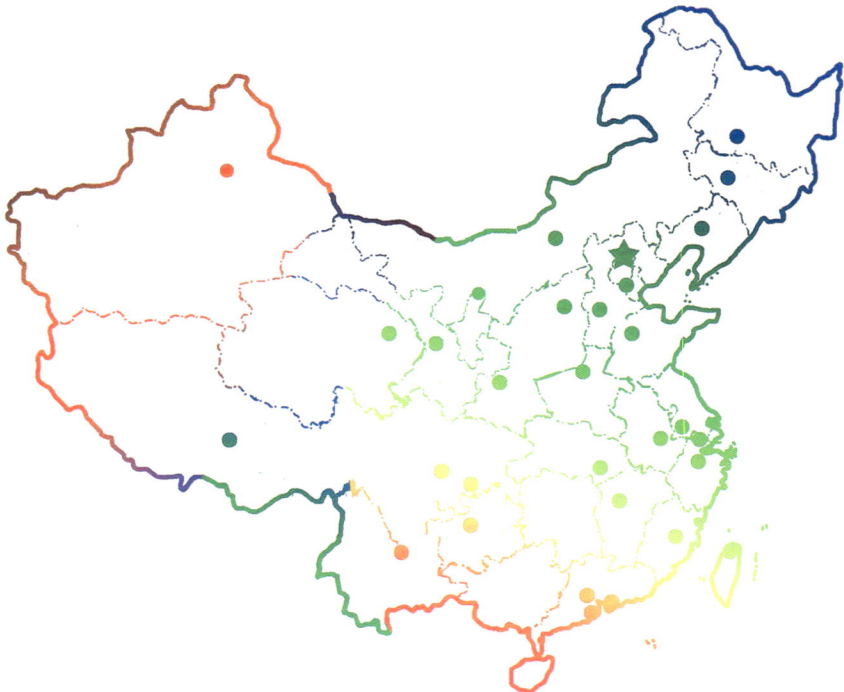

图 9-1-3

图 9-1-4

仔细阅读招生简章

录取批次。这个对于考生来说是至关重要的。很多考生在报考校考的时候很盲目，同一个批次的学校报了5-6个，拿证也拿了好几个，其他批次的都没有报。最后只能填报一个院校，其他的批次就空着，白白浪费了机会、金钱、精力。关于哪些院校在哪个批次，建议考生向上一届美术高考生借阅一本关于志愿填报的书籍，里面有详细说明，而且还归类出哪些是使用统考成绩的，哪些是使用校考成绩的。我们也可以参考历年录取分数，学生可以参照近三年各院校各专业录取分数线，分析往年专业合格线、文化分数线，今年的专业合格线、文化分数线，进行对比，然后再结合自己的情况，选择适合自己报考的院校及专业。对于要实行校考的院校，选定院校及专业后，要根据各院校各专业考试的具体要求，进行专业学习和专业培训，做到有的放矢，进行有效培训。（图9-1-4）

学校和专业前景

目前，我国各种门类的艺术院校如雨后春笋，发展速度相当快。很多艺术院校纷纷扩招，一些原来没有设置艺术类专业或艺术招生规模较小的普通高校也设立或扩建了艺术专业。部分院校不管条件是否成熟、师资力量是否跟得上，都开始设立艺术专业。因此，考生和家长在报考时应了解清楚艺术院校（专业）的师资力量、教学实力等，不要盲目报考。

艺术类专业这几年发展很快，有些院校盲目扩招造成有些专业就业困难。但也有许多专业社会需求大，出现供不应求的现象。考生在选择院校时尽量选择专业性强的学院，例如，报美术专业的尽量报考九大美术学院，其次是著名艺术院校，一些师范大学、综合性大学也是不错的选择。

基本确定参加考试的学校。如果考生不能判断自己的水平，不得不借助老师的建议。家长孩子必须认真研究、统一思想的，不是我们去考什么"好"学校（因为很容易达成共识），而是我们去考什么"差"学校，别嫌人家"难看"，说不定这个"差"学校反而你没过线呢。这个时候家长也许会发现孩子外出学画惯出个毛病：手没有练高，心练高了。（图9-1-5）

图 9-1-5

专业可兼报，不宜过多

报考艺术院校（专业）的考生，可以兼报多个艺术院校（专业），并不影响报考其他院校（专业）。在以往，不少考生在报考时盲目地兼报，希望"多报几个，好有个保障"。这些考生对所报专业没有充分的准备和把握，结果往往是每个专业都没考好，自然也达不到"有保障"的目的。所以，建议考生可以兼报两三个院校（专业），但前提是要有目的地报，并且有的放矢地去准备。另外，在兼报时，应注意专业考试时间是否冲突，并且要考虑到个人的经济承受能力和精力。（图9-1-6）

图 9-1-6

理性报考

由于对艺术生的文化成绩要求相对较低，有的考生寻思将此作为进入高校的"捷径"，而且很多考生和家长都认为一旦走上了从艺的道路，前途将是一片辉煌。但事实并非如此。目前我国高校艺术生人数众多，竞争激烈，要想在"星途"上有所发展，并不是想象中的那么容易。考生若要报考艺术类院校，一定要认真考虑自己的兴趣、爱好以及是否有这样的发展潜力，不要把艺考当作高考捷径。临时抱佛脚更是不可取，即便是侥幸考进艺术院校，以后的专业发展还是会受到很大影响。（图9-1-7）

图 9-1-7

9.2 各专业特点与就业发展方向

图 9-2-1

图 9-2-2

图 9-2-3

图 9-2-4

平面设计师

目前常见的平面设计项目，可以归纳为十大类：网页设计、包装设计、DM广告设计、海报设计、平面媒体广告设计、POP广告设计、样本设计、书籍设计、刊物设计、VI设计。

设计助理、平面设计师、资深设计师、美术指导、设计总监工作内容：平面设计主要包括美术排版、平面广告、海报、灯箱等的设计制作。就业趋向：报纸、杂志、出版等大众传播媒体，广告公司等相关行业。从事平面设计工作，技术难度较低，人才需求量又比较大。

平面设计师一般依其工作单位的性质、工作时间及待遇有所差异，报社多半录用的是有一定经验的平面设计师，一般的月薪约为三四千元，资深一点的约五六千元，但近年来因为报纸越来越注重版面编排的视觉丰富性，甚至有些报社平面设计师的主管薪水可高达十万元。杂志及出版社的平面设计师除了在出刊前可能通宵熬夜之外，上班时间很固定。也因为必须沿用固定的版面样式，因此除了做美术创意或封面的设计师之外，有时会为降低成本，采用新人来执行版面编排。杂志及出版社的平面设计师薪水比报社略低，一般月薪约为二至四千元。广告或设计公司的平面设计师多半做的是广告、海报或传单类的成品，书籍编排也不少。上班时间固定，但交稿结案前通宵熬夜是免不了的。一般来说，执行广告或海报设计多是较具经验及创意的美术设计，薪水待遇也较高，约为五六万元。（图9-2-1）

服装设计师

文化艺术修养是一个真正的服装设计师所应具备的。（图9-2-2）

从更深层的意义上来说，服装代表的是本国的民族文化，只有民族的才是世界的。作为一个服装设计师的终极目标不仅仅是单纯的设计服装，而是要建立自己的服装品牌，将自己的设计理念用不同的方式传达给大家，乃至世界每个角落。这是一条非常漫长的路，需要你不断地深挖中国文化土壤，结合实用服装的基本经济功能，从而创造一条无人能逾越的风格独有的服装道路。

阶段一：重设计，轻工艺。服装设计专业的教师与学生多认为自己是搞艺术的，应着力于作品的设计，而裁剪制作是匠人们的事。这种想法导致了他们打板困难，制作不通。由于他们的设计缺乏结构设计基础而如空中楼阁，这样的设计还没有投入生产就被"毙"了。

阶段二：重创意、轻实用。服装设计是产品设计，销售量是服装设计的根本目标，艺术创意是实现目标的手段。重创意、轻实用使得许多设计作品不被消费者认可。

阶段三：我们国家消费者的层次太低，有这种想法的设计师大有人在，线线通服装设计社区的站长就曾经这样认为，他对这种境况也有自己的看法，像这种离消费者太远的设计无人问津也就不足为奇了。只要走出思想误区，按着一定规律努力去做，成为设计师是顺理成章的事。

工业设计师

工业设计是伴随现代工业、科技发展起来的复合型、边缘性学科，同时又是一个产业。近20年来，这一新兴事业在我国取得了较大进展。目前，北京、上海、广东等12个省市都成立了工业设计组织。从1986年北京成立第一个专门从事产品设计的工业设计事务所以来，至今这类企业在全国已有数百家，从事广告、包装装潢、环境艺术等专业的公司接近万家。此外，全国有380余所大学开办了设计专业，海尔、联想、美的等大型集团都建立了自己的工业设计中心，有效地增强了企业的综合竞争力。

工业设计师人才却一直很稀缺。我国工业设计人才的培养历史短，市场需求以往并不旺盛是导致目前工业设计师缺乏的直接原因。此外，国内学生的创造力水平有待提高，真正出色的工业设计师不多是造成目前人才缺乏的一个重要原因。另外，计算机技术的发展与工业设计的关系是非常广泛而深刻的。一方面，计算机的应用极大地改变了工业设计的技术手段，改变了工业设计的程序与方法。与此相适应，设计师的观念和思维方式也有了很大的转变。另一方面，以计算机技术为代表的高新技术开辟了工业设计的崭新领域，先进的技术必须与优秀的设计结合起来，才能使技术人性化，真正服务于人类，工业设计对推动高新技术产品的进步起到了不可估量的作用，计算机发展的历史本身就说明了这一点。（图9-2-3）

数码设计师

一款游戏的开发涉及的主要制作人员包括游戏策划、关卡设计师、游戏程序员、美工与动画设计师（2D与3D美工）四类人员。基本来说，动画设计师主要负责角色动画设计和完成角色动画。作为一个年轻的职业，主要分为游戏动画人才和影视动画人才。现在3D电影动画、游戏发展非常迅速，国内的影视动画及游戏产业有很大的发展，动漫创作工作的时尚与高薪，吸引了越来越多人的眼球。

现在的IT市场，对动画设计师有相当的需求，如果为一个公司的产品或网页做宣传动画（也就是片头），是按秒计算的，一个成品动画，大约300RMB/s，如按月计算大约5000RMB/月。晋升空间可以向动画导演、艺术总监发展。（图9-2-4）

建筑设计师

建筑设计师属稀缺人才。刚入行的建筑设计师年薪一般不到 10 万元，而资深建筑设计师的年薪一般都在 50 万元以上。

建筑设计师是指单纯的建筑专业的设计师，简称建筑师，包括建筑主体设计、外墙设计、景观设计、室内设计。建筑工程师是泛指建筑行业的各个工种的工程师，包括电气、给排水、暖通、消防、建筑、结构、土建、装饰等。建筑师通过与工程投资方（即通常所说的甲方）和施工方的合作，在技术、经济、功能和造型上实现建筑物的营造。

一般认为建筑师是一种艺术家而不是工程师，他的作品需要工程师从力学角度计算，选取合适的工程材料才能实现，有的建筑师的设计超出现有的材料能力，则无法实现为真实的建筑。建筑师的设计也必须能说服投资方赞成，才能付诸实现。历史上有许多非常有才华的设计，因为不能完全满足上述两个条件而没有能成为真正的建筑。建筑师一般在专门的建筑事务所工作或从事相关教学科研。

在中国，过去是国有企业单位建筑设计院，现均改制为股份制企业单位，但也有少数其他专业的精英会偶尔客串建筑师的职业。中国现今实行国家注册建筑师制度，分一级注册建筑师和二级注册建筑师。获得建筑学相关学位的人或者建筑设计相关工作者必须通过考试才能获得建筑师的执业资格。一个建筑事务所必须至少拥有 2 名一级注册建筑师方可开业。在英国，"建筑师"的定义相对狭窄。根据英国《建筑师法案》，通常只有通过 7 年英国皇家建筑师学会认可的三阶段建筑教育的人才能被称为"建筑师"；因为欧盟内部服务领域相互开放，获得其它欧盟国家执业建筑师资格的人在英国亦可享有"建筑师"头衔。而其它的建筑设计工作者只能被称为"建筑设计师"。而在意大利，"建筑师"是一个很宽泛的称号，雕塑家、家具设计师、室内设计师都可以被称为建筑师。（图 9-2-5）

图 9-2-5

陶瓷设计师

大产业里发展的开拓者。伴随科技和社会的进步，我国传统的陶瓷产业发展迅猛，不断向现代化迈进。目前具有一定规模的陶瓷生产企业已达 1 万多家，从业人员超过百万。目前，我国是世界上陶瓷产量第一大国，每年生产总值在 1 千多亿元人民币，出口创汇几十亿美元。日用陶瓷、建筑陶瓷、卫生陶瓷、陈设艺术陶瓷一直是我国重要的出口产品之一，多年来为国家经济建设做出了重要的贡献。陶瓷设计师在全国的平均月薪在 3000 元左右，薪资范围在 1500–4500 元／月。陶器设计师要求有一定的美术功底和很高的艺术鉴赏水平，还要求对陶器的功能和消费者心理有深刻的理解。可以发展为项目总监、设计总监等职业。（图 9-2-6）

图 9-2-6

交互设计师

交互设计师善于表达，以网页语言表达产品所要告诉用户的信息，同时显示用户的操作功能。所以，凡是涉及到表达、传达的问题，都可以找交互设计师来做，也应该由交互设计师来做。

产品经理考虑要做什么产品才有价值，交互设计师考虑怎么把这个想法最有效地转化成一系列的界面展现给用户。除了展现，还有和用户的交互。这个展现、交互的过程就需要一定的表达能力。这种表达能力并不是我们平时所特指的口头表达，而是使用网页语言表达。我们经常会讨论一个按钮的位置，讨论某个状态下光标的样式，讨论应该写成"登录"而非"登陆"等等：这些都是网页语言表达。

有些时候，有些交互设计师会问："网页上的文字要我来写吗？产品经理比我了解得更清楚，他（她）们写吧？"如果说交互设计师应该具备"善于表达"的特点，那么网页上的文字就应该由交互设计师来编写。虽然产品经理更了解产品，然而交互设计师才是最懂得如何向用户表达的人。我们会讨论"你"还是"我"这样的称谓问题，也会注意不要在页面上出现"用户"这样的字眼：这些都是随着网络和新技术的发展，各种新产品和交互方式越来越多，人们也越来越重视交互的体验，许多公司、网站、新兴的行业都开始注意到交互设计在品牌的创建、客户回头率、客户满意度等方面影响很大，因此交互设计师也越来越受到重视。待积累经验后可发展为项目经理等管理职位。其一般月薪为 3000–10000 元。

作为一个交互设计师，必须要对用户体验方面的理论有较深的理解和认识，有一定视觉设计和 XHTML/CSS 等相关岗位的技术和技能，熟悉 UI 设计的基本规范，具有良好的创意设计能力，熟练运用 Photoshop 和 Dreamweaver 等设计工具，具备良好的客户服务意识和文字表达能力。（图 9-2-7）

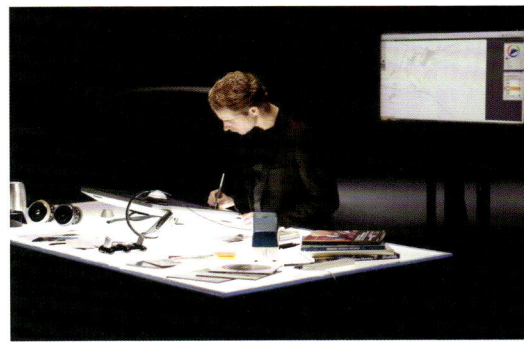

图 9-2-7

汽车设计师

汽车设计师是对整车而言，基于对目标市场和车型定位的考虑，能够提出具有市场竞争力的产品方案的设计者。设计师通常以直观的美术绘画的造型方式来表达整车的概念构思。设计师要懂得产品消费心理学、产品与市场、图形符号语意、审美文化与时尚、美术绘画表达、工程图学、产品工程基础、工业制造常识。专职汽车设计师必须掌握汽车设计绘画表达和汽车工业曲面理论及汽车工程基础。（图 9-2-8）

图 9-2-8

室内设计师

我国现有室内设计专业人员 20 多万，还呈增长之势。据业内人士介绍，专业室内设计师的收入一般采取底薪加提成的方式，设计费提成一般是整个装饰工程费用的 2%-10% 之间，以昆明为例，一个真正有能力的设计师年薪都在 10 万元左右，像设计总监、项目设计负责人这些较为重要的角色，年收入可达数十万元甚至更多。由于市场需求大，室内设计师在市场较为走俏，已被人们称为"金色灰领"。

室内设计师是一种室内设计的专门工作，重点是把客人的需求，转化成事实，其中着重沟通，了解客人的期望，在有限的空间、时间、科技、工艺、物料、成本等压力之下，创造出实用及美学并重的全新空间，被客户欣赏。（图 9-2-9）

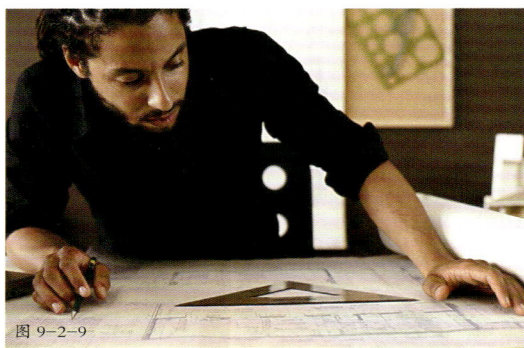

图 9-2-9

9.3 艺术考试注意事项

考试报名方法

艺考的第一步便是报名，考生应根据自己的专业素质和兴趣爱好，选择报考的学校和专业。并且根据所报的专业来进行物质准备，比如，报考美术院校，要准备好所有考试科目的绘画材料，包括四开的画板与画夹、颜料、画笔及其他绘画工具等。当然，报名费、专业和文化考务费是必不可少的。

此外，艺术院校招生对考生的身体条件有比较严格的要求，除要求考生符合教育部、卫生部《普通高等学校招生体检工作指导意见》外，报考美术院校（专业）要求考生无色盲、色弱；报考音乐、影视类院校（专业）要求考生无口吃、无色盲、色弱；报考表演专业要求考生男生身高不低于 170 厘米，女生身高不低于 160 厘米。考生应清楚这些要求，报考与自身身体条件相符合的专业。（图 9-3-1）

考试与录取的小分限制

艺术专业的分数线比高考普通专业要复杂许多，一般艺术专业录取时制定专业课和文化课两条分数线，少数专业还制定单科分数线，俗称"单科小分"。比如中央美术学院设计学院在文化课过线、专业课合格的前提下，考生的英语单科成绩要达到 70 分，语文单科成绩须达到 70 分。艺术考生提高专业课水平的同时不能忽略文化课，报考个别专业的考生还要有针对性地加强单科训练，以免因一科成绩不够而与理想学校失之交臂。

艺考分为专业考试和文化课考试。文化课考试即高考；专业考试包括招生院校自行组织和省级招办统一组织两种形式，一般来说，31 所独立设置的艺术院校自行组织专业考试，普通高校的艺术专业则由省级招办统一组织专业考试，考生应留意自己所报学校及所在省市当年的相关规定。

专业考试主要考查考生的艺术特质和潜在能力，考生应根据所报专业准备考试内容，提升自己的专业素质。

图 9-3-1

录取规则学校自定

与普通专业不同的是，艺术专业的录取规则由招生学校自定。不同门类的艺术专业特点千差万别，无法按照绝对一致的标准选拔考生，使得一所学校内不同专业间录取规则可能不同，甚至一个专业会有几种录取规则。

不同的录取规则实质是专业课、文化课的权重不同，高校一般按照以下几种规则录取：

文化课成绩过线，按专业成绩排队。北京舞蹈学院 2006 年所有艺术类专业就是这种录取规则，参加该校专业考试并成绩合格且文化考试达到该校录取分数线的考生，按专业成绩从高分到低分排队录取。该校的公共事业管理专业（中外文化交流管理方向）和舞蹈编导专业（电视舞蹈方向）还关注语文和外语单科成绩。

专业合格，按文化课成绩排队。中国戏曲学院的戏曲文学创作和戏曲理论方向，考生要在专业课合格的前提下，按文化课成绩排名录取。

文化课、专业课成绩累计后排队。中国戏曲学院国际文化交流方向，考生文化课成绩和外语成绩达到录取分数线的前提下，将专业课成绩与文化课成绩相加，按总成绩排名录取。

文化课、专业课成绩按一定比例折算、累计后排队。两者折算比例由学校确定。北京电影学院戏剧影视文学专业（剧作方向）就是考生专业课成绩的 60% 与文化课成绩的 40% 排名录取，具体计算公式是：总分（百分制）＝考生文化课成绩 ÷750×100×0.4+ 考生专业课成绩（百分制）×0.6，达到综合成绩文科、理科均为 63.86 分后，择优录取。

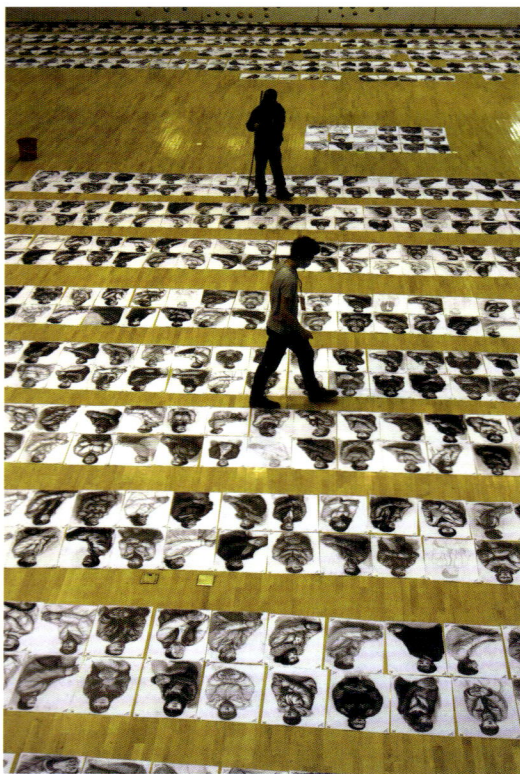

图 9-3-2

地区差别须重视

大部分高校的艺术类专业招生计划面向全国，但仍有一些专业的招生计划按地区分配。中央美术学院的建筑学专业在北京招收 10 人、美术学专业在北京招收 15 人。北京工业大学、首都师范大学等北京市属高校近一半招生计划投放北京，录取时，京内生源与京外生源分别排队录取，北京考生占一定优势。（图 9-3-2）

10.2 清华大学美术学院历年录取原则与分数线

10.1 中央美术学院历年录取原则与分数线

10.3 中国美术学院艺术类专业历年录取分数统计

第10章

各院校历年录取情况

认真阅读各专业理念考试录取原则。

研究招生人数与考试难度的平衡关系。

理性评估自身水平。

合理报考成功率最高的院校专业。

10.1
中央美术学院

中央美术学院 2010 年录取情况

一、中国画专业

1. 文化课成绩前 2 名，文化课最低为 544 分。

2. 按专业排名录取，文化课分数线为：总分：400 分。单科：语文 80 分，外语 70 分。

3. 专业名次录至 72 名。专业并列 72 名者，按其文化课成绩由高到低录取，文化课分数录至：总分 440 分。

二、书法专业

1. 按专业排名录取，文化课分数线为：总分：400 分。单科：语文 80 分，外语 70 分。

2. 专业名次录至 14 名。专业并列 14 名者，按其文化课成绩由高到低录取，文化课分数录至：总分 441 分。

三、造型艺术专业

1. 文化课成绩前 8 名，文化课最低为 574 分。

2. 按专业排名录取，文化课分数线为：总分：400 分。单科：语文 80 分，外语 70 分。

3. 专业名次录至 258 名。专业并列 258 名者，按其文化课成绩由高到低录取，文化课分数录至：总分 474 分。

四、艺术设计专业

1. 文化课成绩文科前 5 名，文化课最低为 585 分；理科前 2 名，文化课最低为 552 分。

2. 按专业排名录取，文化课分数线为：总分：420 分。单科：语文 80 分，外语 70 分。

3. 文科专业名次录至 148 名。专业并列 148 名者，按其文化课成绩由高到低录取，文化课分数录至：总分 436 分。

4. 理科专业名次录至 638 名。专业并列 638 名者，按其文化课成绩由高到低录取，文化课分数录至：总分 451 分。

五、建筑学专业

1. 按文化课排名录取。

文科：①北京录取 4 人，文化总分最低 554 分。

②山东录取 4 人。文化总分最低 542 分。

③其他省：录取 17 人，文化总分最低 540 分。

理科：①北京录取 4 人，文化总分最低 532 分。

②山东录取 4 人，文化总分最低 503 分。

③其他省：录取 17 人，文化总分最低 511 分。

2. 按专业课（文理科混合）排名录取。

文化课分数线为：总分：420 分。单科：语文 80 分，外语 70 分。

①北京录取 7 人，专业名次录至 126 名。并列 126 名，文化分数录至 521 分。

②山东录取 4 人，专业名次录至 78 名。并列 78 名，文化分数录至 439 分。

③其他省：录取 19 人，专业名次录至 33 名，并列 33 名，文化分数录至 483 分。

六、美术学专业

1. 北京市录取 14 人。文化课最低分数线：总分 491 分。

2. 山东省录取 15 人。文化课最低分数线：总分 567 分。

3. 其他省录取 61 人。文化课最低分数线：总分 533 分。

七、影像设计专业

1. 从第一志愿考生中录取 6 人。

①中国画专业按专业排名录取 4 名，文化课最低分数：总分 390 分。

单科：语文 75 分，外语 65 分；专业名次录至 112 名。

②造型艺术专业按专业排名录取 2 名，文化课最低分数：总分 390 分。

单科：语文 75 分，外语 65 分；专业名次录至 647 名。

2. 从中国画、造型艺术专业兼报考生中按专业课排名录取，文化课最低分数线：总分 395 分。单科：语文 75 分，外语 65 分；

①中国画专业录取 6 人，专业名次录至 91 名。并列 91 名，文化分数录至 418 分。

②造型艺术专业录取 58 人，专业名次录至 526 名。并列 526 名，文化分数录至 503 分。

八、信息设计专业

1. 从第一志愿考生中按专业排名录取 4 人。文化课最低分数：总分 405 分。

单科：语文 75 分，外语 65 分；专业名次录至 322 名，并列 322 名，其文化课分数录至 462 分。

2. 从艺术设计专业（文科）兼报考生中按专业课排名录取 56 人。

文化课最低分数线为：总分 410 分。

单科：语文 75 分，外语 65 分；专业名次录至 242 名，并列 242 名，其文化课分数录至 429 分。

九、产品设计专业

1. 从第一志愿考生中按专业排名录取 6 人。

①造型艺术专业按专业排名录取 1 名，文化课最低分数：总分 390 分。

单科：语文 75 分，外语 65 分；专业名次录至 324 名，文化课最低录至 475 分。

②从建筑学专业文科按专业排名录取 5 名，文化课最低分数：总分 405 分。

单科：语文 75 分，外语 65 分；专业名次录至 222 名，文化课最低录至 474 分。

2. 从造型艺术专业兼报考生中按专业排

录取 9 人。文化课最低分数线：总分 395 分。

单科：语文 75 分，外语 65 分；专业名次录至 345 名。并列 345 名，其文化课总分录至 497 分。

3. 从建筑学专业文科兼报考生中按专业排名录取 25 人。文化课最低分数线：总分 410 分。

单科：语文 75 分，外语 65 分；专业名次录至 271 名。并列 271 名，其文化课总分录至 450 分。

十、空间设计专业

1. 从第一志愿考生中按专业排名录取前 12 人。

①艺术设计专业按专业排名录取 1 名，文化课最低分数：总分 405 分。

单科：语文 75 分，外语 65 分；专业名次录至 188 名。

②从建筑学专业文科按专业排名录取 11 名，文化课最低分数：总分 405 分。

单科：语文 75 分，外语 65 分；专业名次录至 126 名。

2. 从艺术设计专业文科兼报考生中按专业课排名录取 19 人，文化课最低分数线：总分 410 分。

单科：语文 75 分，外语 65 分；专业名次录至 322 名。并列 322 名，文化分数录至 537 分。

3. 从建筑学专业文科兼报考生中按专业课排名录取录取 19 人，文化课最低分数线为：总分 410 分。

单科：语文 75 分，外语 65 分；专业名次录至 126 名。

并列 126 名，文化分数录至 526 分。

十一、家居产品设计专业

1. 从第一志愿考生中按专业排名录取 11 人。

文化课最低分数线：中国画，总分 385 分，单科：语文 75 分，外语 65 分；

艺术设计、建筑学，总分 400 分，单科：语文 75 分，外语 65 分；

①中国画专业录取 2 人，专业名次录至 72 名。

②设计专业文科录取 1 人，专业名次录至 58 名。并列 58 名，文化分数录至 486 分。

③建筑学专业文科录取 6 人，专业名次录至 78 名。并列 78 名，文化分数录至 437 分。

④建筑学专业理科录取 2 人，专业名次录至 48 名。并列 48 名，文化分数录至 474 分。

2. 从中国画、造型艺术、艺术设计、建筑学专业兼报考生中按专业课排名录取，

文化课最低分数线：中国画、造型艺术总分 390 分，单科：语文 75 分，外语 65 分；

艺术设计、建筑学总分 405 分，单科：语文 75 分，外语 65 分；

①中国画专业录取 8 人，专业名次录至 123

名。并列 123 名，文化分数录至 479 分。

②造型艺术专业录取 30 人，专业名次录至 526 名。并列 526 名，文化分数录至 439 分。

③设计专业文科录取 53 人，专业名次录至 413 名。并列 413 名，文化分数录至 469 分。

④设计专业理科录取 6 人，专业名次录至 638 名。并列 638 名，文化分数录至 416 分。

⑤从建筑学专业文科按专业排名录取 19 名，

专业名次录至 166 名。

⑥从建筑学专业理科按专业排名录取 4 名，专业名次录至 78 名。

十二、新疆少数民族（民考民）

专业成绩合格，文化课成绩最低分数线：总分 325 分。

十三、新疆定向培养计划

专业成绩合格，文化课成绩最低分数线：总分 350 分。

十四、港、澳、台、华侨

专业成绩合格，文化课成绩最低分数线：总分 360 分。

中央美术学院 2011 年录取情况

一、中国画专业

1. 文化课成绩前 2 名，文化课最低为 556 分；

2. 按专业排名录取，文化课分数线为：总分：400 分。单科：语文 80 分，外语 70 分；

3. 专业名次录至 60 名。专业并列 60 名者，按其文化课成绩由高到低录取，文化课分数录至：总分 495 分。

二、书法专业

1. 按专业排名录取，文化课分数线为：总分 400 分。单科：语文 80 分，外语 70 分；

2. 专业名次录至 17 名。专业并列 17 名者，按其文化课成绩由高到低录取，文化课分数录至：总分 405 分。

三、造型艺术专业

1. 文化课成绩前 7 名，文化课最低为 577 分；

2. 按专业排名录取，文化课分数线为：总分 400 分。单科：语文 80 分，外语 70 分；

3. 专业名次录至 202 名。专业并列 202 名者，按其文化课成绩由高到低录取，文化课分数录至：总分 418 分。

四、艺术设计专业

1. 文化课成绩文科前 5 名，文化课最低为 574 分；理科前 2 名，文化课最低为 584 分；

2. 按专业排名录取，文化课分数线为：总分 420 分。单科：语文 80 分，外语 70 分；

3. 文科专业名次录至 163 名。专业并列 163 名者，按其文化课成绩由高到低录取，文化课分数录至：总分 536 分。

4. 理科专业名次录至 294 名。专业并列 294 名者，按其文化课成绩由高到低录取，文化课分数录至：总分 446 分。

五、建筑学专业

1. 按文化课排名录取。

文科：①北京录取 4 人，文化总分最低 533 分。

②山东录取 5 人。文化总分最低 544 分。

③其他省：录取 17 人，文化总分最低 553 分。

理科：①北京录取 3 人，文化总分最低 563 分。

②山东录取 4 人，文化总分最低 509 分。

③其他省：录取 18 人，文化总分最低 525 分。

2. 按专业课（文、理科混合）排名录取。

文化课分数线为：总分 420 分。单科：

语文 80 分，外语 70 分；

①北京录取 7 人，专业名次录至 103 名。并列 103 名，文化分数录至 439 分。

②山东录取 4 人，专业名次录至 103 名。并列 103 名，文化分数录至 519 分。

③其他省：录取 19 人，专业名次录至 29 名，并列 29 名，文化分数录至 479 分。

六、美术学专业

1. 北京市录取 15 人。文化课最低分数线：总分 508 分。

2. 山东省录取 13 人。文化课最低分数线：总分 574 分。

3. 其他省录取 59 人。文化课最低分数线：总分 544 分。

七、影像设计专业

1. 从第一志愿考生中录取 8 人。

①中国画专业按专业排名录取 4 名，文化课最低分数：总分 390 分。单科：语文 75 分，外语 65 分；专业名次录至 76 名。

②造型艺术专业按专业排名录取 4 名，文化课最低分数：总分 390 分。单科：语文 75 分，外语 65 分；专业名次录至 369 名。

2. 从中国画、造型艺术专业兼报考生中按专业课排名录取，文化课最低分数线：

总分 395 分，单科：语文 75 分，外语 65 分；

①中国画专业录取 11 人，专业名次录至 76 名。并列 76 名。

②造型艺术专业录取 51 人，专业名次录至 406 名。并列 406 名，文化分数录至 431 分。

八、信息设计专业

1. 从第一志愿考生中录取 8 人。从艺术设计专业（文科）按专业排名录取 8 人。

文化课最低分数线：总分 405 分。单科：语文 75 分，外语 65 分；专业名次录至 382 名，并列 382 名，其文化课分录至 534 分。

2. 从艺术设计专业（文科）兼报考生中按专业课排名录取 42 人。文化课最低分数线为：总分 410 分。单科：语文 75 分，外语 65 分；专业名次录至 294 名，并列 294 名，其文化课分数录至 422 分。

3. 造型艺术专业兼报考生中按专业课排名录取 5 人，文化课最低分数线为：总分 395 分。单科：语文 75 分，外语 65 分；专业名次录至 406 名。并列 406 名，文化分数录至 429 分。

九、产品设计专业

1. 从第一志愿考生中按专业排名录取 9 人。

①从艺术设计专业（文科）按专业排名录取 4 名，文化课最低分数：总分 405 分。

单科：语文 75 分，外语 65 分；专业名次录至 503 名，文化课最低录至 421 分。

②从建筑学专业（文科）按专业排名录取 5 名，文化课最低分数：总分 405 分。

单科：语文 75 分，外语 65 分；专业名次录至 184 名，文化课最低录至 505 分。

2. 从造型艺术专业兼报考生中按专业排名录取 20 人。文化课最低分数线：总分 395 分。单科：语文 75 分，外语 65 分；专业名次录至 406 名。并列 406 名，

其文化课总分录至 453 分。

3. 从艺术设计专业（文科）兼报考生中按专业排名录取 11 人。文化课最低分数线：

总分 410 分。单科：语文 75 分，外语 65 分；专业名次录至 163 名。并列 163 名，其文化课总分录至 460 分。

4. 从建筑学专业（文科）兼报考生中按专业排名录取 10 人。文化课最低分数线：

总分 410 分。单科：语文 75 分，外语 65 分；专业名次录至 138 名。并列 138 名，

其文化课总分录至 509 分。

十、空间设计专业

1. 从第一志愿考生中按专业排名录取前 12 人。从建筑学专业（文科）按专业排名录取 12 名，文化课最低分数：总分 405 分。单科：语文 75 分，外语 65 分；专业名次录至 184 名。

2. 从造型艺术专业兼报考生中按专业课排名录取 8 人，文化课最低分数线：总分 395 分。单科：语文 75 分，外语 65 分；专业名次录至 406 名。并列 406 名，文化分数录至 448 分。

3. 从建筑学专业（文科）兼报考生中按专业课排名录取录取 24 人，文化课最低分数线为：总分 410 分。

单科：语文 75 分，外语 65 分；专业名次录

至 103 名。

并列 103 名，文化分数录至 477 分。

十一、家居产品设计专业

1. 从第一志愿考生中按专业排名录取 11 人。

文化课最低分数线：造型艺术，总分 385 分，单科：语文 75 分，外语 65 分；

艺术设计、建筑学，总分 400 分，单科：语文 75 分，外语 65 分；

①造型艺术专业录取 1 人，专业名次录至 298 名。

②设计专业（文科）录取 2 人，专业名次录至 637 名。

③设计专业（理科）录取 1 人，专业名次录

至 219 名。

④建筑学专业（文科）录取 3 人，专业名次录至 482 名。

⑤建筑学专业（理科）录取 1 人，专业名次录至 482 名。

2. 从造型艺术、艺术设计、建筑学专业兼报考生中按专业课排名录取，文化课

最低分数线：造型艺术总分 390 分，单科：语文 75 分，外语 65 分；艺术设计、建筑学总分 405 分，单科：语文 75 分，外语 65 分；

①从造型艺术专业录取 32 人，专业名次录至 560 名。

②从设计专业（文科）录取 23 人，专业名次录至 219 名。并列 219 名，文化分数录至 469 分。

③从设计专业（理科）录取 6 人，专业名次录至 503 名。并列 503 名，文化分数录至 421 分。

④从建筑学专业（文科）按专业排名录取 25 名，专业名次录至 184 名。并列 184 名，文化分数录至 510 分。

⑤从建筑学专业（理科）按专业排名录取 7 名，专业名次录至 103 名。

十二、新疆少数民族（油画）

按专业课排名录取 2 人，文化课最低分数线：总分 400 分，单科：语文 80 分，外语 70 分。专业名次录至 3 名。并列 3 名，文化分数录至 443 分。

中央美术学院 2012 年录取情况

一、中国画专业

1. 文化课成绩前 2 名，文化课最低为 523 分；

2. 按专业排名录取，文化课分数线为：总分 400 分。单科：语文 80 分，外语 70 分；

3. 专业名次录至 50 名。并列 50 名者，按其文化课成绩由高到低录取，文化课分数录至：总分 453 分

二、书法专业

1. 按专业排名录取，文化课分数线为：总分 400 分。单科：语文 80 分，外语 70 分；

2. 专业名次录至 13 名。并列 13 名者，按其文化课成绩由高到低录取，文化课分数录至：总分 454 分。

三、造型艺术专业

1. 文化课成绩前 7 名，文化课最低为 556 分；

2. 按专业排名录取，文化课分数线为：总分：400 分。单科：语文 80 分，外语 70 分；

3. 专业名次录至 209 名。并列 209 名者，按其文化课成绩由高到低录取，文化课分数录至：总分 442 分。

四、艺术设计专业

1. 文化课成绩文科前 5 名，文化课最低为 579 分；理科前 2 名，文化课最低 525 分；

2. 按专业排名录取，文化课分数线为：总分：420 分。单科：语文 80 分，外语 70 分；

3. 文科专业名次录至 138 名。并列 138 名者，按其文化课成绩由高到低录取，文化课分数录至：总分 511 分。

4. 理科专业名次录至 338 名。并列 338 名者，按其文化课成绩由高到低录取，文化课分数录至：总分 495 分。

五、建筑学专业

1. 按文化课排名录取。

文科：①北京录取 5 人，文化总分最低 528 分。

②山东录取 4 人。文化总分最低 563 分。

③其他省：录取 17 人，文化总分最低 563 分。

理科：①北京录取 3 人，文化总分最低 474 分。

②山东录取 4 人，文化总分最低 543 分。

③其他省：录取 17 人，文化总分最低 490 分。

2. 按专业课（文理科混合）排名录取。文化课分数线为：总分 420 分。单科：语文 80 分，外语 70 分；

①北京录取 7 人，专业名次录至 106 名。并列 106 名，按其文化课成绩由高到低录取，文化分数录至：总分 473 分。

②山东录取 4 人，专业名次录至 37 名。并列 37 名，按其文化课成绩由高到低录取，文化分数录至：总分 486 分。

③其他省：录取 19 人，专业名次录至 24 名，并列 24 名，按其文化课成绩由高到低录取，文化分数录至：总分 525 分。

六、美术学专业

1. 北京市录取 15 人。文化课最低分数线：总分 463 分。

2. 山东省录取 12 人。文化课最低分数线：总分 541 分。

3. 其他省录取 59 人。文化课最低分数线：总分 538 分。

七、影像设计专业

1. 从第一志愿考生中录取 5 人。

①造型艺术专业按专业排名录取 1 人，文化课最低分数：总分 390 分。单科：语文 75 分，外语 65 分；专业名次录至 198 名，其文化课分录至 508 分。

②艺术设计专业按专业排名录取 4 人，文化课最低分数：总分 405 分。单科：语文 75 分，外语 65，专业名次录至 338 名。并列 338 名，其文化课分录至 540 分。

2. 从兼报志愿考生中录取 65 人。

①造型艺术专业兼报考生中按专业课排名录

取 55 人，文化课最低分数线：总分 395 分，单科：语文 75 分，外语 65 分；专业名次录至 478 名，并列 478 名，其文化课分录至 440 分。

②艺术设计专业兼报考生中按专业课排名录取 10 人，文化课最低分数线：总分 410 分，单科：语文 75 分，外语 65 分；专业名次录至 186 名。并列 186 名，文化分数录至 454 分。

八、信息设计专业

1. 从第一志愿考生中录取 9 人。艺术设计专业（文科）按专业排名录取 9 人。

文化课最低分数线：总分 405 分。单科：语文 75 分，外语 65 分；专业名次

录至 540 名，并列 540 名，其文化课分录至 475 分。

2. 从兼报志愿考生中录取 46 人。

①艺术设计专业（文科）兼报考生中按专业课排名录取 40 人。文化课最低分数线为：总分 410 分。单科：语文 75 分，外语 65 分；专业名次录至 338 名，并列 338 名，化分数录至 420 分。

②造型艺术专业兼报考生中按专业课排名录取 6 人，文化课最低分数线为：总分 395 分。单科：语文 75 分，外语 65 分；专业名次录至 527 名。并列 527 名，文化分数录至 482 分。

九、产品设计专业

1. 从第一志愿考生中按专业排名录取 14 人。

①艺术设计专业（文科）按专业排名录取 7 名，文化课最低分数：总分 405 分。

单科：语文 75 分，外语 65 分；专业名次录至 256 名，文化课最低录至 431 分。

②建筑学专业（文科）按专业排名录取 7 名，文化课最低分数：总分 405 分。单科：语文 75 分，外语 65 分；专业名次录至 161 名，文化课最低录至 453 分。

2. 从兼报志愿考生中录取 36 人。

①造型艺术专业兼报考生中按专业排名录取 20 人。文化课最低分数线：总分 395 分。单科：

语文 75 分，外语 65 分；专业名次录至 378 名。并列 378 名，其文化课总分录至 416 分。

②艺术设计专业（文科）兼报考生中按专业排名录取 8 人。文化课最低分数线：总分 410 分。单科：语文 75 分，外语 65 分；专业名次录至 138 名。并列 138 名，其文化课总分录至 472 分。

③建筑学专业（文科）兼报考生中按专业排名录取 8 人。文化课最低分数线：总分 410 分。单科：语文 75 分，外语 65 分；专业名次录至 62 名，并列 62 名，其文化课总分录至 527 分。

十、空间设计专业

1. 从第一志愿考生中录取 13 人。建筑学专业（文科）按专业排名录取 13 名，文化课最低分数：总分 405 分。单科：语文 75 分，外语 65 分；专业名次录至 161 名。文化分数录至 415 分。

2. 从兼报志愿考生中录取 32 人。

①造型艺术专业兼报考生中按专业课排名录取 14 人，文化课最低分数线：总分 395 分。单科：语文 75 分，外语 65 分；专业名次录至 527 名。并列 527 名，文化分数录至 419 分。

②建筑学专业（文科）兼报考生中按专业课排名录取录取 18 人，文化课最低分数线为：总分 410 分。单科：语文 75 分，外语 65 分；专业

名次录至 62 名，文化分数录至 436 分。

十一、家居产品设计专业

1. 从第一志愿考生中录取 14 人。文化课最低分数线：中国画、造型艺术，总分 385 分，单科：语文 75 分，外语 65 分；艺术设计、建筑学，总分 400 分，单科：语文 75 分，外语 65 分；

①中国画专业录取 3 人。专业名次录至 66 名，并列 66 名，文化分数录至 469 分。

②设计专业（文科）录取 3 人。专业名次录至 437 名，并列 437 名，文化分数录至 495 分。

③建筑学专业（文科）录取 6 人。专业名次录至 215 名，并列 215 名，文化分数录至 535 分。

④建筑学专业（理科）录取 2 人。专业名次录至 106 名，并列 106 名，文化分数录至 418 分。

2. 从兼报志愿生中录取 86 人。文化课最低分数线：中国画、造型艺术总分 390 分，单科：语文 75 分，外语 65 分；艺术设计、建筑学总分 405 分，单科：语文 75 分，外语 65 分；

①从中国画专业录取 6 人。专业名次录至 63 名，并列 63 名，文化分数录至 420 分。

②从造型艺术专业录取 25 人。专业名次录至 527 名，并列 527 名，文化分数录至 469 分。

③从设计专业（文科）录取 23 人。专业名

次录至 186 名，并列 186 名，文化分数录至 427 分。

④从设计专业（理科）录取 6 人。专业名次录至 540 名，并列 540 名，文化分数录至 476 分。

⑥从建筑学专业（文科）按专业排名录取 20 名。专业名次录至 106 名，并列 106 名，文化分数录至 421 分。

⑦从建筑学专业（理科）按专业排名录取 6 名，专业名次录至 62 名，并列 62 名，文化分数录至 406 分。

十二、新疆定向培养计划（油画）

按专业课排名录取 2 人，专业名次录至 3 名。文化课最低分数线：总分 388 分，单科：语文 80 分，外语 70 分。

十三、港、澳、台、华侨

专业成绩合格，文化课成绩最低分数线：总分 342 分。

十四、新疆少数民族协作计划（民考民、民考汉、双语班）

专业成绩合格，文化课成绩最低分数线：总分 358 分。

中央美术学院 2013 年录取情况

一、中国画专业

1. 文化课成绩前 2 名，文化课最低为 616 分；

2. 按专业排名录取，文化课分数线为：总分：400 分。单科：语文 80 分，外语 70 分；

3. 专业名次录至 34 名。并列 34 名者，按其文化课成绩由高到低录取，文化课分数录至：总分 437 分。

二、书法专业

1. 按专业排名录取，文化课分数线为：总分：400 分。单科：语文 80 分，外语 70 分；

2. 专业名次录至 22 名。并列 22 名者，按其文化课成绩由高到低录取，文化课分数录至：总分 424 分。

三、造型艺术专业

1. 文化课成绩前 7 名，文化课最低为 565 分；

2. 按专业排名录取，文化课分数线为：总分：400 分。单科：语文 80 分，外语 70 分；

3. 专业名次录至 178 名。并列 178 名者，按其文化课成绩由高到低录取，文化课分数录至：总分 417 分。

四、艺术设计专业

1. 文化课成绩文科前 5 名，文化课最低为 583 分；理科前 2 名，文化课最低为 557 分；

2. 按专业排名录取，文化课分数线为：总分：420 分。单科：语文 80 分，外语 70 分；

3. 文科专业名次录至 160 名。并列 160 名者，按其文化课成绩由高到低录取，文化课分数录至：总分 481 分。

4. 理科专业名次录至 285 名。并列 285 名者，按其文化课成绩由高到低录取，文化课分数录至：总分 555 分。

五、建筑学专业

1. 按文化课排名录取。

文科：①北京录取 4 人，文化总分最低 561 分。

②山东录取 4 人。文化总分最低 543 分。文化并列 543 分，专业录至 117 名。

③其他省：录取 17 人，文化总分最低 566 分。

理科：①北京录取 2 人，文化总分最低 545 分。

②山东录取 4 人，文化总分最低 523 分。

③其他省：录取 19 人，文化总分最低 521 分。

2. 按专业课（文理科混合）排名录取。文化课分数线为：总分：420 分。单科：语文 80 分，外语 70 分；

①北京录取 7 人，专业名次录至 44 名。并列 44 名，按其文化课成绩由高到低录取，文化分数录至：总分 434 分。

②山东录取 4 人，专业名次录至 22 名。并列 22 名，按其文化课成绩由高到低录取，文化分数录至：总分 529 分。

③其他省：录取 19 人，专业名次录至 41 名，并列 41 名，按其文化课成绩由高到低录取，文化分数录至：总分 462 分。

六、美术学专业

▲按照我院《招生简章》规定的录取原则，每个省录取人数不超过 15 人。

1. 北京市录取 14 人。文化课最低分数线：总分 513 分。

2. 其他省录取 66 人。文化课最低分数线：总分 547 分。

其中：①山东 15 人，文化课最低分数线：总分 563 分；

②广东 15 人，文化课最低分数线：总分 568 分。

七、影像设计专业

1. 从第一志愿考生中录取 4 人。

①造型艺术专业按专业排名录取 1 名，文化课最低分数：总分 390 分。单科：语文 75 分，外语 65 分；专业名次录至 132 名，并列 132 名，其文化课分数录至 405 分。

②艺术设计专业（文科）按专业排名录取 3 名，文化课最低分数：总分 405 分。单科：语文 75 分，外语 65，专业名次录至 196 名。并列 196 名，其文化课分数录至 485 分。

2. 从兼报志愿考生中录取 66 人。

①造型艺术专业兼报考生中按专业课排名录取 55 人，文化课最低分数线：总分 395 分，单科：语文 75 分，外语 65 分；专业名次录至 464 名，并列 464 名，其文化课分数录至 422 分。

②艺术设计专业（文科）兼报考生中按专

业课排名录取 11 人，文化课最低分数线：总分 410 分，单科：语文 75 分，外语 65 分；专业名次录至 345 名。并列 345 名，其文化分数录至 535 分。

八、信息设计专业

1. 从第一志愿考生中录取 14 人。艺术设计专业（文科）按专业排名录取 14 人。

文化课最低分数线：总分 405 分。单科：语文 75 分，外语 65 分；专业名次录至 465 名，并列 465 名，其文化课分数录至 415 分。

2. 从兼报志愿考生中录取 35 人。

①艺术设计专业（文科）兼报考生中按专业课排名录取 30 人。文化课最低分数线为：总分 410 分。单科：语文 75 分，外语 65 分；专业名次录至 581 名，并列 581 名，其文化课分数录至 435 分。

②造型艺术专业兼报考生中按专业课排名录取 5 人，文化课最低分数线为：总分 395 分。单科：语文 75 分，外语 65 分；专业名次录至 668 名。并列 668 名，其文化课分数录至 467 分。

九、产品设计专业

1. 从第一志愿考生中按专业排名录取 13 人。

①艺术设计专业（文科）按专业排名录取 8 名，文化课最低分数：总分 405 分。单科：语文 75 分，外语 65 分；专业名次录至 285 名，并列 285 名，其文化课分数录至 463 分。

②建筑学专业（文科）按专业排名录取 5 名，文化课最低分数：总分 405 分。单科：语文 75 分，外语 65 分；专业名次录至 239 名，并列 239 名，其文化课分数录至 465 分。

2. 从兼报志愿考生中录取 57 人。

①造型艺术专业兼报考生中按专业排名录取 30 人。文化课最低分数线为：总分 395 分。单科：语文 75 分，外语 65 分；专业名次录至 464 名。

并列 464 名，其文化课分数录至 426 分。

②艺术设计专业（文科）兼报考生中按专业排名录取 12 人。文化课最低分数线：总分 410 分。单科：语文 75 分，外语 65 分；专业名次录至 196 名。并列 196 名，其文化课分数录至 453 分。

③建筑学专业（文科）兼报考生中按专业排名录取 15 人。文化课最低分数线：总分 410 分。单科：语文 75 分，外语 65 分；专业名次录至 165 名，并列 165 名，其文化课分数录至 498 分。

十、空间设计专业

1. 从第一志愿考生中录取 16 人。建筑学专业（文科）按专业排名录取 16 名，文化课最低分数：总分 405 分。单科：语文 75 分，外语 65 分；专业名次录至 117 名。并列 117 名，其文化课分数录至 431 分。

2. 从兼报志愿考生中录取 29 人。

①造型艺术专业兼报考生中按专业课排名录取 19 人，文化课最低分数线：总分 395 分。单科：语文 75 分，外语 65 分；专业名次录至 576 名。并列 576 名，其文化课分数录至 512 分。

②建筑学专业（文科）兼报考生中按专业课排名录取取 10 人，文化课最低分数线为：总分 410 分，单科：语文 75 分，外语 65 分；专业名次录至 77 名，并列 77 名，其文化课分数录至 488 分。

十一、家居产品设计专业

1. 从第一志愿考生中录取 16 人。文化课最低分数线：艺术设计、建筑学，总分 400 分，单科：语文 75 分，外语 65 分；

①设计专业（文科）录取 6 人。专业名次录至 480 名，并列 480 名，文化课分数录至 430 分。

②设计专业（理科）录取 1 人。专业名次录至 359 名，并列 359 名，文化课分数录至 490 分。

③建筑学专业（文科）录取 7 人。专业名次

录至 239 名，并列 239 名，文化课分数录至 509 分。

④建筑学专业（理科）录取 2 人。专业名次录至 397 名，并列 397 名，文化课分数录至 455 分。

2. 从兼报考志愿生中录取 79 人。文化课最低分数线：中国画、造型艺术总分 390 分，

单科：语文 75 分，外语 65 分；艺术设计、建筑学总分 405 分，单科：语文 75 分，外语 65 分；

①从中国画专业录取 9 人。专业名次录至 47 名，并列 47 名，文化课分数录至 500 分。

②从造型艺术专业录取 22 人。专业名次录至 576 名，并列 576 名，文化课分数录至 511 分。

③从设计专业（文科）录取 17 人。专业名次至 330 名，并列 330 名，文化课分数录至 569 分。

④从设计专业（理科）录取 6 人。专业名次录至 421 名，并列 421 名，文化课分数录至 509 分。

⑥从建筑学专业（文科）按专业排名录取 17 名。专业名次录至 165 名，并列 165 名，文化课分数录至 472 分。

⑦从建筑学专业（理科）按专业排名录取 8 名，专业名次录至 77 名，并列 77 名，文化课分数录至 405 分。

十二、新疆文化人才定向培养计划

1. 版画：按专业课排名录取 2 人，专业名次录至第 3 名。文化课最低分数线：总分 378 分。

2. 美术学：按文化课成绩排名录取 2 人，文化课最低分数线：总分 398 分。

十三、港、澳、台、华侨

专业成绩合格，文化课成绩最低分数线：总分 380 分。

十四、新疆少数民族协作计划（民考民）

专业成绩合格，文化课成绩最低分数线：总分 403 分。

2014 年中央美术学院本科分数线及录取原则

一、中国画专业

1、文化课成绩前 2 名，文化课相对成绩录至 104.425 分；

2、按专业排名录取，文化课分数线为：总分：400 分。单科：语文 80 分，外语 70 分；

3、专业名次录至 39 名。并列 39 名者，按其文化课成绩由高到低录取，文化课分数录至：总分 484 分。

二、书法专业

1、按专业排名录取，文化课分数线为：总分：400 分。单科：语文 80 分，外语 70 分；

2、专业名次录至 13 名。并列 13 名者，按其文化课成绩由高到低录取，文化课分数录至：总分 468 分。

三、造型艺术专业

1、文化课成绩前 7 名，文化课相对成绩录

至 108.436 分；

2、按专业排名录取，文化课分数线为：总分：400 分。单科：语文 80 分，外语 70 分；

3、专业名次录至 166 名。并列 166 名者，按其文化课成绩由高到低录取，文化课分数录至：总分 494 分。

四、艺术设计专业

1、文化课成绩文科前 5 名，文化课相对成绩录至 106.549 分；

理科前 2 名，文化课相对成绩录至 111.169 分；

2、按专业排名录取，文化课分数线为：总分：420 分。单科：语文 80 分，外语 70 分；

3、文科专业名次录至 143 名。并列 143 名者，按其文化课成绩由高到低录取，文化课分数录至：总分 569 分。

4、理科专业名次录至 266 名。并列 266 名者，按其文化课成绩由高到低录取，文化课分数录至：总分 516 分。

五、建筑学专业

1、按文化课排名录取。

文科：①北京录取 4 人，文化课相对成绩录至 104.425 分。

②其他省：录取 21 人，文化课相对成绩录至 103.915 分。

理科：①北京录取 4 人，文化课相对成绩录至 104.236 分。

②其他省：录取 21 人，文化课相对成绩录至 102.281 分。

2、按专业课（文理科混合）排名录取。文化课分数线为：总分：420 分。单科：语文 80 分，外语 70 分。

① 北京录取 7 人，专业名次录至 63 名。并列 63 名，按其文化课成绩由高到低录取，文化分数录至：总分 576 分。

② 其他省：录取 23 人，专业名次录至 32 名，并列 32 名，按其文化课成绩由高到低录取，文化分数录至：总分 476 分。

六、美术学专业

1、北京市录取 8 人，文化课相对成绩录至 94.336 分；

2、山东省录取 15 人，文化课相对成绩录至 105.354 分；

3、其他省录取 57 人，文化课相对成绩录至 98.932 分。

七、影像设计专业

1、从第一志愿考生中录取 4 人。

①造型艺术专业按专业排名录取 1 名，文化课最低分数：总分 390 分。单科：语文 75 分，外语 65 分；

专业名次录至 502 名，并列 502 名，其文化课分数录至 469 分。

②艺术设计专业（文科）按专业排名录取 3 名，文化课最低分数：总分 405 分。单科：语文 75 分，外语 65，专业名次录至 464 名。并列 464 名，其文化课分数录至 454 分。

2、从兼报志愿考生中录取 81 人。

①造型艺术专业兼报考生中按专业课排名录取 67 人，文化课最低分数线：总分 395 分，单科：语文 75 分，外语 65 分；专业名次录至 489 名，并列 489 名，其文化课分数录至 466 分。

②艺术设计专业（文科）兼报考生中按专业课排名录取 14 人，文化课最低分数线：总分 410 分，单科：语文 75 分，外语 65 分；专业名次录至 266 名。并列 266 名，其文化分数录至 485 分。

八、信息设计专业

1、从第一志愿考生中录取 10 人。

艺术设计专业（文科）按专业排名录取 10 人。文化课最低分数线：总分 405 分。单科：语文 75 分，外语 65 分；专业名次录至 370 名，并列 370 名，其文化课分数录至 533 分。

2、从兼报志愿考生中录取 47 人。

①艺术设计专业（文科）兼报考生中按专业课排名录取 39 人。文化课最低分数线为：总分 410 分。

单科：语文 75 分，外语 65 分；专业名次录至 370 名，并列 370 名，其文化课分数录至 442 分。

②造型艺术专业兼报考生中按专业课排名录取 8 人，文化课最低分数线为：总分 395 分。单科：语文 75 分，外语 65 分；专业名次录至 502 名。并列 502 名，其文化课分数录至 471 分。

九、产品设计专业

1、从第一志愿考生中按专业排名录取 18 人。

①艺术设计专业（文科）按专业排名录取 8 名，文化课最低分数：总分 405 分。单科：语文 75 分，外语 65 分；专业名次录至 260 名，并列 260 名，其文化课分数录至 487 分。

②建筑学专业（文科）按专业排名录取 10 名，文化课最低分数：总分 405 分。单科：语文 75 分，外语 65 分；专业名次录至 149 名，并列 149 名，其文化课分数录至 427 分。

2、从兼报志愿考生中录取 49 人。

①造型艺术专业兼报考生中按专业排名录取 26 人，文化课最低分数线：总分 395 分。

单科：语文 75 分，外语 65 分；专业名次录至 295 名。并列 295 名，其文化课分数录至 460 分。

②艺术设计专业（文科）兼报考生中按专业排名录取 13 人。文化课最低分数线：总分 410 分。

单科：语文 75 分，外语 65 分；专业名次录至 143 名。并列 143 名，其文化课分数录至 438 分。

③建筑学专业（文科）兼报考生中按专业排名录取 10 人。文化课最低分数线：总分 410 分。

单科：语文 75 分，外语 65 分；专业名次录至 98 名，并列 98 名，其文化课分数录至 438 分。

十、空间设计专业

1、从第一志愿考生中录取 9 人。

建筑学专业（文科）按专业排名录取 9 名，文化课最低分数：总分 405 分。单科：语文 75 分，外语 65 分；专业名次录至 149 名。并列 149 名，其文化课分数录至 460 分。

2、从兼报志愿考生中录取 37 人。

①造型艺术专业兼报考生中按专业课排名录取 22 人，文化课最低分数线：总分 395 分。单科：

语文 75 分，外语 65 分；专业名次录至 500 名。并列 500 名，其文化课分数录至 404 分。

②建筑学专业（文科）兼报考生中按专业课排名录取录取 15 人，文化课最低分数线为：总分 410 分，

单科：语文 75 分，外语 65 分；专业名次录至 98 名，并列 98 名，其文化课分数录至 461 分。

十一、家居产品设计专业

1、从第一志愿考生中录取 26 人。

文化课最低分数线：中国画、造型艺术总分 385 分，单科：语文 75 分，外语 65 分；艺术设计、建筑学总分 400 分，单科：语文 75 分，外语 65 分；

①从中国画专业录取 1 人。专业名次录至 60 名，并列 60 名，文化课分数录至 465 分；

②从造型艺术专业录取 2 人。专业名次录至 462 名，并列 462 名，文化课分数录至 443 分；

③从设计专业（文科）录取 6 人。专业名次录至 430 名，并列 430 名，文化课分数录至 579 分；

④从设计专业（理科）录取 2 人。专业名次录至 370 名，并列 370 名，文化课分数录至 430 分；

⑤从建筑学专业（文科）按专业排名录取 13 名。专业名次录至 98 名，并列 98 名，文化课分数录至 474 分；

⑥从建筑学专业（理科）按专业排名录取 2 名，专业名次录至 204 名，并列 204 名，文化课分数录至 511 分。

2、从兼报志愿考生中录取 65 人。

文化课最低分数线：中国画、造型艺术总分 390 分，单科：语文 75 分，外语 65 分；艺术设计、建筑学总分 405 分，单科：语文 75 分，外语 65 分；

⑦从中国画专业录取 3 人。专业名次录至 44 名，并列 44 名，文化课分数录至 561 分；

⑧从造型艺术专业录取 9 人。专业名次录至 295 名，并列 295 名，文化课分数录至 452 分；

⑨从设计专业（文科）录取 24 人。专业名次录至 271 名，并列 271 名，文化课分数录至 532 分；

⑩从设计专业（理科）录取 6 人。专业名次录至 370 名，并列 370 名，文化课分数录至 451 分；

⑪从建筑学专业（文科）按专业排名录取 17 名。专业名次录至 149 名，并列 149 名，文化课分数录至 497 分；

⑫从建筑学专业（理科）按专业排名录取 6 名，专业名次录至 63 名，并列 63 名，文化课分数录至 549 分。

十二、新疆文化人才定向培养计划

1、壁画：2 名（汉语言 1 名，民考汉 1 名）。文化课最低分数线：总分 400 分，单科：语文 80 分，外语 70 分；按专业排名录取，专业排名录至第 3 名。

2、美术学：2 名（汉语言）。文化课相对成绩最低录至 79.845 分。

十三、港、澳、台、华侨

1、造型艺术：5 名，文化课划线：总分 400 分，专业排名录至第 16 名；

2、艺术设计：8 名，文化课划线：总分 420 分，专业排名录至第 23 名；

3、建筑学：1 名，文化课划线：总分 420 分，专业排名录至第 5 名；

4、空间设计：1 名，文化课划线：总分 420 分，专业排名录至第 5 名。

▲注：

1、按文化课成绩排名录取时，相对成绩折算办法：

相对成绩 = 考生文化课成绩总分 ÷ 考生所在省本科（非艺术类 文／理）一批线 ×100

2、按专业课成绩排名录取时，文化课成绩折算：

①考生所在省艺术类高考成绩总分满分为 750 分，语文、英语单科满分为 150 分时不需要折算。

②考生所在省艺术类高考成绩总分满分不是 750 分，语文、英语单科满分不是 150 分时，文化课成绩需折算后使用。

例如：某省艺术类考生成绩总分满分为 500 分，某考生本人高考成绩总分为 350 分。

折算后成绩为：350 ÷ 500 × 750 = 525 分

清华大学美术学院 2010 年录取情况

一、艺术设计专业

1. 专业成绩全国排名前 35 及保留 2009 年专业成绩者：语文和外语均不低于 90 分，文化课总成绩不低于 420 分；

2. 其他入围者

（1）语文和外语均不低于 90 分，文化课总成绩不低于 420 分；

（2）专业成绩与文化成绩相加后的综合成绩最低线：北京市 1027 分，广东省 1082.5 分，山东省 1075.5 分，其他各省（市）1051 分。

符合上述条件者即予录取。

二、造型艺术专业

1. 语文不低于 80 分，外语不低于 70 分，文化课总成绩不低于 365 分；

2. 专业成绩最低线：山东省 555 分；其他各省（市）537.5 分（专业成绩并列 537.5 分者文化课成绩不得低于 468 分）。

符合上述条件者即予录取。

三、艺术史论专业

文化课总成绩须达到户口所在省（市）文史类本科一批线，按照文化课折算成绩（文化成绩÷所在省文史类本科一批线 ×100）排序择优录取。

文化课折算成绩最低线：北京市 102.29，江苏省 107.25，其它各省（市）105.82。

符合上述条件者即予录取。

四、各专业方向录取原则

文化课成绩各省（市）最低线：广西 558、湖南 612、江苏 370（历史等两门选修测试科目均要求达到 A）、山东 647、山西 575、上海 491、四川 575、重庆 611、北京 536。

对于"艺术设计"和"造型艺术"招生专业达到录取标准的考生，我院还将根据考生选报的专业方向志愿，按照专业总分进行排序录取到各专业方向（专业成绩相同条件下，优先录取文化课成绩高的考生）。录取时优先满足第一志愿，若考生不能被第一志愿录取，则依次在第二、三志愿中进行排序录取。三个志愿均不能被录取且服从调配的，将在本招生专业内进行调配；如不服从调配，将不予录取。

清华大学美术学院 2011 年录取情况

一、艺术设计专业

1. 专业成绩"全国排名前 35"及"保留 2010 年专业成绩"者：语文和外语不低于 90 分，文化课总成绩不低于 420 分；

2. 其他入围者：

（1）语文和外语均不低于 90 分（150 分制），文化课总成绩不低于 420 分；

（2）专业成绩与文化成绩相加后的综合成绩最低线：北京市 1039 分，

广东省 1072 分，其他省 1070.5 分。

符合上述条件者即予录取。

二、造型艺术专业

1. 语文不低于 80 分（150 分制），外语不低于 70 分（150 分制），文化课总成绩不低于 370 分；2. 专业课成绩最低线：

北京市 500 分（专业成绩并列 500 分者，文化课成绩不得低于 495 分）；

河北省 587.5 分（专业成绩并列 587.5 分者，文化课成绩不得低于 466 分）；

其他省 562.5 分（专业成绩并列 562.5 分者，文化课成绩不得低于 577 分）。

符合上述条件者即予录取。

三、艺术史论专业

文化课总成绩须达到户口所在省（市）文史类本科一批线，按照文化课折算成绩（文化成绩÷所在省文史类本科一批线 ×100）排序择优录取。

文化课折算成绩最低线：重庆市 109.93，其它各省 109.04。

符合上述条件者即予录取。

四、各专业方向录取原则

文化课成绩各省最低线：北京 606 分，天津 599 分，浙江 634 分，重庆 620 分，河南 624 分，山东 629 分，广东 636 分，陕西 593 分，上海 518 分，江苏 374 分（历史等两门选修测试科目均要求达到 A）。

对于"艺术设计"和"造型艺术"招生专业达到录取标准的考生，我院还将根据考生选报的专业方向志愿，按照专业总分进行排序录取到各专业方向（专业成绩相同条件下，优先录取文化课成绩高的考生）。录取时优先满足第一志愿，若考生不能被第一志愿录取，则依次在第二、三志愿中进行排序录取。三个志愿均不能被录取且服从调配的，将在本招生专业内进行调配；如不服从调配，将不予录取。

清华大学美术学院 2012 年录取情况

一、艺术设计专业

1. 专业成绩"全国排名前 35"及"保留 2011 年专业成绩"者：语文和外语达到最低要求，文化课总成绩不低于 417 分；

2. 其他入围者：达到上述分数线后，按照综合成绩（专业课成绩÷专业入围线 ×100+ 文化成绩÷所在省文／理本科一批线 ×100）从高到低顺序录取。

综合成绩最低线：北京市 199.62、湖南省 197.90、山东省 196.16、其他省 194.51。

符合上述条件者即予录取。

二、造型艺术专业

语文、外语达到最低要求，文化课总成绩达到 373 分，按照专业课成绩从高到低顺序录取。

专业课成绩最低线：北京市 512.5 分；

河北省 587.5 分（专业课成绩并列 587.5 分者，文化课成绩不低于 423 分 [文 / 理]）；

其他省 575 分（专业课成绩并列 575 分者，文化课相对成绩不低于 80.31）。

符合上述条件者即予录取。

三、艺术史论专业

关于单科成绩要求：

报考艺术设计专业的考生，语文和外语成绩均要求不低于 90 分（150 分制）；

报考造型艺术专业的考生，语文成绩要求不低于 80 分（150 分制）、外语成绩要求不低于 70 分（150 分制）。特别的，单科成绩不过线且单科分差不超过 5 分的考生也可以报考，但须从文化课总成绩中减去一定分数后再参与排序，单科成绩每相差 1 分，文化课成绩（750 分制）减去 5 分，以此类推，文化课成绩最多减 50 分。最终综合成绩或文化课成绩仍在录取线之上的予以录取。

注：单科满分值不为 150 分制或文化课满分

值不为 750 分制的省份，相应的单科线及文化课成绩所减分数按相应比例折算。

文化课总成绩须达到户口所在省（市）文史类本科一批线（江苏省历史等两门选修测试科目均要求达到 A），按照文化课相对成绩（文化成绩 ÷ 所在省文史类本科一批线 ×100）从高到低顺序录取。

文化课相对成绩最低线：重庆 113.18、山东 111.17、其他省 109.41。

符合上述条件者即予录取。

四、各专业方向录取原则

文化课成绩各省录取最低线：北京 558、天津 623、浙江 663、重庆 627、山东 637、湖北 614、江苏 379（历史等两门选修测试科目均要求达到 A）。

对于"艺术设计"和"造型艺术"招生专业达到录取标准的考生，我院还将根据考生选报的专业方向志愿，按照专业总分进行排序录取到各专业方向（专业成绩相同条件下，优先录取文化课相对成绩高的考生）。录取时优先满足第一志愿，若考生不能被第一志愿录取，则依次在第二、三志愿中进行排序录取。三个志愿均不能被录取且服从调配的，将在本招生专业内进行调配；如不服从调配，将不予录取。

2013 年清华大学艺术类本科分数线及录取原则

一、设计学类

1. 专业成绩"全国排名前 35"及"保留 2012 年专业成绩"者：语文和外语成绩达到最低要求，文化课成绩不低于 422 分；

2. 其他专业合格者：语文和外语达到最低要求，按照综合成绩从高到低顺序录取。综合成绩不低于：北京市 210.44 分、山东省 199.04 分、其他省 197.49 分。

符合上述条件者即予录取。

注：综合成绩 =（专业课成绩 ÷ 专业合格线 + 文化课成绩 ÷ 所在省文史 / 理工类本科一批线）×100

二、美术学类

专业成绩合格，语文和外语成绩达到最低要求，文化课成绩不低于 373 分，按照专业课成绩从高到低顺序录取。

北京市：专业课成绩不低于 550 分（专业课成绩并列 550 分者，文化课成绩不低于 503 分[文/理]）；

广东省：专业课成绩不低于 587.5 分（专业课成绩并列 587.5 分者，文化课成绩不低于 504

分[文/理]）；

山东省：专业课成绩不低于 587.5 分；

其他省：专业课成绩不低于 575 分（专业课成绩并列 575 分者，文化课相对成绩不低于 72.56）。

符合上述条件者即予录取。

三、艺术设计学（史论）

专业合格，文化课成绩须达到户口所在省（市）文史类本科一批线，再按照文化课相对成绩从高到低顺序录取。

北京市：不低于 109.84（603 分）；

江苏省：不低于 115.24（378 分，且历史等两门选修测试科目要求达到 A）；

重庆市：不低于 114.57（637 分）；

其他省：文化课相对成绩不低于 113.51。

符合上述条件者即予录取。

注：文化课相对成绩 = 文化课成绩 ÷ 所在省文史 / 理工类本科一批线 ×100

四、各专业方向录取原则

报考设计学类的考生，语文和外语成绩均要

求不低于 90 分（150 分制）；报考美术学类的考生，语文成绩要求不低于 80 分（150 分制）、外语成绩要求不低于 70 分（150 分制）。特别的，单科成绩不过线且单科分差不超过 5 分的考生也可以报考，但须从文化课总成绩中减去一定分数后再参与排序，单科成绩每相差 1 分，文化课成绩（750 分制）减去 5 分，以此类推，文化课成绩最多减 50 分。最终综合成绩或文化课成绩仍在录取线之上的予以录取。

注：单科满分值不为 150 分制或文化课满分值不为 750 分制的省份，相应的单科线及文化课成绩所减分数按相应比例折算。

对于报考设计学类和美术学类达到录取标准的考生，我院还将根据考生选报的专业方向志愿，按照专业课成绩从高到低顺序录取到各专业方向（专业成绩相同条件下，优先录取文化课相对成绩高的考生）。录取时优先满足第一志愿，若考生不能被第一志愿录取，则依次在第二、三志愿中进行排序录取。三个志愿均不能被录取且服从调配的，将在本招生专业内进行调配；如不服从调配，将不予录取。

2014 年清华大学美术学院本科录取分数线

一、设计学类

专业成绩全国排名前 35 考生，语文及外语达到最低要求，文化课相对成绩不低于 76.86 即予录取；其他专业合格考生，语文及外语达到最低要求，综合成绩北京市不低于 208.23、广东省不低于 198.51、其他省不低于 195.45 即予录取。

以上录取北京生源 26 人、外埠生源 144 人。

二、美术学类

语文、外语达到最低要求，文化课相对成绩不低于 70.00，专业课成绩广东省不低于 575 分、其他省（直辖市）不低于 562.5 分即予录取。

以上录取北京生源 6 人、外埠生源 49 人。

三、艺术设计学（史论）

文化课成绩须达到所在省（市）文史类本科一批线，文化课相对成绩北京市不低于 108.5（613 分）、重庆市不低于 116.94（649 分）、其他省不低

于 112.26(其中江苏省要求两门选修测试科目要求达到 A) 即予录取。

以上录取北京生源 3 人、外埠生源 12 人。

注：1、文化课相对成绩 = 文化课成绩 ÷ 所在省文史 / 理工类本科一批线 ×100

2、综合成绩 =(专业课成绩 ÷ 外埠入围线 537.5/ 北京入围线 487.5+ 文化课成绩 ÷ 所在省文史 / 理工类本科一批线)×100

关于单科成绩要求

报考设计学类的考生，语文和外语成绩均要求不低于 90 分 (150 分制)；报考美术学类的考生，语文成绩要求不低于 80 分 (150 分制)、外语成绩要求不低于 70 分 (150 分制)。特别的，单科成绩不过线且单科分差不超过 5 分的考生也可以报考，但须从文化课总成绩中减去一定分数后再参与排序，单科成绩每相差 1 分，文化课成绩（750 分制）减去 5 分，以此类推，文化课成绩最多减

50 分。最终综合成绩或文化课成绩仍在录取线之上的予以录取

注：单科满分值不为 150 分制或文化课满分值不为 750 分制的省份，相应的单科线及文化课成绩所减分数按相应比例折算。

关于录取到各专业方向原则

对于报考设计学类和美术学类达到录取标准的考生，我院还将根据考生选报的专业方向志愿，按照专业课成绩从高到低顺序录取到各专业方向（专业成绩相同条件下，优先录取文化课相对成绩高的考生）。录取时优先满足第一志愿，若考生不能被第一志愿录取，则依次在第二、三志愿中进行排序录取。三个志愿均不能被录取且服从调配的，将在本招生专业内进行调配；如不服从调配，将不予录取。

中国美术学院 2011 年艺术类专业录取分数统计

专业代码	专业名称	综合分
01	绘画（中国画人物）	69.9528
02	绘画（中国画山水 1）	70.5231
03	绘画（中国画山水 2）	68.6605
04	绘画（中国画花鸟 1）	67.5590
05	绘画（中国画花鸟 2）	65.9303
06	书法学（书法与篆刻）	69.6985
07	书法学（书法学与教育）	62.4333
08	美术学（史论）	523
09	美术学（视觉文化与艺术管理）	490
10	艺术设计学	53.4179
11	绘画（造型艺术类）	64.8062
12	艺术设计（设计艺术类）	65.2882
13	动画（图像与媒体艺术类）	67.1364
14	建筑学（建筑学类 5 年制）	68.0795
15	艺术设计（建筑学类 4 年制）	68.4872
16	公共艺术（城市景观造型艺术）	59.2277
17	艺术设计（视觉传达设计）	61.2185
18	艺术设计（染织与服装设计）	64.1754
19	艺术设计（建筑与环境艺术设计）	60.7210
20	艺术设计（多媒体与网页设计）	57.4349
21	艺术设计（数字出版与展示设计）	61.4872
22	工业设计（工业造型设计）	59.6923

＊注：美术学（史论）和美术学（视觉文化与艺术管理）专业按文化课成绩录取，公布的综合分最低录取分数线系文化课分数线（满分按 750 分计）。

中国美术学院 2012 年艺术类专业录取分数统计

专业代码	专业名称	综合分
01	中国画	170.919
02	中国画	269.1754
03	书法与篆刻	71.5456
04	美术与设计理论类	524
05	造型艺术类	68.4759
06	设计艺术类	68.6626
07	图像与媒体艺术类	69.3385
08	建筑学类 (5 年制)	71.3231
09	建筑学类 (4 年制)	68.8615
10	城市景观造型艺术	66.9754
11	视觉传达设计	67.4492
12	染织与服装设计	67.0472
13	建筑与环境艺术设计	67.1015
14	多媒体与网页设计	68.3272
15	数字出版与展示设计	67.6226
16	工业造型设计	67.0277

*注：美术学（美术与设计理论类）专业按文化课成绩录取，公布的综合分最低录取分数线系文化课分数线（满分按 750 分计）。

中国美术学院 2013 年艺术类专业录取分数统计

专业代码	专业名称	综合分
01	中国画 1	66.2677
02	中国画 2	69.3549
03	书法学	68.8041
04	美术与设计理论类	500
05	造型艺术类	66.8492
06	设计艺术类	69.2821
07	图像与媒体艺术类	62.5374
08	建筑学类（5 年制）	69.9538

09	建筑学类（4年制）	69.6421
10	录音艺术	57.7303
11	工业造型设计	66.0759
12	染织与服装设计	64.8123
13	城市景观造型设计	65.6256
14	平面设计	67.6185
15	数字出版与展示设计	67.7949
16	建筑与环境设计	66.4831
17	多媒体与网页设计	66.0913

*注：美术学（美术与设计理论类）专业按文化课成绩录取、公布的综合分最低录取分数线系文化课分数线（满分按750分计）。

中国美术学院 2014 年艺术类专业录取分数统计

专业代码	专业名称	综合分
01	中国画 1	69.0277
02	中国画 2	72.1497
03	书法学（书法与篆刻）	71.0062
04	美术与设计理论	72.1333
05	造型艺术类	70.0574
06	设计艺术类	70.9364
07	图像与媒体艺术类	71.2923
08	建筑学类（5年制）	74.0436
09	建筑学类（4年制）	71.2646
10	录音艺术	63.5969
11	工业造型设计	66.3692
12	染织与服装设计	66.7682
13	城市景观造型艺术	66.7949
14	平面设计	68.3272